Maryam A.
Mein Leben im Kalifat

Zum Buch

Warum entschließt sich eine junge Frau aus Deutschland, nach Syrien zum »Islamischen Staat« zu reisen? Weil zuhause alles schiefgegangen ist? Aus Glaube, aus Liebe oder aus Naivität? Im Sommer 2014 reist Maryam A. mit ihrem Mann nach Syrien, zwei Jahre wird sie im »Kalifat« leben. Der IS ist in dieser Zeit auf dem Höhepunkt seiner Macht, doch für die junge Deutsche beginnt eine Odyssee zwischen Luftangriffen und IS-Hinrichtungen von »Verrätern«, zwischen Angst und eigener Unmenschlichkeit, zwischen banalen Sorgen und absurden Fragen des Alltags im Terrorstaat. Immer wieder das Quartier wechselnd, trifft sie Fanatikerinnen und Verstörte, eine amerikanische Agentin und verzweifelte Witwen. Nach monatelangen Vorbereitungen gelingt es ihr 2016, in einer mondlosen Nacht zu fliehen. Sie ist dem IS entkommen, doch in Sicherheit ist sie nicht.

Zum Autor

Christoph Reuter, geboren 1968, berichtet seit Jahrzehnten aus den Krisenregionen der islamischen Welt, zunächst für »Die Zeit« und den »Stern«, seit 2011 für den SPIEGEL. Neben preisgekrönten Reportagen veröffentlichte er mehrere Bücher, darunter »Mein Leben ist eine Waffe« (2002) über Selbstmordattentäter. Für seine Recherchen über den »Islamischen Staat« wurde er u.a. als »Reporter des Jahres« ausgezeichnet, für seinen Bestseller »Die schwarze Macht« gewann er den NDR Kultur Sachbuchpreis des Jahres 2015.

CHRISTOPH REUTER

Maryam A. Mein Leben im Kalifat

EINE DEUTSCHE IS-AUSSTEIGERIN ERZÄHLT

Deutsche Verlags-Anstalt

Sollte diese Publikation Links auf Webseiten Dritter enthalten, so übernehmen wir für deren Inhalte keine Haftung, da wir uns diese nicht zu eigen machen, sondern lediglich auf deren Stand zum Zeitpunkt der Erstveröffentlichung verweisen.

Verlagsgruppe Random House FSC® N001967

1. Auflage
Copyright © 2017 Deutsche Verlags-Anstalt, München, in der Verlagsgruppe Random House GmbH, Neumarkter Straße 28, 81673 München, und SPIEGEL-Verlag, Hamburg, Ericusspitze 1, 20457 Hamburg
Umschlaggestaltung: Büro Jorge Schmidt, München
Umschlagmotiv: © Peter Macdiarmid / Getty Images
Typografie und Satz: DVA/Andrea Mogwitz
Gesetzt aus der Times New Roman
Druck und Bindung: CPI books GmbH, Leck
Printed in Germany
ISBN 978-3-421-04819-6

www.dva.de

Dieses Buch ist auch als E-Book erhältlich.

Inhalt

Zur Entstehung dieses Buches
   Ein Vorwort von Christoph Reuter   7

Prolog
   Wo anfangen?   11

Kapitel 1
   Eigentlich wollte ich nie dorthin   17

Kapitel 2
   Willkommen im Kalifat   41

Kapitel 3
   Wegen jeder Bombe anrufen?   64

Kapitel 4
   Das Leben in Ra'ei   87

Kapitel 5
   Tod und Umkehr   124

Kapitel 6
   Wie komme ich hier weg?   156

Kapitel 7
   Gewissensbisse   179

Kapitel 8
Auf dem Dorf und unter Beschuss 187

Kapitel 9
Die Flucht 218

Kapitel 10
Im Niemandsland 226

Epilog
Ein paar Worte an die Anhänger des IS 239

Die Fakten
Ein Nachwort von Christoph Reuter 243

Glossar 251

Dank 254

ZUR ENTSTEHUNG DIESES BUCHES
Ein Vorwort von Christoph Reuter

Am Anfang stand die Frage: Geht das überhaupt? Kann man einer Person, die immerhin zwei Jahre lang beim »Islamischen Staat« in Syrien war, einfach den Raum geben, ihre Geschichte zu erzählen? Würde jemand, der freiwillig zu dieser ebenso furchtbaren wie intelligenten Terrororganisation gegangen ist, nicht entweder sich selbst von aller Schuld freischreiben oder den IS in ein milderes Licht rücken wollen?

Wer viel zum IS schreibt, schreibt über ihn. Wenn dessen Mitglieder zu Wort kommen, dann für gewöhnlich eingehegt ins Fragenkorsett eines Interviews. Wer in den vergangenen Jahren in deutschen Gerichtssälen die Einlassungen deutscher IS-Ausreiser verfolgte, wird Misstrauen für angebracht halten: Unisono reden die nach ihrer Rückkehr festgenommenen Männer ihre Rolle klein. Sie hätten die ganze Zeit nur die Gartenbeete gewässert, den Gefangenen Tee gekocht und so weiter.

Aber nun kam von langjährigen Quellen in Syrien die Anfrage: Bei ihnen wohne eine Deutsche, der sie über mehrere Monate bei ihrer Flucht aus dem IS-Gebiet geholfen hätten. Die sei, wie sie sagten, fertig mit dem Kalifat, sei da 2014 zwar freiwillig hingegangen – aber habe jetzt nur noch weggewollt. Im Sommer 2016 entkam sie schließlich mit ihrer Hilfe und sei nun bereit zu erzählen.

Es folgten lange Gespräche mit ihr über ihre Motive, das Erlebte und vor allem die Gründe, überhaupt zum IS zu gehen. Sie saß, sitzt Ende 2017 immer noch im Gebiet der Rebellen fest, die sowohl gegen den syrischen Diktator Baschar al-Assad wie gegen den IS kämpfen. Rasch war klar, dass die Geschichte einer konvertierten Deutschen beim IS nur verständlich werden könnte als Geschichte ihres ganzen Lebens. Vieles würde sich überprüfen lassen, aber nicht alles. Was es erleichterte, war der Umstand, dass es um eine Frau ging: Männer, die in den Militärapparat des IS eingebunden waren, haben im Zweifelsfall gemordet, geschossen, gefoltert. Aber die zugereisten Ausländerinnen beim IS waren Teil einer viel weiter reichenden Planung, als al-Qaida und andere Radikalengruppen je erwogen: den eroberten »Islamischen Staat« mit Fanatikern aus aller Welt zu bevölkern, die eine neue Generation bedingungslos loyaler Untertanen hervorbringen sollten.

In seinen Propagandavideos nahm die Werbung für das Familiendasein inklusive (von anderen geraubten) Häusern, Schulen und Heiratsbeihilfen mehr Raum ein als Hinrichtungsvideos. Nur wurde selten darüber berichtet.

So kamen nicht nur Männer, sondern auch Paare, sogar Familien und alleinreisende Frauen zum IS. Einige der Frauen wurden als Mitglieder der Frauenpatrouillen Teil des Unterdrückungsapparats. Aber die meisten waren: Hausfrauen im Kalifat, sollten Kinder kriegen und ihrem Gatten ein wohliges Heim bieten. Wie auch Maryam A., so ihr Pseudonym, die mit ihrem deutsch-türkischen Mann im Sommer 2014 nach Syrien reiste.

Mittendrin, aber doch nicht ganz dabei: Dies war eine Perspektive, die gangbar erschien für das Wagnis. In monatelangen Gesprächen über die brüchigen Internetverbindungen Nordsyriens, aus Fragmenten, die Maryam A. selbst schrieb, und rekonstruierten Chatprotokollen entstand dieses Buch, so offen und akribisch, wie noch keine deutsche Konvertitin über ihren Weg zum IS gesprochen hat. Es bleibt die Lücke, dass Maryam A. ihre Identität (und die ihrer Familie) nicht veröffentlichen will. Es bleiben verstörende Momente bei der Lektüre, etwa mit welcher Menschenverachtung deutsche IS-Frauen in ihren Chats über versklavte Jesidinnen plaudern. Es bleiben die Widersprüche von Maryams Slalom-Biografie, erst aus eigentlich unspektakulären Gründen und einer empfundenen Ausweglosigkeit zum IS zu gehen – ihm aber zwei Jahre später unter Lebensgefahr wieder zu entkommen. Und dann die Flucht in allerletzter Minute beinahe daran scheitern zu lassen, dass sie nicht ohne ihre zwei Katzen fliehen will.

Aber das ist eben Wirklichkeit. Der schlingernde Parcours zwischen Tod und Toffifee, Witwen-WGs und Zickenkriegen ermöglicht einen dichteren Blick auf das wirkliche Dasein. Darauf, dass die Wünsche und Vorstellungen vieler deutscher Ausgereister eben nicht durchdrungen waren von terroristischem Eifer und ausgefeiltem Wahnsinn. Sondern von einem Spießer-Idyll im Terrorstaat.

PROLOG
Wo anfangen?

Seit geschlagenen zwei Stunden laufe ich über steinige Äcker. Vor mir der Schmuggler und zwei weitere Männer. Neben mir zwei Frauen.

Ich male mir aus, was passiert, wenn plötzlich eine Gruppe IS-Kämpfer auf uns aufmerksam wird. Das wäre das Todesurteil für unseren Schmuggler, bei dessen Familie ich die letzten fünf Tage versteckt leben musste.

In Gedanken versunken sehe ich, wie Abdullah, unser Schmuggler, die Hand hebt, um uns zu sagen, dass wir stehen bleiben sollen. Sofort gehen alle in die Hocke.

Nachdem sich mein Atem beruhigt hat, höre ich, wieso wir nun auf dem Feld hocken. Das Knacken und Rauschen eines Funkgerätes. Dazu mehrere Männerstimmen.
 Ein Wachposten des IS. Ganz in unserer Nähe.
 Kurz darauf nähert sich auf der Landstraße hinter uns ein Auto. Neben mir legt sich eine der Frauen ganz flach auf den Boden.

Es ist eine warme Augustnacht. Man hört immer mal wieder das Bellen der vielen Straßenhunde.

Vor uns sieht man die türkische Grenze. Hell beleuchtet.
 Ich denke an die Tage in der Türkei, bevor ich nach Syrien kam.

Auf der türkischen Autobahn, 100 Kilometer vor Gaziantep, stand »Aleppo« auf den Schildern. Das war endgültig der Moment, in dem ich mir das erste Mal in meinem Leben gewünscht habe, dass mich die Polizei anhält, einbuchtet und zurück nach Deutschland abschiebt.
Doch das ist nicht passiert.
Und nun ist dieser Wunsch mehr als zwei Jahre her.
Das leise Flüstern der Männer macht mich müde.

Wir laufen etwa hundert Meter neben einer Landstraße.
Plötzlich ein lauter Knall. Blitzschnell wieder auf den Boden.
Ein zischendes Geräusch. Wir wissen, dass in weniger als zwei Sekunden etwas einschlagen wird.
Wo es genau landet, ob es uns direkt trifft oder wir nur Splitter abbekommen, ist ungewiss.
Fakt ist allerdings: Wir wurden entdeckt.
Sie haben etwas Großkalibriges auf uns abgefeuert.

Diese Zeilen aus meiner Zeit beim »Islamischen Staat« waren die allerersten, die ich vor einigen Monaten geschrieben habe. Der Anfang von dem, was nun ein Buch geworden ist. Dabei handeln sie von meinen letzten Momenten beim IS, genauer: von meiner Flucht aus dem Kalifat. Sie erzählen davon, wie ich es nach monatelangen Vorbereitungen endlich schaffte zu entkommen.
Warum ich beim Schreiben mit meiner Flucht anfing? Vielleicht, weil es mir am leichtesten fiel. Denn die Frage, warum jemand vor dem IS flieht, beantwortet sich jedem wie von selbst. Klar, nichts wie weg!
Die viel größere Frage aber lautet natürlich: Warum geht jemand überhaupt dahin? Wieso bin ich zum IS gegangen?

Als Frau, als Deutsche, nicht verschleppt mit vorgehaltener Waffe, sondern letzten Endes: freiwillig. Diese Frage ist nicht so leicht zu beantworten. Vor allem ist sie: unangenehmer.

Wo anfangen? Dass es ein Fehler war? Ja, war es, klar. Aber das sagt sich ebenso rasch, wie sich die Flucht erzählen lässt. Und erklärt doch nichts.

Wo also anfangen? Dass ich als Kind sauer war auf meine zerbrochene Familie, keinen Bock hatte auf die Schule, irgendwann einfach nicht mehr hingegangen bin? Dass ich auf niemanden gehört habe und fand, dass mir niemand zuhört? Dass ich gekifft und in den Tag hineingelebt habe, aber dann einen Menschen traf, der mich verstand, einfach im richtigen Moment da war und Großzügigkeit zeigte? Dass dieser Mensch Muslim war und mich neugierig machte auf den Glauben?

So ist mein Leben verlaufen, bis ich 19 war und zum Islam konvertierte. Eine Entscheidung, die ich für mich getroffen habe, als Lebensinhalt, nicht um irgendwohin zu gehen und Bomben zu werfen.

Wo soll ich weitermachen? Dass ich aus Dummheit einen Mann geheiratet habe, vor dessen Verwandtschaft ich am Ende ins Frauenhaus floh? Dass ich mich dann verliebte in einen anderen Mann, dessen türkische Mutter mich hasste, weil ich eine Deutsche und keine Türkin war? Dass wir als Paar keine Jobs hatten, kein Geld, keine Wohnung? Dass wir beide, er und ich, empört waren über die Gleichgültigkeit in Deutschland gegenüber dem Grauen in Syrien? Und dass er dann an die falschen Leute geriet, die ihm versprachen, uns den richtigen Weg zu weisen? Dass ich schließlich mitging aus Angst, ihn sonst zu verlieren?

Ich kann die Frage »Warum bist du zum IS gegangen?« nicht einfach beantworten. Denn es gibt die eine, klare

Antwort nicht. Es gab eine ganze Reihe von Schritten, Entscheidungen in meinem Leben, durch die ich erst in die Lage gekommen bin, diesen letzten Schritt zu tun. So wie es viele kleine Dinge in jedem Leben gibt, die einen dazu bringen können, saudumme Entscheidungen zu treffen. Die meisten dieser Entscheidungen kann man rückgängig machen, oder zumindest kann man ihre Folgen wieder in Ordnung bringen. Andere ruinieren dein Leben.

Das entschuldigt nichts. Aber vielleicht erklärt es ein wenig, warum diese letzte Entscheidung für die Reise nach Syrien damals nicht Ergebnis eines kometenhaften Sinneswandels war, keine plötzliche Eingebung, ab heute alle Ungläubigen abknallen zu wollen, nein. Sondern, warum es sich damals anfühlte wie bloß ein weiterer Schritt in die falsche Richtung, als alles sowieso beschissen war. Als es keine richtigen Schritte gab, weil wir beide, mein Mann und ich, das Gefühl hatten, überall vor Mauern zu rennen.

Wären nur ein paar Dinge in unserem Leben anders gelaufen, wäre unser Weg ein anderer geworden. Wenn man zurückschaut, erscheint alles so klar: Hier bist du falsch abgebogen, dort hast du einen Fehler gemacht. Aber wenn man mittendrin ist, kann man es nicht so klar sehen.

Wieder: keine Entschuldigung. Aber im Nachhinein wünsche ich mir, dass jeder Mensch im Leben eine Person hat, die ihm sagt: »Hör mal, das, was du tust oder tun willst, ist falsch! Du schadest dir oder anderen damit!« Einen Menschen, der einfach da ist für einen in schweren Zeiten und, ja, der weiter denkt, als man es selbst tut in solchen Momenten.

Dass ich 2014 letztlich mit meinem Mann nach Syrien gegangen bin, um ihn nicht zu verlieren, aber dann 2016 ohne ihn geflohen bin, ist das Furchtbarste. Es ist meine ganz persönliche Hölle der Schuld: dass ich mir seit meiner Entscheidung zur Flucht immer wieder denke, ohne mich wäre er gar nicht erst zum IS gegangen. Obwohl er angekündigt hatte, auch alleine zu gehen, wenn ich nicht mitkäme.

Damals war ich zu schwach, habe, anstatt Nein zu sagen, bei jeder Passkontrolle, auf jeder Autobahn zwischen Frankfurt und Gaziantep gehofft, dass sie uns rauswinken, anhalten, durchsuchen, festnehmen und zurückschicken. Aber niemand hat uns aufgehalten auf unserem Weg zum IS.

Als ich endlich stark genug war zu gehen, konnte ich meinen Mann nicht retten. Ich konnte es ihm nicht einmal ins Gesicht sagen, dass ich ihn im Stich lassen werde, obwohl ich ihn liebe. Er wollte nicht fort, das wusste ich. Und ich hatte zu viel Angst, dass er auch mich nicht fortlassen würde. Mich habe ich gerettet. Ihn nicht.

Ich hoffe, dass dieses Buch hilft zu verstehen: mich, aber auch andere, die einen ähnlichen Weg gegangen sind, die ihre Fehler eingesehen und oft teuer für sie bezahlt haben. Vielleicht hilft es, uns nicht alle als wahnsinnige Terroristen abzustempeln. Und hoffentlich hilft es anderen, nie, nie einen solchen Weg einzuschlagen.

KAPITEL 1
Eigentlich wollte ich nie dorthin

Ich bin von meiner Mama weg, als ich zehn war. Da hatte ich schon seit sieben Jahren keinen Kontakt mehr zu meinem Vater. Außerdem verstand ich mich mit dem neuen Mann meiner Mutter nicht. Ich war genervt, frustriert von meiner Familiensituation. Zusammen mit meiner kleinen Schwester zog ich dann zu meiner Patentante, die in einer anderen Stadt lebt. Aber wir kamen nicht gut miteinander aus, ich war einfach durch den Wind, habe mich komplett zurückgezogen, war wie ein Buch mit hundert Siegeln. Keiner konnte mir nahekommen, in der Schule habe ich auch nur gemacht, worauf ich Bock hatte: Sprachen. In Deutsch hätte ich eine Eins, meinte der Lehrer, wenn ich je meine Hausaufgaben machen würde. Physik, Bio, Chemie, das habe ich alles vergeigt. Ich hatte keine Lust, habe es nicht verstanden, und es war mir egal.

Meine Patentante hat sich dann ans Jugendamt gewandt, denen gesagt, wir haben hier nur Streit, ich kann ihr nicht helfen. Die hatte ja auch noch eigene Kinder. Wir haben uns zusammengesetzt, und die Lösung war, dass ich mit 14 wieder zurück nach Frankfurt zog, wo ich ja herkam, allerdings in ein Projekt für betreutes Wohnen. Das war ein ganz normales Wohnhaus, zwölf Zimmer, Büro, Küche. Mit zwölf, 13 konnte man da schon einziehen. Es war immer jemand da, an den ich mich wenden konnte, ganz familiär. Ich bin dann auf die Gesamtschule gegangen. Naja, ab der neunten Klasse nicht mehr, da bin ich eher mit Freundinnen ins Café gegangen.

Die Schulleitung hat mich vor die Wahl gestellt: Entweder ich bekomme einfach ein Abgangszeugnis, oder ich wiederhole das ganze Jahr. Ich wählte das Abgangszeugnis. Das war dumm von mir. Heute sagt sich das so leicht. Damals war ich sorglos, wütend, und es gab niemanden, der mir einen Weg zeigte. Weil niemand da war? Oder weil ich mir von niemandem etwas sagen lassen wollte? Beides. Ich hatte keinen Respekt vor den Betreuern, habe lieber den ganzen Morgen irgendwo im Café gesessen mit Freunden. Ja, ein bisschen war das so wie im Klischee von den haltlosen Jugendlichen, die später im Dschihad landen.

Ich habe dann ein paar Praktika gemacht, im Kindergarten, in einer Drogerie, aber hatte immer wieder Stress dort, habe gekifft, bis die Betreuer vom Jugendamt mir eine eigene Wohnung in Frankfurt vermittelt haben.

Das war mein Untergang.

Man kann eine Jugendliche aus kaputten Verhältnissen nicht einfach in eine eigene Wohnung ziehen lassen. Ich hätte jemanden gebraucht, der mich an die Hand nimmt, aber dieses »Mach, was du willst« war für mich eine Katastrophe. Im Nachhinein hat mich das furchtbar geärgert, weil ich eigentlich kein blöder Mensch bin.

Ich habe gejobbt, in einem Internetcafé, als Kellnerin, da war ich schon 18. Nach kurzer Zeit zog eine Gleichaltrige aus Hamburg bei mir ein, wurde meine beste Freundin. Wir haben uns gegenseitig runtergezogen. Als sie anderthalb Jahre später wieder zurück nach Hamburg zu ihrer Oma zog, habe ich sie dort wochenlang besucht. Wir haben gemeinsam gekifft und unsere Chill-Sessions eben nach Hamburg verlagert. Damals war es witzig. Aber so ein Leben wünscht man doch keinem, einfach so in den Tag hineinzuleben. Mal habe ich gekellnert, mal ging ich zum Jobcenter, mal habe ich ein bisschen Gras, aber auch nur Gras, verkauft, irgendwie war immer ein bisschen Geld da. Genug zum Leben.

Einmal waren wir beide die ganze Nacht feiern, völlig zugedröhnt. Ich lag dann am Samstag bei mir zu Hause und hatte solches Herzrasen, dass ich mich überhaupt nicht mehr bewegen konnte. Mir war gleichzeitig heiß und kalt. Da habe ich mir gesagt: Es reicht! So geht es nicht mehr weiter.

Zu dieser Zeit habe ich einen marokkanischen Freund kennengelernt, ganz harmlos, auch später waren wir nie zusammen. Saryuh, so möchte ich ihn hier nennen, hat mir gesagt: »Was machst du da eigentlich? So kann man doch nicht leben! Willst du so weitermachen, bis du mit 30, 40 irgendwann auf der Straße landest? Du bist doch nicht dumm! Sonst könnte ich das verstehen, aber so? Du gehst morgen zum Amt, meldest dich und nimmst an einer Maßnahme teil!«

Das war mir eine Horrorvorstellung, morgens um sieben aufzustehen und um acht auf den Plastikbänken beim Amt zu hocken. Aber ich habe es gemacht. Also, zumindest die Maßnahme. Für eine Weile, bis ich wieder abgestürzt bin, mich von einem Gelegenheitsjob zum nächsten gehangelt habe. So richtig fest irgendwo angestellt habe ich nie gearbeitet, bevor ich nach Syrien gegangen bin.

Saryuh war als Wirtschaftsflüchtling nach Deutschland gekommen. Anfangs hat er auf Parkbänken geschlafen, erzählte er mir. Aber er hat sich durchgebissen, das hat mir imponiert. Es gibt Menschen, die sind einem auf Anhieb sympathisch. Ich war nicht unbedingt verliebt, aber er hat mich fasziniert, er war klug, hilfsbereit. Einmal kam mein Geld vom Amt später als erwartet. Da hat er mir seine letzten zehn Euro gegeben. Ich habe ihm gesagt: Du spinnst doch. Aber er meinte: »Nee, ist okay. Die Monatskarte ist bezahlt, ich komme schon durch.«

Ich wollte wissen, woher kommt diese Großzügigkeit? Diese Hilfsbereitschaft? Warum ist der so?

Saryuh war der Mensch, den ich zehn Jahre früher gebraucht hätte. Er hat mir ein bisschen über den Islam erzählt, nicht zu viel, aber auch nicht zu wenig. Gerade genug, um mein Interesse zu wecken. Von diesem ganzen radikalen Kram hatte ich da noch nichts gelesen, hatte keinen Schimmer vom Dschihad. Im Islam, wie Saryuh ihn mir erklärte, ging es um Hilfe, um Gastfreundschaft, ums Füreinander-Einstehen, solche Sachen. Ein marokkanischer Freund von ihm, der immer ins Internetcafé kam, in dem ich manchmal jobbte, hat mir dann eine CD gegeben, auf der jemand über den Sinn des Lebens aus islamischer Sicht erzählte. Und ein Buch über den Propheten, naja, eher ein Heft. Da ging es zwar auch um Kriege, aber nur am Rande, nicht so wie später in Syrien, wo ich die Ermordeten gesehen habe, die tagelang am Wegrand neben unserem Haus aufgestapelt liegen blieben. Es ging in der CD und dem Buch mehr um die Charaktereigenschaften des Propheten, solche Sachen.

Das klang gut, vor allem, weil ich sehen konnte, wie Saryuh seinen Glauben lebte. So ein Mensch wäre ich auch gerne, dachte ich mir damals. Er war einfach toll, so etwas wie meine beste Freundin, nur halt als Mann. Sonst war ich mit Männern zu dem Zeitpunkt gerade durch, die waren nur Katastrophen in Serie. Ich hatte gerade eine dreijährige Beziehung hinter mir, die endete, als mein Freund, der Idiot, in die Türkei abgeschoben wurde und ich ihm sogar noch hinterhergeflogen bin, dort mein Visum überzogen und dann Stress bei der Ausreise bekommen habe. Während ich um ihn kämpfte, hat er sich in der Türkei irgendwelche Touristinnen klargemacht. Hinterher war es mir ein Rätsel, was ich an dem mal gefunden habe. Dann verschimmel halt, dachte ich mir. Danach hatte ich erst mal genug von den Männern.

Als ich klein war, hatte ich an Gott geglaubt, konnte aber

mit dem Christentum nichts anfangen. Als Kind verstehst du das alles ja sowieso noch nicht ganz. Die einen glauben an die Trinität, die anderen nicht, aber was hat das mit mir zu tun? Ich wusste nicht, was ich mit Religion in meinem Leben anfangen sollte. Aber dann kam diese CD. Die traf mich einfach zur richtigen Zeit.

Der Autor erklärte darauf den Sinn des Lebens, wieso so viele Leute in Europa mit Depressionen herumlaufen, nicht wissen, was sie mit ihrem Leben anfangen sollen, warum sie Alkohol trinken, Drogenprobleme haben. Oder warum andere den ganzen Tag arbeiten, um sich die Miete für eine Wohnung leisten zu können, in die sie nur zum Schlafen kommen, weil sie ja sonst die ganze Zeit arbeiten. Das hat mich einerseits genervt, andererseits dachte ich: Das ist doch meine Situation! Er hatte recht, also, zumindest mit der Bestandsaufnahme. Zugleich versprach der Autor, dass jeder Muslim sein kann, dass jeder willkommen ist. Das hat mich angesprochen damals, darin fühlte ich mich wohl.

Saryuh und ich sind immer noch gute Freunde. Aber im Gegensatz zu mir hat er es geschafft, lebt jetzt ein richtiges Leben, mit Familie, Kind, gutem Einkommen und so. Ich hingegen bin damals nach und nach in die salafistische Szene reingerutscht.

Mein Chef in dem Internetcafé, in dem ich jobbte, war Pakistaner, der meinte: »Wenn du konvertieren möchtest, kannst du das bei uns machen. Wir haben eine Moschee, die hat auch einen Frauenraum.« Mit 19 bin ich dann konvertiert. Und landete in einer Gemeinschaft, die mir näher war als meine Familie. Kurze Zeit nach meinem Übertritt standen dann im Internetcafé auf einmal zwei verschleierte Frauen vor mir. Ich dachte: »Scheiße, was wollen die denn von dir?« Da meinte die eine: »Wir wollten dir Bücher geben und dich einladen. Eine Freundin hat ein Kind bekommen, wir feiern am Sonntag, magst du auch kommen?« Die waren auch Konvertierte, eine Deutsche und eine Polin. Ich bin dann in deren Kreis geraten, wir waren meistens vier oder fünf, die in der einen oder anderen Wohnung zusammengehockt haben. Da waren Deutsche, Amerikaner, Polen, Afrikaner, wir haben zusammen gegessen, zusammen eingekauft, viel Zeit miteinander verbracht. Das erste Mal seit Langem hatte ich wieder einen einigermaßen geregelten Tagesablauf. Ich war zwar immer noch arbeitslos, bin aber morgens aufgestanden, habe die eine oder andere Freundin besucht, war mit ihr und den Kindern auf dem Spielplatz, wir haben zusammen gekocht, Kuchen gebacken. Kleine, alltägliche Dinge, aber die haben mir gutgetan.

In die Moschee bin ich damals nicht so oft gegangen, was vor allem daran lag, dass die einzige in der Nähe keinen Frauenraum hatte. Aber die Gebete habe ich befolgt, auch das Frühgebet. Im Winter war das okay, da wird es ja nicht so früh hell. Im Sommer war es schon hart, den Wecker auf vier Uhr morgens zu stellen. Aber danach konnte ich ja weiterschlafen. Ganz am Anfang habe ich nur ein Kopftuch getragen, nach einer Weile dann auch den Khimar: einen Überwurf, der nur das Gesicht frei lässt und den ganzen Oberkörper bedeckt. Den habe ich aber in verschiedenen Farben gehabt, nicht nur in Schwarz. Einen Niqab, also den dreilagigen Schleier, der wirklich nur die Augen frei lässt (oder sogar die, je nach Modell, noch bedeckt), habe ich erst nach einem halben Jahr angezogen. Und auch dann nur, wenn ich mit anderen verschleierten Frauen unterwegs war. Wenn wir zusammen Einkaufen gingen, war das okay, aber alleine war es schon hart, wegen der Reaktionen der Passanten, mit denen man als verschleierte Frau leider rechnen muss.

Einmal war ich in der S-Bahn in Frankfurt unterwegs, schon mit Niqab, da saß neben mir ein Typ mit Aktenkoffer, und gegenüber wollte sich eine Frau mit ihrer Tochter hinsetzen. Dann guckte die aber und sagte: »Nee, lass uns mal weiter vorne einen Platz suchen, bevor die uns hier noch alle in die Luft jagt.« Ich habe eine ziemlich große Klappe, und so einen Spruch wollte ich nicht auf mir sitzen lassen: »Gute Frau, ich weiß nicht, bei wem Sie Physik hatten. Aber wenn ich mich hier sprenge, gehen Sie auch hoch. Egal, wo Sie sitzen.« Da lachte der Typ mit dem Aktenkoffer los, und sie war baff. Ein anderes Mal im Bus quatschte mich eine Frau blöd an: Das sei doch verboten, so herumzulaufen. Da habe ich sie gefragt, warum ich denn dann im Bus säße und nicht im Knast. Ein paar Leute um mich herum fanden das jedes Mal lustig, weil einfach niemand damit rechnete, dass eine Frau unterm Niqab so gut Deutsch kann – und dann auch noch so austeilt.

Grundsätzlich, bei allem Stress, hatte der Niqab in Frankfurt einen unschlagbaren Vorteil: Niemand hat mich mehr blöde angequatscht, ob ich ihm meine Handynummer gebe. Naja, bis auf einen algerischen Taxifahrer am Hauptbahnhof, der aber auch gleich fragte, ob ich ihn heiraten wolle. Doch im Vergleich zu vorher: endlich mal Ruhe.

Ich bin ja nun keine Augenweide mit Modelmaßen, aber vor meinem Übertritt zum Islam reichte es manchmal schon, in Schlabberklamotten Zigaretten holen zu gehen, um dumm angelabert zu werden. So wie an einem Abend, als eine Freundin bei mir zu Besuch war und wir kiffen wollten, aber keine Zigaretten mehr hatten. Da haben wir Schnickschnackschnuck gespielt, wer zum Kiosk läuft und welche holt. Ich verlor, also bin ich los in Jogginghose, Oberteil und Schlappen nachts um halb zwei. Der Kiosk war nur drei Minuten entfernt. Kaum hatte ich eine Schachtel geholt, hörte ich hinter mir Schritte.

Ich dachte, der will bestimmt schnorren, und hatte schon die Packung in der Hand. Da rief der: »Entschuldigung?!«

Ich: »Ja, was denn?«

Er: »Entschuldigung, hast du vielleicht Bock auf Sex?«

Ich: »Bist du noch ganz dicht?«

Er: »Ich frage doch ganz ehrlich und offen.«

Ich: »Ja, und jetzt verpiss dich, sonst trete ich dir die Nase ein, ganz ehrlich und offen.«

Da war er auch noch beleidigt. Zumindest solche Begegnungen blieben mir erspart, nachdem ich nur noch verhüllt unterwegs war.

Auf die Dauer wurde mir dieses enge Zusammensein mit den neuen Glaubensschwestern aber zu anstrengend, da ständig irgendjemand an mir herumnörgelte. Ich war neu konvertiert und konnte die Dinge, die ich vorher getan hatte, nicht auf Knopfdruck abstellen, also Musik hören, mit meinen alten Freundinnen abhängen, ohne Niqab ausgehen. Eine der anderen Konvertierten sagte dann garantiert immer: Das geht doch alles gar nicht! Außerdem hat mir eine von denen hinterherspioniert, wenn ich am Laptop war, den alle in der Wohnung benutzten, wo wir uns trafen. Da hat sie hinterher den Suchverlauf durchforstet, und zwar nur bei mir. Das war eklig, hat mich total abgeschreckt.

Und dann waren da ja auch noch meine alten Freunde und Freundinnen: Von denen waren auch viele Muslime, aber die haben gesoffen, gekifft, Drogen verkauft, da hat niemand gesagt: »Hey, werd Muslim, das ist gut!« Irgendwann dachte ich mir: Bleibe ich doch lieber mit denen zusammen. Muslima kann ich ja weiterhin sein! Und bin wieder in meine alten Gewohnheiten verfallen.

Dann kam ein alter Bekannter, bei dem ich in meiner frühen Kifferzeit immer mein Gras gekauft hatte, auf mich zu und hat lange geworben, dass ich doch seinen Cousin heiraten möge. Ich mochte den auch, aber vor allem tat er mir leid. Zwei seiner Brüder waren von den Taliban erschossen worden, die Mutter krank, der Vater tot. Dass die Familie ziemlich tief in zwielichtige Geschäfte verwickelt war, ahnte ich mehr, als dass ich es wusste. Aber das störte mich damals nicht groß, ich war ja Kunde. Und der kleine Cousin war auf den ersten Blick echt süß, auch wenn wir sonst kaum Gemeinsamkeiten hatten. Er war noch nicht lange in Deutschland. Wenn wir heiraten würden, müsste er zumindest keine Angst haben, abgeschoben zu werden. Also habe ich den geheiratet.

In der Rückschau war diese ganze Zeit eine Achterbahnfahrt: Mal hing ich mit meinen alten Kifferfreunden rum, mal bin ich zu einem mehrtägigen Salafistentreffen im Ruhrgebiet gefahren, habe da Abu Usama al-Gharib gehört, mit echtem Namen Mohammed Mahmoud: diesen ultraradikalen Österreicher, der schon früher mal im Irak gewesen war. Aus dessen Clique kam der Vorschlag, ob ich nicht Deso Dogg heiraten wolle, den Rapper, der damals immer bekannter wurde und später auch zum IS ging. Wollte ich aber nicht. Dabei hatte ich zwischendurch meinen afghanischen Mann schon verlassen, wohnte bei Freunden und Bekannten in Bonn und Solingen, für kurze Zeit sogar mal in einer Wohnung von Deso Dogg und einem seiner Freunde, die aber zu der Zeit woanders waren. Nach zwei Monaten bin ich dann doch wieder zurück zu meinem Mann. Deso Dogg habe ich erst in Syrien wiedergesehen, aber er hat mich nicht erkannt – wie auch, ich war ja vollverschleiert.

Warum ich mich überhaupt darauf eingelassen habe, den Afghanen zu heiraten? Das habe ich mich später selbst gefragt. Auch wenn ich konvertiert war und den gleichen Glaube hatte wie er, kamen wir doch aus komplett verschiedenen Kulturen.

Zwar haben wir zusammengewohnt und gelebt wie ein richtiges Ehepaar, zumindest am Anfang. Aber wir waren einfach nicht auf einer Wellenlänge. Okay, er sprach Englisch und lernte ziemlich rasch Deutsch, aber er konnte nicht über meine Witze lachen, und ich nicht über seine. Das klingt vielleicht banal, aber wenn ich mich wegwerfe vor Lachen über etwas, und er sitzt nur daneben und guckt wie ein Auto, wird einem der Mensch fremd. Der Arme kam aus dem Niemandsland bei Kandahar und hatte keine Ahnung von gar nichts. Vielleicht hätte ich diese Ehe trotz allem weiterlaufen lassen, hätte ihm irgendwann einfach gesagt, dass wir nach getrennten Wohnungen schauen sollten, auch wenn wir offiziell verheiratet sind.

Ein halbes Jahr lang hatte ich zu der Frauengang der Verschleierten gar keinen Kontakt mehr gehabt, bis sich diejenige, die ich am meisten gemocht hatte, wieder bei mir meldete: Sie habe neu geheiratet und mit den anderen auch nichts mehr zu tun, ob ich sie nicht besuchen wolle?

Ohne dass es so geplant gewesen wäre, wurden diese Freunde für mich zu so einer Art Familie, die ich nie hatte. Sie war Deutsche, ihr Mann war Marokkaner. Da war kein »Du musst, du musst, du musst«. Ich habe mich einfach wohlgefühlt, viel mit deren Kindern unternommen. Ich hatte da meinen Platz.

Für eine kurze Zeit habe ich dann auch versucht, meinen Schulabschluss nachzuholen. Aber meine Klassenkameraden waren ein solcher Haufen von Spinnern, die da alle nur hingingen, um vom Jobcenter weiter ihre Kohle zu bekommen, dass ich es bald auch wieder geschmissen habe.

Meine Ersatzfamilie ist dann leider nach Ägypten umgezogen. Als ich wieder auf mich allein gestellt war, habe ich wieder angefangen zu kiffen, war mit alten Freundinnen unterwegs, mal zu Hause in der Wohnung, die ich übers Sozialamt bekommen hatte, mal am Main. Es war so trostlos.

Aber dann habe ich Ende 2012 meinen Mann kennengelernt, also den, in den ich mich wirklich verliebt habe. Das hat alles verändert. So ein Gefühl hatte ich seit Ewigkeiten nicht gespürt: dass da einer ist, mit dem es sich richtig und gut anfühlt.

Er war ein fröhlicher Mensch, 1991 geboren, Deutsch-Türke. Genauer: Er war in Hessen groß geworden, aber hat sich erst einbürgern lassen, als wir schon zusammen waren. Ich konnte mit ihm über ganz verschiedene Dinge reden, er war sehr gebildet für sein Alter. Und ein sehr hübscher Mensch war er außerdem noch. Aber was ich vor allem toll fand: Er war wirklich interessiert an mir! Er hat Fragen gestellt, sich für mich, auch für meine Familie interessiert. Zwischen uns hat einfach alles gepasst.

Als wir uns kennengelernt haben, hat er nicht mal gebetet. Wir sind Schischa rauchen gegangen, er war feiern, ich war halt kiffen, so ging das die ersten Monate. Seiner Familie war schnell klar, dass sich in seinem Leben etwas verändert hat: Er kam manchmal spät nach Hause, hat seinen Vater nicht bei der Arbeit abgeholt. Das hatte er sonst immer getan als guter Sohn, zumal die ganze Familie sich ein Auto teilte. Damit brachte er seinen Vater morgens zur Arbeit, fuhr dann zur Schule, oder jemand anderer übernahm den Wagen. Und um Viertel nach drei musste das Auto vor der Firma stehen, oder er musste seinen Vater eben abholen.

Natürlich war er von meinen Lebensverhältnissen überhaupt nicht begeistert: Dass ich noch mit dem Afghanen verheiratet sei, das ginge wirklich nicht, wenn wir zusammenbleiben wollten. Ich bin dann zur Familie des Afghanen gegangen und habe versucht, ihnen meine Lage zu erklären.

Ein Cousin meines Noch-Ehemannes hatte mir damals Geld geliehen und gesagt, er wolle das gar nicht wiederhaben. Aber als ich nun die Scheidung einreichen wollte, ist er komplett ausgerastet: »Ich will mein Geld zurück!« Mein afghanischer Ehemann guckte still und traurig dem Streit zu wie ein Hund, dem man gerade einen Tritt verpasst hatte. Es hat mir sehr leidgetan. Aber es ging einfach nicht mehr.

Es wurde dann sehr hässlich. Sein Cousin drohte mir: Wenn mein Mann abgeschoben werde, gehe das nicht gut für mich aus. Früher war ich kein einziges Mal in der Nachbarschaft einkaufen, ohne dass ich einen von der Familie traf, kurz plauderte, »Hey, was geht ab?«, das war toll. Aber wenn man die auf einmal alle gegen sich hat, ist es natürlich nicht mehr lustig, auf Schritt und Tritt Angst haben zu müssen, einem Familienmitglied zu begegnen. Die suchten mich. Und ich hatte panische Angst vor ihnen, so wütend, wie ich den Cousin von meinem Ex erlebt hatte, als ihm klar wurde, dass der wegen mir seine Aufenthaltsgenehmigung verlieren würde. Ich bin schließlich in ein Frauenhaus in der Nähe von Offenbach abgehauen, aber das Irre ist: Offiziell sind wir immer noch verheiratet, da ich viel zu viel Angst hatte, die Scheidung durchzuziehen.

Da wohnte ich nun also im Frauenhaus, ohne Job, in einer fremden Stadt, und versuchte, mit dem Mann zusammenzukommen, den ich wirklich wollte. Was vor allem hieß: Ich versuchte, mit seiner Familie klarzukommen. Ich bin zwei Jahre älter als mein Mann und keine Türkin. Was nach Meinung meiner Schwiegermutter bedeutet: eine Schlampe. Er schlug vor, dass wir uns mal zu dritt treffen sollten, mit seiner Mutter. Da hat sie uns ausgefragt und wurde zunehmend angesäuert, als ich ihr erzählte, dass ich nicht mehr zu Hause bei meinen Eltern wohne. Vom Frauenhaus und der ganzen Vorgeschichte haben wir ihr erst gar nichts gesagt. Wenige Tage später hat sie trotzdem auf ihn eingeredet: »Ihr passt doch nicht zusammen! Ich suche dir eine Türkin, die auch jünger ist als du, eine, die besser passt.«

Er: »Nein, das will ich nicht!«

Daraufhin gingen die Probleme mit seiner Familie richtig los. Seine Mutter hat immer wieder versucht zu intrigieren, hat Sachen erfunden, die nicht stimmen konnten. Etwa: Sie kenne eine Freundin von mir, die habe ihr schlimme Dinge über mich erzählt. Ich wäre so eine Art Schlampe, die Männer überredet, für mich in den Krieg nach Afghanistan zu gehen. Die Nachbarn würden schon Unterschriften gegen mich sammeln. Dabei wohnte ich doch im Frauenhaus. Das ging so lange, bis sie ihn vor die Wahl stellte: wir oder sie.

Er hat das kurze Zeit mitgespielt, gesagt, okay, ich trenne mich von ihr. Aber er hat das nicht gut gespielt. Wir haben uns natürlich weiter getroffen, und seine Mutter hat in seinem Handy herumgeschnüffelt und es gemerkt. Daraufhin durfte er nicht mehr das Auto benutzen und ähnliche Schikanen mehr. Auch mich wollte sie unter Druck setzen: »Lass das, das passt nicht! Ich kann dich mit anderen Männern in Kontakt bringen, die kannst du heiraten!« Ich habe widersprochen, aber bin noch ruhig geblieben. Dann hat sein kleiner Bruder ihr das Handy weggenommen und losgebrüllt: »Hör mal, du kannst vielleicht meine Mutter verarschen, aber nicht mich!«

Da bin ich dann ausgerastet, habe in etwa geantwortet: »Hör mal zu, du kleiner Pisser! Erstens bist du etwa sechs Jahre jünger als ich, also mäßige dich! Außerdem haben wir uns noch nie getroffen, also lass das!« Das Telefonat endete damit, dass wir uns gegenseitig Prügel angedroht haben. Tja. Nun war Polen offen. Jetzt ging es richtig rund.

Als er nach Nürnberg zu seiner Einbürgerung musste,

bestand seine Mutter darauf, ihn zu fahren, damit nur ja ich nicht mitkomme. Wir hatten keine Wohnung, kein Auto, kaum Geld, keine Perspektive. Es war alles zu viel.

Im Nachhinein sieht das komisch aus: Erst lässt sich mein Mann einbürgern in Deutschland, ein paar Monate später geht er zum IS. Aber diese paar Monate haben uns fertiggemacht. Zum Zeitpunkt der Einbürgerung, die vor allem seine Mutter wollte, drehten sich unsere Gedanken noch ausschließlich um die Wohnungssuche, darum, nicht mehr auf die Eltern und deren Auto angewiesen zu sein. Die Ausreise stand da noch überhaupt nicht zur Debatte. Aber dann begann unser Strudel in Richtung Abgrund.

An manchen Tagen, wenn mein Mann mich beim Frauenhaus abholte, war er einfach fertig mit der Welt. Dann kam es mir so vor, als hätte es auch nicht schlimmer sein können, wenn er seiner Mutter gesagt hätte: »Mama, ich bin schwul und will einen Mann heiraten!« Seine Familie war so absolut gegen uns. Immer wieder habe ich versucht, den Riss zu kitten, habe versucht zu beschwichtigen, wenn seine Mutter mich angerufen und beleidigt hat. Aber irgendwann ging es nicht mehr.

Ich war müde, habe ihm, wenn die Lage komplett aussichtslos schien, auch mal gesagt: Vielleicht sollten wir das lassen. Aber er hat dann immer »Nein!« gesagt und zu mir gehalten. 2013 haben wir dann recht diskret islamisch geheiratet. Auf dem Standesamt konnten wir schon deswegen nicht heiraten, weil ich von meinem afghanischen Mann ja nicht geschieden war. Allein davor, dass dessen Anwalt wüsste, wer mein Scheidungsanwalt ist, hatte ich Angst. Ich dachte, die kennen Wege herauszufinden, wo ich wohne. Nun jagte mich also die Familie meines nicht geschiedenen Ex-Mannes, während die Mutter des Mannes, den ich liebte, mich lieber tot sähe als an seiner Seite. Sie ist es einfach gewohnt, ihren Willen in der Familie durchzusetzen. Wo sie rübermäht, wächst erst mal kein Gras mehr.

Aber auch wir waren hartnäckig und wollten zusammenbleiben. Und mein Mann wusste, wie man seine Mutter zur Weißglut treibt. Aus Protest gegen sie, gegen den Krieg in Syrien, gegen alles letztlich, hat er sich einen Bart wachsen lassen, hat sich Misk bestellt, dieses Parfümöl, was sie natürlich wieder ärgerte. »Wieso riechst du wie ein dreckiger Araber?«, fauchte sie ihn an. Er hat sich einen Palästinenserschal bestellt, sie hat ihn weggeschmissen. Dass er sich mit dem Islam beschäftigte, Videos anschaute, Predigten las, hat sie geärgert. Aber was sollte sie gegen den Islam sagen? Er hat sie toben lassen, nicht noch weiter Benzin ins Feuer gegossen. Aber das hat sie nur noch fuchsiger gemacht. Wenn sie streiten will, und ihr Gegenüber will das nicht, rastet sie erst recht aus.

Nachdem wir geheiratet hatten, suchten wir nach einer gemeinsamen Wohnung. Um uns die Angebote in Frankfurt anzuschauen, konnten wir meistens nicht das Auto seiner Familie nehmen, sondern mussten mit der Bahn fahren. Aber das kostete von Offenbach hin und zurück 22 Euro, das konnten wir uns nicht oft leisten. Für ein paar Wochen sind wir schließlich nach Frankfurt gezogen zu einer Bekannten von mir. Aber sie war auch verheiratet und hatte zwei Kinder, das ging nicht lange gut. Sein halber Clan hat mich dann über WhatsApp, Telefon und Mails bombardiert: Wir sollten doch bitte zurückkommen, sie würden das mit uns beiden akzeptieren.

Versuchen wir's, dachte ich, und für ein paar Tage ging es auch gut: Ich im Frauenhaus, er bei seinen Eltern, aber zwischendurch durften wir uns wenigstens treffen. Bis der ganze Stress wieder von vorne losging. Am Anfang unserer

Beziehung war ich noch in dieser Zwischenphase meines Glaubens gewesen, als mir der Zwang und die Nörgeleien der anderen Musliminnen auf die Nerven gingen und ich nicht einmal mehr Kopftuch trug. Aber dann habe ich wieder angefangen, mich zu verschleiern: erst Kopftuch, ein halbes Jahr später Khimar, und kurz bevor wir ausgereist sind, habe ich auch wieder Niqab getragen. Mein Mann wollte das auch gerne so, aber er zwang mich nicht dazu. Er meinte, er sei halt sehr eifersüchtig, deswegen sähe er es lieber, wenn ich mich verhülle. Das konnte ich verstehen, ich bin es ja auch.

In den Monaten vor unserer Ausreise nach Syrien hat sich mein Mann in das Thema Syrien hineingesteigert, schaute sich Videos von der FSA an, wie sie gegen Assads Armee kämpfte, sah diese Videos von halb Verhungerten, die Gelehrte fragten, ob man auch Katzen essen dürfe, sah die Bilder der Giftgasattacken. YouTube war voll davon, während diese Grausamkeiten im deutschen Fernsehen kaum Beachtung fanden. Wir dachten alle: Der Westen macht nichts. In Syrien werden die Leute systematisch abgeschlachtet. Und wir schauen zu.

Mein Mann war damals nächtelang im Netz, hat sich Vorträge angehört, Videos geschaut, viel von Anwar al-Awlaki, dem jemenitischen al-Qaida-Führer, den die Amerikaner mit einer Drohne getötet hatten. Dadurch, dass er ja keine Arbeit mehr hatte, hatte er noch mehr Zeit, sich diese Filme anzugucken. Ich habe mir das selten angeschaut, auch nicht die Videos von denen, die schon nach Syrien gegangen waren. Die waren mir zu aggressiv: Der eine fackelte da seinen Ausweis ab, ein anderer fuchtelte die ganze Zeit mit dem Messer herum. Es gab da nur noch »uns« und »die anderen«. Die Leute in den Videos schienen es tatsächlich zu glauben, wenn sie sagten: »Die wollen uns alle ausrotten! Wir müssen die bekämpfen.«

Irgendwann meinte mein Mann, wir müssten auch nach Syrien fahren und helfen. Diese Idee, nach Syrien zu reisen, hatte nichts von »Boah, ich will jetzt die Abtrünnigen abschlachten«, darum ging es überhaupt nicht. Aber er wollte da unbedingt hin. Gut und schön, sagte ich, aber was willst du da denn machen? Helfen, meinte er. Der Rest würde sich schon ergeben.

Ich habe damals auch übers Internet herumgesucht, vor allem nach einer Wohnung, habe viele aus der Salafistenszene gefragt, die wiederum auch meinen Mann kannten. So hat mein Mann jemanden kennengelernt, der ihn dann zur Tauhid-Moschee in Offenbach mitgenommen hat. Da war eine ganze Gruppe von extrem Radikalen, von denen insgesamt vier oder fünf später nach Syrien gegangen sind: Waliullah, der Afghane, Hassan und Abdullah, zwei Pakistaner, und Abdelrauf, ein Kurde. Diese Gruppe war schon bekannt, weil sie mal ein Fernsehteam verprügelt hatte, das vor der Moschee drehen wollte.

Die Männer erzählten meinem Mann die ganze Zeit, wie toll es in Syrien sei: »Du kriegst da deine eigene Wohnung, dein eigenes Haus, hast auch Zeit für deine Familie!« Wie Rattenfänger waren die. Ich trug zwar auch wieder Khimar und Niqab, aber wäre von mir aus im Traum nicht darauf gekommen, in den Dschihad zu ziehen. Dieser Krieg in Syrien hat mich zwar mitgenommen. Diese Grausamkeiten und unsere Ignoranz haben mich bedrückt. Aber selber dahin gehen? Was sollte ich in Syrien ausrichten können?

Mein Mann ist in dieser Offenbacher Gruppe, so blöd das klingt, schlicht und einfach zur falschen Zeit an die falschen Leute geraten. In Deutschland schien er keine Zukunft zu haben. Eine Weile lang hatte er zwar über eine Zeitarbeitsfirma Arbeit in einer Firma für Autobremsen gefunden, aber das war auch begrenzt. Aber mehr noch als die Geldprobleme und die Arbeitslosigkeit hat ihn die ganze Streiterei wegen mir mit seiner Familie belastet. Er konnte nachts nicht schlafen, war tagsüber total kaputt, einfach fertig. Hinzu kommt, dass er ein wenig naiv und sehr leicht manipulierbar ist. Ich habe ihm immer gesagt: »Du bist wie ein Hundebaby, das jedem hinterherläuft, der dir einen Zipfel Wurst hinhält.« Er ist einfach ein bisschen zu gutgläubig.

Im Nachhinein klingt das wie ein schlechter Witz, aber für uns waren damals vor allem diese Erzählungen der Offenbacher Gruppe extrem verlockend: dass man in Syrien einfach so ein eigenes Haus, wenigstens eine eigene Wohnung bekommen könne. Über den ganzen Rest haben wir uns weniger Gedanken gemacht als darüber: endlich in Ruhe irgendwo zusammen wohnen zu können! Wobei mein Mann von dieser Aussicht noch fasziniterter war als ich. Es führte einfach eins zum anderen. Unsere Misere und seine Wut haben sich gegenseitig hochgeschaukelt. Er konnte ja noch nicht einmal Hartz IV beantragen, weil er nie in einer Jugendhilfemaßnahme gewesen war wie ich. Sonst geht das erst, wenn man mindestens 25 ist.

Dabei war er für eine Weile auf dem Gymnasium gewesen, wollte nachträglich sein Fachabitur machen. Aber die ganze Streiterei wegen mir mit seiner Familie hat ihn fertiggemacht. Er konnte nachts nicht schlafen, war tagsüber total kaputt, einfach fertig. So hat das alles seinen Lauf genommen.

Die Männer von der Gruppe in Offenbach haben sich gegenseitig gepusht, dauernd kamen Sprüche wie: »Voll geil, komm auf jeden Fall her!« Von den vier oder fünf, die schließlich nach Syrien gegangen sind, ist einer sogar mit Fußfessel abgehauen. Die hat ihn nicht vom Dschihad abgehalten. Mindestens zwei von ihnen sind später umgekommen. Ob die anderen noch leben? Heute ist die Lage im ehemaligen IS-Gebiet so unübersichtlich, dass sich schwer sagen lässt, wer noch lebt oder schon tot ist.

Letztlich hat mein Mann einfach entschieden, dass wir nach Syrien gehen – ob zum IS oder zur Nusra-Front, das war ihm gar nicht so wichtig. Oder es war ihm nicht einmal klar. Zumindest hat er darüber weniger geredet, Hauptsache: Wir hauen hier jetzt ab und gehen dahin, wo schon die anderen Offenbacher sind. Wenn wir diese ganzen Schwierigkeiten mit seiner Mutter und meinem Ex-Mann nicht lösen können, lassen wir sie einfach hinter uns. Ich habe ihn gefragt, ob er noch alle beisammenhabe: Warum soll ich da mitkommen und warten, bis du irgendwann tot bist? Er als Deutscher werde doch mit dem ganzen Lebensstil dort unten nicht zurechtkommen. Ich auch nicht, das war mir klar. Aber von ihm kamen die immer gleichen Floskeln: Es sei unsere islamische Pflicht, nach Syrien zu reisen.

Wir hatten Streit. Er meinte: »Du kannst Nein sagen. Aber dann gehe ich halt alleine.« Im Endeffekt hätte ich genau das sagen sollen: »Nein, ich komme nicht mit.« Ich glaube, dann wäre er nicht gegangen. Er hängt an mir, und er hätte versucht, mich zu überreden. Doch er wäre nicht gegangen. Denke ich. Aber ich war zu mutlos. Im Nachhinein, aus der Distanz, sieht es so aus, als ob sich aus jedem Fehler, den ich gemacht habe, der nächste, größere Fehler ergeben hat. Aber damals habe ich das nicht so gesehen. Oder dachte, es ist sowieso alles egal.

Anschließend ging alles recht schnell. Ohne dass seine Familie etwas davon mitbekam, hat er Sachen verkauft, die er nicht mehr brauchte, hat Tickets gebucht und die Ausrüstung besorgt. Wir wussten nicht, was wir dort brauchen würden, wussten ja überhaupt nicht genau, was uns dort erwarten würde. Ich dachte, es wird so sein wie in den Fernsehbeiträgen aus Aleppo, andauernd Bomben und wir hausen in Ruinen oder Höhlen. Also haben wir dicke Pullover, dicke Socken besorgt, Wanderschuhe, Taschenlampen und Batterien im Dutzend. Außerdem Adapter und Ersatzakkus für die Telefone. Wir haben agiert wie die Ameisen. Es blieb gar keine Zeit zu realisieren, was wir hier eigentlich tun. Aber uns schien es, als gebe es keinen anderen Ausweg: Er wollte nicht mehr zu seinen Eltern, zu mir konnte er nicht, und gemeinsam fanden wir keine Bleibe, die wir hätten bezahlen können.

Über meine Ausreise habe ich mit niemandem geredet. Im Frauenhaus habe ich gesagt, ich fliege in den Urlaub nach Tunesien. Auch meiner Mutter habe ich nichts gesagt, die hätte sofort die Behörden verständigt. Sie wusste auch die ganze Zeit nicht, dass ich beim IS bin, das habe ich ihr erst viel später geschrieben, als ich vom IS schon wieder geflohen war.

Zwei Wochen vor meiner endgültigen Ausreise bin ich dann noch einmal heimlich nach Frankfurt gefahren. Ich bin Frankfurterin und kenne da jeden Winkel. Ich liebe diese Stadt. Morgens früh fuhr ich über die Mainbrücke, sah die Skyline und dachte: »In einer Woche sitzt du im Krieg! Du wirst dort nicht mehr rauskommen. Du wirst deine Mutter, deine Geschwister nicht wiedersehen.« Ich habe mir Gras gekauft. »Anders kannst du das nicht verkraften«, dachte ich, bin wieder zurück nach Offenbach gefahren und mit dem Taxi ins Frauenhaus. Ich habe das aber alles noch aufgeraucht, bevor wir aufgebrochen sind. Und ich habe mich von niemandem verabschiedet.

Den letzten Abend vor dem Aufbruch haben wir in Offenbach in der Wohnung einer Familie verbracht, die einen Monat vor uns nach Syrien gegangen waren: Waliullah und Halima, zwei Deutsch-Afghanen, die später noch eine wichtige Rolle spielen sollten. Morgens sind wir dann losgefahren zum Flughafen – nach Luxemburg, nicht nach Frankfurt, um unauffälliger zu sein. Da wusste mein Mann wohl noch nicht einmal, bei welcher Gruppe wir landen würden. Er sagte bloß: »Waliullah regelt alles.« Ich hatte Anfang 2014 die Kämpfe zwischen den Rebellen und dem IS verfolgt und traute dem IS nicht. Aber er meinte, Waliullah habe ihm das alles genau erklärt. Die Kuffar, also die Ungläubigen, hätten sich gegen Daula, also den IS, verschworen. Damit meinte er die Rebellen, die gegen die Diktatur kämpften. Es war eine völlige Verdrehung der Realität. Aber mein Mann hat: geglaubt, an die angebliche Pflicht zum Dschihad wie an diese Lügen.

Ich habe meinem Mann gesagt: »Von meinem Gefühl her will ich lieber zur Nusra-Front.« Aber er hat entschieden, dass wir dorthin gehen, wo die anderen aus Offenbach sind. Der richtige Ort, meinte er, sei eben dort, wo die anderen Offenbacher sind. Darunter konnte er sich mehr vorstellen als unter den Namen der verschiedenen Gruppen. Wir wussten wirklich nicht, worauf wir uns einlassen.

Wir fuhren dann zu dritt los mit Emre, einem jüngeren Mann, der auf keinen Fall alleine reisen wollte. Jeder von uns hatte einen Koffer dabei und ein Handgepäckstück. Aber wir hatten uns beim Packen verschätzt, merkten erst später beim Einchecken, dass jeder von uns noch sieben Kilo mehr hätte mitnehmen können.

Die dreistündige Autofahrt nach Luxemburg war eine Tortur für mich. Bis zum bitteren Ende, bis zum Grenzübertritt, hatte ich die Hoffnung, dass wir erwischt werden. Ich mochte mein Leben in Deutschland, trotz aller Probleme. Mir war klar, wenn ich jetzt über diese Grenze gehe, werde ich nicht zurückgehen können. Aber selber zu sagen: »Ich komme nicht mit«, dafür fehlte mir der Mut. Ich wollte meinen Mann nicht verlieren. Nun blieb mir nur die Hoffnung, dass wir aus irgendeinem Grund verschont werden würden. »Bitte, bitte, schickt einen Streifenwagen vorbei!«, dachte ich bei mir. »Nehmt uns unsere Pässe weg! Findet Sachen, die zu auffällig sind für Touristen!« Wer nach Antalya in den Urlaub fliegt, hat ja keine Wanderschuhe, Stirnlampen und Batterien im Dutzenderpack im Gepäck und auch keine Winterkleidung im Hochsommer. Ab es ist nichts passiert.

In Luxemburg am Schalter beim Einchecken guckte die Frau uns nur an: »Geht es von Istanbul noch weiter?« Ich stand da in voller Montur schwarz verhüllt, aber die waren extrem nett. Ich musste nur kurz ins Kabuff nebenan gehen, den Niqab einmal ablegen, das war's. Sehr terroristenfreundlich dort. Kein Wunder, dass uns alle gesagt hatten, geht über Luxemburg! So sind wir unbehelligt verschwunden.

Unsere erste Station war Istanbul, wo sie uns getrennte Zimmer geben wollten, weil wir ja nur islamisch verheiratet waren, nicht standesamtlich. Aber das Irrste in Istanbul war: Die Mutter meines Mannes, die mich, uns, mit ihrem Hass ja erst zur Ausreise getrieben hat – ausgerechnet sie war genau zur selben Zeit wie wir auch dort. Ich hatte solche Angst, ihr über den Weg zu laufen! Ich hatte vor ihr mehr Angst als vor dem IS oder der Nusra-Front. Obwohl ich mir im Nachhinein gewünscht habe, dass sie uns dort getroffen hätte. Dann wären wir nämlich nie nach Syrien gegangen.

Mit einem Mietwagen sind wir dann von Istanbul durch die halbe Türkei. Kurz hinter Adana ist neben uns ein Jeep mit britischen Kennzeichen auf der Autobahn gefahren. Der Fahrer trug einen üppig langen Bart, und ich musste unwillkürlich denken: »Noch so eine arme Wurst!« Und auf der ganzen langen Fahrt keine einzige Verkehrskontrolle. Warum kann man nicht mal angehalten werden, wenn man es wirklich bräuchte?

Ich musste in meinem Leben noch nie so oft und dringend pinkeln wie in diesen zwei Tagen. In Gaziantep, der letzten großen Stadt im Süden, sprang dann am vereinbarten Ort der Schmuggler filmreif aus einem Gebüsch. Im ersten Schreck steckte ich mir instinktiv mein Handy in den BH. Sollte er alles Geld und die Chipstüten mitnehmen, aber das Handy bekommt er nicht! Doch Abu Mohammed al-Schomali, so nannte er sich, wollte uns nicht überfallen, sondern nur ausnehmen und gleich doppelt fürs Schmuggeln abkassieren, obwohl der IS ihn schon für uns bezahlt hatte, wie ich später erfuhr.

Von Gaziantep ging es dann nach Kilis, dort wurden wir von zwei Mehlschmugglern übernommen. Mit denen fuhren wir weiter in ein Dorf namens Elbeyli. Irgendwo zwischen Ra'ei und Ayescha an der Grenze hieß es nachts dann: Rennen! Ducken! Rennen! Warten, erst auf den Schichtwechsel der türkischen Grenzposten, dann darauf, dass die nächste Gruppe uns in Empfang nimmt. Hinter uns waren noch andere, deren Auto war auf alten Bahngleisen steckengeblieben, ein Reifen platt.

Doch dann geriet die Reise ins Stocken. Keiner holte uns ab. Kurz vorm Morgengrauen saßen wir immer noch auf dem Acker. Ich habe mein Leben gehasst, wirklich abgrundtief gehasst in diesem Augenblick, als mir klar wurde, in welchen riesigen Haufen Mist ich mich manövriert hatte. Alles, was mir geblieben war, waren zwei schlechte Alternativen. Und letztlich dachte ich mir, dass ich immer noch lieber hier mit meinem Mann im Krieg bin, als ohne ihn in Deutschland leben zu müssen.

Als wir dann endgültig das Niemandsland hinter uns gelassen hatten und auf der syrischen Seite der Grenze angekommen waren, saß ich am Straßenrand, beobachtete die Schafe und die kleinen Lämmer, die hinter ihrem Hirten her trippelten, schaute zurück auf den Acker, durch den wir gekommen waren, und auf den hell erleuchteten türkischen Militärstützpunkt in der Ferne. Und dachte: Nun gibt es kein Zurück mehr.

KAPITEL 2
Willkommen im Kalifat

Wir sitzen am Straßenrand und warten darauf, endlich abgeholt zu werden. Die Sonne steht bereits hoch, es wird heißer. Wir warten, bis aus der Ferne ein Pick-up näherkommt. Das heißt, er kommt nicht einfach nur näher, sondern rast derartig, dass er bei jedem Schlagloch leicht von der Straße abhebt und schließlich mit einer Vollbremsung neben uns zum Stehen kommt. Wie es uns gehe? Nach 15 Stunden Autofahrt und nächtlichem Gerenne hier nun im Krieg angekommen, wie soll es uns da gehen?

Waliullah, der Kumpel meines Mannes aus Offenbach, der mit seiner Frau und einem weiteren Paar nach Syrien vorgefahren ist, holt uns ab. Mein Mann und er freuen sich sehr über das Wiedersehen. Ich mich nicht. Ich wäre lieber rückwärts wieder zurückgegangen. Ich bin total genervt, komplett von Mücken zerstochen, außerdem muss ich schon wieder pinkeln – in dem Moment fragt Waliullah, ob er meine Tasche tragen solle. Ich bin so sauer, dass ich nicht einmal mehr weiß, ob ich ihm geantwortet habe. Auf der Motorhaube seines grau-metallicfarbenen Pick-ups hat er eine kleine Fahne: das erste IS-Logo, das ich in echt sehe, nicht nur in einem Video. Jetzt ist es also endgültig klar: Wir sind beim »Islamischen Staat« gelandet!

Wir fahren zu Waliullah nach Hause in den Ort Ra'ei direkt hinter der Grenze. Er springt aus dem Auto und klopft an ein Tor. Während meine Mückenstiche mich in den Wahnsinn treiben, geht die Tür auf. Da stehe ich nun seiner Frau gegenüber, Halima, die hier Umm Abdulrahman heißt, »Abdulrahmans

Mutter«, mit der ich bislang nur gelegentlich über Telegram oder Viber kommuniziert habe. Sie wohnen in einem typischen arabischen Haus, in dem man von einem kleinen Hof in die einzelnen Zimmer gelangt: Betonboden, simpel verputzte Wände ohne Tapeten, fließend Wasser, aber ein arabisches Klo, wo man sich hinhocken muss, im Hof. Das ist alles recht einfach, aber absolut nicht so furchtbar und zerstört, wie ich mir das Dasein in Syrien ausgemalt hatte. Es ist irgendwie: normal.

Halima bittet mich ins Wohnzimmer, wo ein Ventilator läuft, etwas zu trinken und eine Menge Süßigkeiten bereitstehen. Ich bin ziemlich hungrig, da ich seit Stunden nur eine halbe Tüte Chips unter dem Niqab gefuttert habe. Wir unterhalten uns über meinen Weg nach Syrien, ob alles glatt verlaufen sei. Sie und Waliullah sind schon seit etwas über einem Monat hier.

Nachdem wir eine halbe Stunde geredet haben, klopft es. Waliullah wirft unsere Koffer und Taschen auf den Hof und gibt seiner Frau Falafel-Sandwiches für uns, kleine Kichererbsen-Buletten in Fladenbrot. Während wir essen, erzählt sie mir, dass schon einige Deutsche in Ra'ei leben und alle paar Tage weitere kämen, die meisten aus dem Rhein-Main-Gebiet. Und dass eine von ihnen auch später noch vorbeikomme.

Geht alles in Ordnung, denke ich mir, wenn ich nur bald duschen kann. Mein Zimmer ist jetzt schon unerträglich heiß, zumindest einen Ventilator wollen sie besorgen und anbringen. Im Sommer steigen die Temperaturen in Syrien locker über 40 Grad. Außerdem gilt hier für Frauen, dass wir auch die dritte Lage des Niqab herunterklappen müssen, sodass auch die Augen verdeckt sind und das Gesicht komplett verhüllt ist. Im Sommer wird man unter diesen vielen Lagen aus schwarzem Stoff gegart, abends ist man blind.

Das Duschwasser ist zwar noch kalt, da der Wassertank auf dem Dach sich vormittags noch nicht aufgeheizt hat, doch ich will gar nicht mehr von dem Wasserstrahl weg. Da ich den Tank aber auch nicht leeren will, gebe ich mich nach kurzer Zeit zufrieden und ziehe mich um, wasche meine Klamotten rasch im Hof, bevor die Männer wieder auftauchen.

Als mein Mann zurückkommt, ist er total begeistert: So ziemlich jeder hier in Ra'ei scheint Türkisch zu sprechen, was ihm sein Leben sehr erleichtern wird. Auch ich kann eher Türkisch, kaum Arabisch. Türkisch habe ich von meinem Mann und von türkischen Freunden und Bekannten recht gut sprechen gelernt. Arabisch werde ich leider auch später nur radebrechend beherrschen, mich eher mit Händen und Füßen verständigen, wenn ich mit Syrern spreche.

Mein Mann hört nicht auf zu erzählen, aber ich schaffe es nicht lange, ihm zuzuhören, da mich die Müdigkeit überkommt und ich einfach einschlafe. Als ich zwei, drei Stunden später vor Hitze wieder wach werde, fühlt sich mein Auge komisch an. Ich werfe mir schnell Niqab und Khimar über, schiele durch den Türschlitz und husche in die Küche, um mir eine Flasche Wasser aus dem Eisfach zu holen. Wie ich auf Dauer diese Hitze ertragen soll, ist mir rätselhaft. Mein Auge ist komplett zugeschwollen und juckt. Und nun fällt mir auf, dass meine Schminktasche fehlt. Das ist nicht einfach nur eine Schminktasche – in dem Ding ist alles, was eine Frau für mindestens ein Jahr glücklich macht: Gesichtsmasken, Cremes, Pinsel, Puder, Make-up, Wimperntusche, alles, das meiste davon extra neu gekauft. Und nun ist es weg. Ich bitte meinen Mann, im Auto danach zu suchen, den Weg noch einmal abzufahren, ob die Tasche vielleicht in einer Kurve vom Pick-up gefallen ist.

Mit abstehenden Haaren und vollkommen verpeilt sitze

ich in Halimas Wohnzimmer und habe das Gefühl, dass mein Leben sich gerade auflöst, wenn auch anders als erwartet. Ich hatte es mir hier vorgestellt wie in den Videos aus Aleppo: Die Armee des Regimes, die FSA, der IS, jeder beherrscht zwei Straßen, dauernd wird geschossen, und es regnet Fassbomben. Nicht, dass mir das lieber gewesen wären. Hier ist es nun ruhig und friedlich. Aber schon die Hitze und der Verlust meiner Schminktasche machen mich fertig.

Ich gehe ins Bad, wasche mir das Gesicht, ziehe mir eine Abaya über und leihe mir ein bisschen Wimperntusche, um den angekündigten Besuch nicht gleich abzuschrecken. Vor dem Haus hält ein Auto, ich höre vereinzelt deutsche Stimmen, und kurz darauf klopft es. In der Tür steht eine kleine, zierliche Frau mit einem syrischen Maxi-Cosi, in dem ein Baby liegt und weint. Muwahid mit seiner Mutter, die folglich »Umm Muwahid« heißt, also »Muwahids Mutter«. Jede von uns, die hierherkommt, legt ihren alten Namen ab, heißt von nun an »Umm soundso«, nach ihrem ersten Kind oder einem Phantasienamen. Ich bekomme auch solch einen Namen, den ich allerdings nicht veröffentlichen möchte. Umm Muwahid, die in ihrem früheren Leben als bosnische Krankenpflegerin in Deutschland noch Mirzada hieß, ist schon seit einem Jahr in Syrien. Sie hat auch die Kämpfe zwischen der Nusra-Front, die mit al-Qaida verbündet ist, und dem IS mitbekommen, die Anfang 2014 ausbrachen.

Sie macht trotzdem einen relativ entspannten Eindruck. Wir reden darüber, wo wir herkommen, ich schaue mir begeistert die großen Augen von Klein-Muwahid an, der immer noch ein bisschen vor sich hin jammert. Es klopft abermals, Waliullah sagt, dass gleich noch eine weitere Schwester zu uns kommen werde, da deren Mann etwas zu erledigen habe. Es kommt eine Kanadierin, zumindest behauptet sie das, auch wenn mir ihr englischer Akzent nicht besonders kanadisch vorkommt. Dass sie auch fließend Deutsch spricht, erwähnt sie nicht, das erfahren wir erst viel später. Wie auch die echte Herkunft der »Schwester«. Sie stellt sich vor als die neue Frau von Abu Talha alias Deso Dogg, dem Rapper aus Deutschland, der sich dem IS angeschlossen hat und dessen Propagandavideos jetzt schon berühmt geworden sind. Oder besser: berüchtigt. Wie die beiden sich kennengelernt und vor allem wie sie geheiratet haben, haben wir in dem Moment leider nicht gefragt. Aber da sie sich erst jetzt zum ersten Mal begegnen, haben sie vermutlich über Skype geheiratet, das hat es öfters gegeben.

Sie sei, erzählt die Frischvermählte, vor drei Jahren konvertiert und heute erst in Syrien angekommen, wie ich, nur ein paar Stunden später. Müde sieht sie aus, was wegen der Zeitverschiebung und der langen Reise verständlich ist. Wir unterhalten uns zu viert, und Halima fragt, wie sie denn mit dem Thema Mehrehe zurechtkomme. Immerhin hat Abu Talha ja schon mindestens eine Frau und sich so oft scheiden lassen und neu geheiratet, dass wir den Überblick verloren haben. Das sei kein Problem für sie, antwortet die Kanadierin. Das sei ja im Islam das Recht des Mannes.

Ich spucke fast mein Stück Wassermelone aus, teils aus Überraschung, teils aus Ärger. Für mich und viele andere muslimische Frauen ist das ein ganz heikles, trauriges Thema. Ja, der Islam erlaubt die Mehrehe. Aber ich würde wahnsinnig werden bei dem Gedanken, meinen Mann teilen zu müssen.

Auf die nächste Frage, ob sie beten könne, antwortet Abu Talhas Neue mit Nein. Das nun macht mich stutzig. Zu beten lernt man nach dem Übertritt wirklich als Erstes. Die Gebetszeit beginnt, weshalb nun jede von uns kurz im Bad verschwindet, um sich fertig zu machen, also die rituelle Waschung zu vollziehen: Unterarme, Füße, Gesicht. Als ich mit Halima ins Wohnzimmer zurückkehre, sehen wir, wie die Kanadierin hochinteressiert vor Halimas Schrank steht und hineinspäht. Als sie uns bemerkt, macht sie einfach die Schranktür zu und lächelt, als sei es das Normalste der Welt, in anderer Leute Schränken zu schnüffeln. Nur, dass hier scharfe Handgranaten und Maschinengewehrmunition im Schrank liegen. Halima und ich gucken uns fassungslos an, ich wohl mit offenem Mund, weil sie kurz grinst. Wir sagen nichts, beten gemeinsam und setzen uns anschließend wieder in den Hof.

In den nächsten Tagen sollen noch weitere Familien aus Offenbach eintreffen, zwei Deutsch-Afghanen und deren Ehefrauen. Und alle werden sie erst einmal hier wohnen. Mit mir, denn mein Mann muss sofort am nächsten Tag ins militärische Ausbildungslager, dem Muaskar. Schon früh am Morgen muss er los und kann nicht sagen, wie lange die Ausbildung dauern wird, irgendetwas zwischen zwei Wochen und zwei Monaten. Na prima. Wir wissen nicht einmal, ob wir zwischendurch Kontakt haben werden. Telefonieren oder SMS schreiben dürfen die Männer während der Ausbildung überhaupt nicht, das wurde ihnen gleich gesagt, da Handys im Muaskar verboten sind und weggeschlossen werden. Sicherheitsgründe, heißt es. Vielleicht sollen die neuen Kämpfer durch die Kontaktsperre auch getestet werden, ob sie hart genug sind für den Krieg. Für mich ist es eine grauenhafte Vorstellung, bis zur Rückkehr meines Mannes mit drei weiteren Frauen in einem Haus sitzen zu müssen. Für andere mag so etwas tröstlich sein, aber ich hätte lieber meine Ruhe.

Nach einer Stunde steht Abu Talha vor der Tür und holt seine neue Frau ab. Die beiden ziehen wohl weiter Richtung Raqqa oder Tabqa, tiefer ins Landesinnere. Kurz darauf werden auch Mirzada und der kleine Muwahid abgeholt, sie sollen aber in zwei Tagen wiederkommen, da dann auch ihr Mann zum Dienst muss.

Als ich später mit meinem Mann in unserem Zimmer bin, sehe ich plötzlich aus dem Augenwinkel etwas die Wand entlangrennen. Wie von der Tarantel gestochen springen wir beide auf. Es ist eine Kakerlake von wirklich furchterregender Größe. In Deutschland sieht man diese Viecher ja kaum, und wenn, dann sind sie höchstens halb so groß wie dieses fingerlange Monstrum, das nun die Wand entlanghuscht und dabei mit seinen Fühlern wackelt. Mein Mann macht keine Anstalten, das eklige Tier zu beseitigen. Als ich etwas zum Zuschlagen suche, jagt er es mit dem Lichtschein der Taschenlampe, was es in einer Ritze zwischen Teppich und Fußboden verschwinden lässt. In meinem Zimmer! Ich denke an die Riesenspinnen aus den Harry-Potter-Filmen und bin mir sicher, dass ich in diesem Raum kein Auge zumachen werde. Aber irgendwann schlafe ich dann trotzdem ein.

Wenige Tage nach unserer Ankunft ruft Abu Bakr al-Baghdadi von der Nuri-Moschee in Mosul das »Kalifat« aus. Ich erfahre das von einer deutschen Bekannten über WhatsApp, denn hier wird es zwar von den Moscheen verkündet, aber wir sprechen ja kein Arabisch. Alle freuen sich. Dafür sind sie ja hergekommen, um endlich im Land der Muslime leben zu können, nicht mehr terrorisiert zu werden von den Ungläubigen, zumindest glauben sie das. Oder sie sind gekommen, weil sie in Deutschland keinen Platz für sich fanden, das glaube ich eher. Aber was die Ausrufung des »Kalifats« nun konkret bedeutet und inwiefern sich etwas für mich verändert, weiß ich nicht. Ich denke nur: »Echt? Krass!« Und mache mir vorerst keine weiteren Gedanken darüber.

Am nächsten Morgen ruft Waliullah, dass sie losmüssten, mein Mann findet sein Lieblings-T-Shirt nicht, dann sucht er sein Ladekabel, und als das dann aufgetaucht ist, findet er sein Portemonnaie nicht, weil er sich draufgesetzt hat. Er ist ziemlich nervös. Waliullah ruft noch mal, dass sie nun wirklich losmüssten. Das Tor geht zu, das Auto wird gestartet, weg sind sie. Und ich fühle mich wie ein Kind, das gerade im Kindergarten abgegeben wurde und nicht weiß, wann es wieder abgeholt wird. Die Aussicht, von nun an auf unbestimmte Zeit auf engem Raum mit anderen Frauen zusammengepfercht zu sein, die ich kaum kenne, lässt meine Laune ins Bodenlose sinken. Am liebsten würde ich in meinem Zimmer sitzen und mit niemandem reden. Aber selbst fürs Schweigen und Stillsitzen ist es dort einfach zu heiß.

Gegen Nachmittag kommt die Nachbarin vorbei, eine Syrerin, die wegen der Kämpfe aus Aleppo geflohen ist. Ihre Familie hat sich zwar nicht dem IS angeschlossen, aber ist zu uns Ausländern freundlich. Aber sie erzählt Halima, dass jemand vom IS sie angesprochen habe: Sie solle sich endlich einen Khimar besorgen oder eine weite Abaya! Die hier üblichen langen Mäntel seien zu figurbetont. Eingeschüchtert habe sie gesagt, dass es so was in Ra'ei noch nicht zu kaufen gebe. Mir fällt ein, dass ich noch eine Abaya habe, die ihr passen könnte, da sie etwas kleiner ist als ich. Sie probiert, ist begeistert und fragt, wie viel Geld ich dafür möchte. Ich habe in Deutschland nur 15 Euro dafür bezahlt, und da mir die Abaya eh zu kurz ist, schenke ich sie ihr.

Wir bleiben wach und warten. Diese seltsame Kanadierin geht mir nicht aus dem Kopf. Sie kann nicht beten, aber hat absolut keine Probleme mit der Mehrehe. Das passt doch nicht zusammen. Wenn ich nur daran denke, dass mein Mann auf die Idee käme, sich eine Zweitfrau zu nehmen, sehe ich mich schon seine Klamotten brennend aus dem Fenster werfen oder die Wohnungseinrichtung mit dem Hammer zerlegen.

Ja, der Islam erlaubt die Mehrehe. Aber nicht mit mir! Seltsam, dass die Kanadierin das so problemlos mitmacht. Aber dann versuche ich die Kühle der Nacht zu genießen. Die Nächte jetzt sind angenehm, man hört nur den Wind, die Geräusche der Grillen ...

Wir erhalten die Nachricht, dass die anderen Deutschen auf dem Weg sind, im Lauf der Nacht sollen sie ankommen. Wir bleiben wach und warten. Die Nächte sind im syrischen Sommer ohnehin angenehmer, man hat den kühlen Wind, das Zirpen der Grillen, und nur ab und zu hört man die Einschläge von Bomben. Aber die scheinen sehr weit weg zu sein. Halima und ich sind beide kurz eingenickt, als es gegen zwei Uhr am Tor klopft. Waliullah ist gekommen, die nächsten Offenbacher sind da, zwei Ehepaare. Waliullah fährt mit den Männern sofort zum Ribat-Platz weiter, die Frauen kommen zu uns ins Haus: Mina alias Umm Khattab und Afsun alias Umm Nusayba, die ziemlich mitgenommen und verweint aussieht, offensichtlich war ihr Grenzübertritt nicht so entspannt wie meiner. Beide sind voller Matsch, was mir ein Rätsel ist, da es seit meiner Ankunft hier nicht geregnet hat. Sie erzählen, dass sie in einem der Balkanländer von der Polizei verhört wurden, was allerdings nur daran lag, dass sie ihren Mietwagen zu spät verlängert hatten. Sie mussten Fragen beantworten, wo sie hinwollten, und gaben an, dass sie in Griechenland Urlaub machen wollten.

Aus Deutschland meldet sich über WhatsApp eine Umm Yasir, die demnächst mit Mann und Kind nach Syrien kommen möchte. Sie hatte mal auf Facebook Khimar und Niqab verkauft, so bin ich mit ihr in Kontakt gekommen. Dass sie allerdings auch nach Syrien will, hatte sie damals mit keiner Silbe verraten. Sie werde, schreibt sie, die nächste Zeit kein Handy mehr benutzen, erst wieder in Grenznähe.

Die nächsten Tage werden ruhiger. Immerhin habe ich jetzt einen Ventilator. Von meinem Mann höre ich nichts, weiß nicht mal, wie lange er noch fort sein wird. Über nichts informiert zu sein, zerrt an den Nerven. Da landet man im Krieg und hat absolut keine Ahnung, wie die Lage eigentlich ist. Nachdem ich erfahren habe, dass er in Tabqa ausgebildet wird, am Rand des großen Stausees südlich von hier, google ich die Stadt und finde heraus, dass es dort einen Militärflughafen gibt und aktuell Kämpfe zwischen dem IS und dem Assad-Regime stattfinden, was wiederum bedeutet, dass dort Bomben fallen.

Ich bereue meine Neugierde und lege das Handy wieder weg. Der Trubel im Haus mit den drei Frauen geht mir auf die Nerven. Ich kann nicht andauernd Menschen um mich herum haben, brauche meine Rückzugsmöglichkeiten. Aber jetzt bin ich andauernd mit anderen Frauen zusammen, das zermürbt mich. Ich sitze heulend in meinem Zimmer. Gerade, als ich die Spuren davon mit geliehener Mascara und etwas Puder vertuschen will, kommt Mirzada ins Zimmer, Muwahids Mutter, die gerade wieder zu Besuch ist. Sie fragt, was los sei, und ich kriege nur ein kurzes »Nichts« heraus, weil ich wieder wie ein Depp losheule. Mir geht meine weinerliche Art selbst auf die Nerven. In Deutschland war ich nie so. Mirzada sagt, dass sie mitbekommen habe, wie unwohl ich mich fühle. Ob ich nicht zu ihr ziehen möchte? Sie habe noch ein freies Zimmer, und ihren Mann würde es auch nicht stören.

Eine wunderbare Idee. In der nächsten Nacht ist Halimas Haus eh so voll, weil die Männer der Neuankömmlinge erst einen Tag später zur Schießausbildung müssen, dass alle froh sind, als ich bei Mirzada schlafe. Dass ich nicht vorhabe, wieder zurückzukommen, behalte ich erst mal für mich.

Als ich aber meine restlichen Sachen abholen will, weigert

sich Halima, meine Koffer herauszurücken. Das sei ihnen anvertrautes Gut, sagt sie. »Das sind aber meine Koffer«, sage ich. Die dürfe sie aber nur meinem Mann aushändigen, beharrt sie. Halima und ihr Mann Waliullah sind sauer, dass ich einfach ausgezogen bin. Schließlich habe mein Mann mich bei ihnen gelassen, bis er zurückkomme von der Ausbildung. Und jetzt habe ich einfach eine eigene Entscheidung getroffen. Das ärgert sie. Ich bin auch »anvertrautes Gut«. Das von einer anderen Frau zu hören ist schon arg unfreundlich. Auch Waliullah ist, wie viele hier, eine widersprüchliche Mischung: schwierig, wenn es nicht nach seinem Willen oder seinen islamischen Regeln läuft. Aber auch sehr hilfsbereit; wenn jemand etwas brauchte, hat er sich sofort darum gekümmert.

Nach längerem Rumstreiten ziehe ich mit meinen Koffern ab. Mirzada hat ein Haus ohne Hof, aber von der Treppe kommt man aufs Dach, wo ab Sonnenuntergang ein kühler Wind weht, außerdem gelegentlich der Geruch vom Kebab-Grill gegenüber.

Nur meine Schminktasche bleibt verschwunden. Ich muss sie an einem der Flughäfen verloren haben. Da ich aber süchtig nach Schminksachen bin, deprimiert mich das sehr. Außerdem habe ich keine Ahnung, wie ich hier an Ersatz kommen soll. Mirzada beruhigt mich, jeden Samstag sei Markt, da bekomme man selbst in Ra'ei alles Mögliche. Zumindest Wimperntusche und Make-up. Solange sie kocht, nehme ich den Kleinen zu mir, ein ruhiges Baby, solange er ausreichend beachtet wird. Sonst fängt er an zu meckern. Ich spiele eine Runde Candy Crush auf dem Telefon, was er aufmerksam verfolgt und dabei mit seinen feuchten Fingern immer das Display anfassen möchte.

Abends auf dem Dach sehe ich, wie nah die türkische

Grenze ist. Am Übergang blinkt und leuchtet es, man sieht in der Ferne sogar die Lichter von Kilis, der nächsten türkischen Kleinstadt. Theoretisch so nah – aber eben so gut wie unmöglich, ohne Hilfe wieder dorthin zurückzukommen. Denn alle Schmuggler, die noch tätig sind, arbeiten mit dem IS zusammen, sonst riskieren sie ihr Leben. Ohne Schmuggler findet man die Wege, Lücken im Zaun nicht, weiß schon gar nicht, wann die Grenzposten auf der anderen Seite Ablösung haben. Zwei Wochen hier haben mir klargemacht, dass ich nicht den Rest meines Lebens beim IS verbringen kann und es auch nicht will. Doch was das für mich heißt, darüber denke ich noch nicht weiter nach. Hier oben auf dem Dach kann ich wenigstens mal alleine sein.

Das Haus liegt gegenüber vom Marktplatz, was mir in diesen ersten, ansonsten ruhigen Tagen leider einen Panoramablick auf das absolute Grauen beschert. Zumindest vom Dach aus kann ich die 14 oder 15 Leichen von syrischen Rebellen sehen, die zur Abschreckung von der Front hierhergebracht und einfach auf dem Marktplatz abgeladen wurden. Im Hochsommer. Einmal bin ich aus Versehen an denen vorbeigelaufen, jetzt meide ich in den kommenden Tagen diesen Weg. Aber ich weiß, dass ich nur hoch aufs Dach gehen müsste, dann würde ich sie wieder im Blick haben.

Ein paar Tage später sehe ich zufällig von einem Fenster aus, wie IS-Männer sie abtransportieren, einfach auf einen Pick-up werfen. Da ragen die Beine raus. Einer hat Tennissocken an, ein anderer noch seine Schuhe. Ich stehe da am Fenster und denke mir: Wie grauenvoll! Die haben doch auch Verwandte, Freunde, Kinder. Man hätte sie wenigstens sofort begraben können. Ich sehe das und versuche gleich, es wieder zu verdrängen.

Von meinem Mann gibt es weiterhin keine Nachricht, auch

nach zwei Wochen nicht. Aber wenigstens hat sich spannender Besuch in unserer Frauen-WG angekündigt: die Frau aus dem anderen Paar der Offenbacher, die gemeinsam mit Waliullah und Halima hergereist waren und vor uns angekommen sind. Die Reise war offensichtlich stressreich, und die beiden Paare haben sich schon unterwegs bis aufs Blut zerstritten. Waliullah und Halima kenne ich nun schon, aber die anderen beiden bislang nur vom Hörensagen: Natali, eine selbstbewusste, etwas vorlaute Deutsch-Russin aus Trier, hier nun »Umm Ousama« genannt, und ihr Mann Hassan alias »Abu Ousama«, ein Pakistaner aus Offenbach, den ich oft nur »Fußfessel« genannt habe. Denn er ist trotz elektronischer Weglaufsperre ausgereist.

Ich weiß nicht, wie die beiden sich kennengelernt haben, aber geheiratet haben sie erst kurz vor der Reise via Skype. Vor der Hochzeit haben sie sich nie gesehen. Er war dann enttäuscht: »Ich habe mir dich aber anders vorgestellt.« Er wollte eigentlich immer gern eine Marokkanerin heiraten, weil er den Typ ansprechend fand und wegen des marokkanischen Essens, das er so gern mochte. Dass Natali mir das selbst erzählte, fand ich schon schräg. Es war auf jeden Fall seine Schuld. Im Islam ist es doch erlaubt, dass du dir deine Frau vor der Heirat anguckst.

Natali und Hassan sind an einem Wochenende gemeinsam mit Waliullah und Halima ausgereist, ihr Mann habe, so erzählt sie, nur die sogenannte »kleine Fußfessel« umgehabt, die nicht dauerhaft überwacht werde. In einem Waldstück zwischen Trier und Luxemburg habe er sie dann aufgeschnitten und liegen gelassen. Bis nach Griechenland seien sie mit einem Mietwagen gefahren, doch dort hätten sie einen Motorschaden gehabt und das Auto stehen lassen müssen. Schließlich seien sie per Bus in Istanbul angekommen. Schon auf der Weiterreise durch die Türkei sei es dann zu Streitigkeiten zwischen den Paaren gekommen, erzählt Natali, als wir uns ins Wohnzimmer gesetzt haben. Man stehe doch unter Druck, wenn man gerade in ein Kriegsgebiet reist. In Syrien angekommen, habe es dann auch noch Streit wegen einer Katze gegeben und darum, wer welches Haus bekommt. Es gibt ja das Versprechen, dass jeder, der zum IS geht, hier eine Wohnung oder ein Haus bekommt. Dafür gibt es extra Wohnungsverantwortliche in der Verwaltung. Aber in der Realität funktioniert das, wie wir bald lernen werden, nicht so gut – die einen bekommen ein Haus mit Garten, die anderen eine Bruchbude in einem Mehrparteienblock.

Der Streit zwischen den beiden Offenbacher Paaren schaukelte sich hoch. Ehemann 1 sei zu Ehemann 2 gegangen und habe dem gesagt, dass es Probleme zwischen den Frauen gebe und man das regeln sollte. Ehemann 2 war darüber empört, der andere solle nicht über seine Frau sprechen. Einen Augenblick später hätten die beiden sich dann geprügelt.

Man zieht in den Dschihad, und das Erste, was man hört, sind solche Geschichten. Nicht von irgendwelchen Kämpfen an der Front, nein, hier prügelt man sich wegen der Frauen. Aber in Natalis Gegenwart lache ich lieber nicht darüber, sondern höre mit schockierter Miene weiter zu. Eine andere Deutsche hat wegen dieser Geschichten von ihrem Mann Kontaktsperre zu Halima und Natali bekommen.

Den Rest des Nachmittags erzählt Mirzada vom echten Krieg. Wie es war, als die FSA vor Monaten versuchte, Ra'ei einzunehmen, und von mehreren Seiten angriff. Alle Männer mussten an die Front, die deutschen Frauen waren alle bei ihr, einige hatten für den Fall der Fälle Sprengstoffwesten dabei, um sich und eventuelle Angreifer zu töten. Aber die Offensive der FSA sei fehlgeschlagen, nun waren alle Syrer aus der

Stadt geflohen. Bis, zum Glück, auf den Besitzer des Süßigkeitenladens.

Als wir gerade schlafen gehen wollen, fallen draußen Schüsse, erst wenige, dann immer mehr. Wir sehen, dass ein schießender, hupender Konvoi von Autos näherkommt. Mirzada bricht in Panik aus und sagt, dass es genauso klang, als die FSA letztes Mal nach Ra'ei vorstieß. Da bin ich noch keinen Monat in Syrien, denke ich, und schon gleich tot oder im Knast der Rebellen gelandet. Vom Fenster aus kann man nichts sehen, also gehe ich aufs Dach. Es ist eine Kolonne aus Pick-ups und ein paar normalen Autos, aus denen geschossen wird. Allerdings fahren sie hupend und schießend einfach weiter, bis sie und ihr Lärm verschwunden sind. Was das war? Keine Ahnung.

Wenigstens kann ich die beiden unten beruhigen, dass sie weitergefahren seien. Wirklich beruhigt sind wir erst eine halbe Stunde später, als Mirzadas Mann anruft und sagt, dass einer aus Ra'ei geheiratet habe und sie wohl deshalb in der Gegend herumgeschossen hätten.

Ich fühle mich überfordert, von allem hier. Es schockiert mich, dass man nicht einmal hier, wo jede Minute deine letzte sein kann, nichts Besseres zu tun hat, als sich zu streiten, zu zicken, zu lästern und zu prügeln. Im Nachhinein sind die Geschichten ja wirklich witzig, aber während sie sich ereignen, wünscht man sich eher, dass wir uns gegenseitig helfen, anstatt uns gegenseitig das Leben noch schwerer zu machen.

Ich habe mir angewöhnt, jeden Abend meinem Mann ein bisschen per WhatsApp zu schreiben, was tagsüber passiert ist, was mir durch den Kopf geht. Irgendwie beruhigt mich das vor dem Einschlafen, auch wenn ich weiß, dass er die Nachrichten in seinem Ausbildungslager gar nicht lesen kann.

Am nächsten Morgen meint Mirzada, dass im Laufe des

Vormittags Umm Schahid ankommen werde. Ich frage sie, wie die so ist. Sie meint: »Naja. Sie redet ein wenig viel, ist aber sehr lieb.« Im Nachhinein würde ich sagen, dass das eine unvollständige Beschreibung war. Die meisten Frauen waren ja, wie ich, eher mit ihren Männern mitgekommen und sind nicht aus eigenem Antrieb hierhergereist. Wie sie über das Leben hier denken, behalten sie für sich. Natürlich äußert sich niemand allzu kritisch zu dem, was hier abläuft, schon aus Angst. Aber Umm Schahid, die vorher mal Sabine hieß und als Grafikerin in Berlin gearbeitet hatte, ist nicht nur älter als wir – sie ist auch eine so hundertprozentig Überzeugte, wie ich sie in Syrien kaum ein zweites Mal getroffen habe.

Umm Schahid lebt schon eine Weile im Kalifat und reist aus einer anderen Stadt an. Sie ist die Ehefrau eines aserbaidschanischen Emirs aus Raqqa, der sehr beschäftigt sei, wie mir erzählt wird. Was bedeutet, dass sie wohl länger bleiben wird und ich leider mein Zimmer mit ihr teilen muss. Umm Schahids Mann führt eine Sondereinheit, die als Sturmtrupp bei Angriffen vorneweg läuft. Alles unverheiratete Männer, damit sie den Kopf frei haben und weil die Sterberate unter ihnen sehr hoch ist. Nur der Emir, der durfte heiraten. Sonst dürfen, ja sollen alle Männer hier heiraten. Das ist auch ein großes Thema für viele, die zuhause bislang keine Frau gefunden hatten oder in muslimischen Ländern kein Geld hatten, um zu heiraten. Der IS kümmert sich darum, hilft finanziell, mit Möbeln, Waschmaschinen bei der Aussteuer. Von den Ausländern kommen manche als Paar, aber es reisen eben auch Männer wie Frauen alleine an, die sich dann hier finden. Oder Einheimische heiraten.

Als sie ankommt, wirkt Umm Schahid erst mal ein wenig zurückhaltend. Aber als das Gespräch auf die syrischen Einheimischen kommt, taut sie auf. In Ra'ei, meint sie, seien die

Frauen der Syrer ja problemlos. Aber in Raqqa würden sie beim Shoppen vor den Verkäufern ihren Niqab hochklappen! Und mit denen Scherze reißen! Eine hätte mal einen IS-Kämpfer angetippt und ihm zu verstehen gegeben, dass er mit ihr ins Haus kommen solle. Andere würden mit durchsichtigem Gesichtsschleier durch die Gegend laufen oder High Heels tragen zum Khimar. Die Empörung in ihrer Stimme klingt, als fände dort täglich eine Orgie statt. Dabei ist Raqqa auch vorher schon eine ganz normale muslimische Stadt gewesen. Seit über tausend Jahren.

Solange der IS in Syrien sei, fährt Umm Schahid fort, werde er denen den Islam schon beibringen, auch wenn vor allem die Frauen sich unmöglich benähmen und gegen jede Kleiderordnung verstießen. Na gut, sage ich, aber die haben doch jahrzehntelang unter der Assad-Regierung gelebt, wo Leute schon für ein kleines Buch mit Bittgebeten im Folterknast verschwinden konnten. Denen könne man doch nicht von heute auf morgen mit einem ungewohnten Stil kommen, der ihnen alles verbietet, was sie ihr Leben lang gemacht haben.

Wenn Blicke töten könnten, wäre ich sofort qualmend umgefallen. Mir war das in dem Moment egal, aber ich werde in Zukunft noch öfter solche Statements erleben und dann vorsichtiger sein mit meinem losen Mundwerk. Es genügt ja schon, an einem Detail des Kalifats Kritik zu üben, um angeschwärzt zu werden, man sei gegen den Islamischen Staat und damit auch gegen den Glauben. Obwohl ich meine Meinung nicht immer für mich behalten kann, bin ich zum Glück nie denunziert worden. Aber ich lerne mit der Zeit, genau zu überlegen, was ich wann sage. Als es zum Beispiel später darum geht, jenen Frauen, die noch aus Deutschland kommen wollen, zu beschreiben, wie die Lage hier wirklich ist, bin ich viel vorsichtiger als am Anfang.

Abgesehen von ihren krassen Ansichten ist Sabine alias Umm Schahid tatsächlich ein netter Mensch, deswegen kommen wir in den Folgetagen ganz gut miteinander aus. Sie erzählt mir irgendeine Geschichte zum zweiten Mal, ich spiele Candy Crush auf dem Handy. Richtig unten durch bei mir ist sie erst später, als ich ihre ganze Geschichte erfahre: Um ins Kalifat zu reisen, hat sie ihre beiden Kinder einfach bei ihrem Ex-Mann zurückgelassen. Einen anderthalbjährigen Sohn und eine Tochter von drei oder vier Jahren. Die Kinder hätten nicht ausreisen können, der Ex-Mann hätte sie bei den Behörden gemeldet, meint sie. Da sei sie halt alleine gekommen mit ihrem neuen Mann. Der konnte nur ein paar Brocken Deutsch, sie konnte kein Türkisch, es muss ein ausführliches Hochzeitsgespräch gewesen sein. Als sie bei uns in Ra'ei ankam, war sie bereits im vierten Monat schwanger, da waren die vielleicht ein halbes Jahr verheiratet.

Am nächsten Abend sind wir Frauen alle bei Umm Musaab, einer Deutsch-Marokkanerin, zum Fastenbrechen eingeladen. Danach soll es in die Moschee gehen. Endlich ein Grund, sich zu schminken! Das sehen zwar nur die anderen Frauen, kein fremder Mann, denn draußen sind wir natürlich komplett bedeckt. Nicht wie die Syrerinnen, die in High Heels draußen unterwegs sind, das sieht und hört man ja. Aber auch wenn es nur für uns ist: Es ist uns einfach ein Bedürfnis, mal wieder schön auszusehen. So etwas verstehen vermutlich nur Frauen. Bei Umm Musaab gibt es Lammkoteletts in einer marokkanischen Soße. Ihr deutscher Mann hat das gekocht, aber die Soße war der Hammer! Da der Mann von Sabine alias Umm Schahid ja ein Emir beim Militär ist, fragt Umm Musaab sie, ob sie etwas über die bevorstehenden Kämpfe wisse, ob es Angriffspläne gebe? Es werde doch gemunkelt, dass der IS eine Angriffsserie gegen die FSA starten will.

Sabine weiß aber nichts. Männer reden über so was nicht mit ihren Frauen. Sollen sie zumindest nicht, schon gar nicht über geheime Militärpläne. Selbst wenn sich eine mal verplappert, haben die anderen sofort Angst, vielleicht Schwierigkeiten zu bekommen, weil sie etwas wissen, das sie nicht wissen sollen. Und was die Kampfeinsätze angeht, wollen viele Frauen auch gar nicht so genau wissen, was ihre Männer tun oder in welchen Gefahren sie stecken. Das geht mir ganz genauso.

Nach dem Essen gehen wir rüber zur Moschee, viele Syrerinnen sitzen dort. Jede will wissen, wo wir herkommen, ob wir Fotos von unseren Männern dabeihaben, ob wir Arabisch können, wie alt wir sind. Später sitzen wir auf der Terrasse der Moschee, es geht wieder dieser angenehme Wind, aber leider sind auch ziemlich laute Kampfgeräusche zu hören. Mehrere Male knallt es innerhalb weniger Sekunden nur ein paar Kilometer entfernt. Umm Musaab fängt an zu weinen. Ein paar der anderen bekommen Schnappatmung vor Aufregung. Aber davon wird auch nichts besser.

Ein paar Tage später ruft Umm Musaab an und fragt, ob wir in die Moschee kommen wollen. Halima und ein paar Neuankömmlinge, darunter eine Schwester aus Süddeutschland, Umm Nuh, kämen auch. Wir lehnen dankend ab, Mirzadas Mann sei nur heute noch zu Hause, also bleiben wir alle daheim und gucken uns am Laptop den ersten, ziemlich inszenierten IS-Film an, der später für kurze Zeit auch online geht, bis die Seite gesperrt wird. Und so verpassen wir das echte Drama.

Denn in der Moschee treffen Natali, die Deutsch-Russin, und Halima aufeinander, die beiden zerstrittenen Frauen, deren Männer Hassan und Waliullah sich schon wegen der Streitereien der beiden geprügelt haben. Nun keift die eine die andere an, wieso sie denn ständig über ihren Mann rede und ob sie vielleicht auf den stehe? Daraufhin bekommt sie die erste Ohrfeige und schlägt umgehend zurück. In der Moschee. Im Ramadan. Im Krieg. Halima ruft gleich ihren Mann Waliullah an und erzählt ihm das brühwarm, woraufhin er zur Moschee fährt, dort herumschreit und anfängt zu schießen.

Natali ist abgehauen nach Hause, vor ihrer Tür stehen die Männer und streiten. Waliullah ist stinksauer, dass Natali seine Frau geschlagen hat, aber kann nicht ganz leugnen, dass die Ohrfeige irgendwie berechtigt war. Ich kann alles mithören, weil Natali mich anruft und bittet, dass wir Mirzadas Mann vorbeischicken, weil Waliullah vor ihrer Tür stehe und weiterhin die ganze Nachbarschaft zusammenbrülle. Ra'ei hat ein neues Stadtgespräch.

Einige Tage später müssen die Streitparteien zum Gericht nach al-Bab und erzählen, was los war. Wer sie gemeldet hat, haben wir nie erfahren. Aber da wir das Gefühl haben, dass hier sowieso jeder jeden überwacht, wundert es uns nicht, dass irgendjemand geplaudert hat. Dort, vor dem Gerichtsgebäude, wird dann auch noch Natalis Kalaschnikow aus dem offenen Auto geklaut. Wobei es genau genommen nicht einmal ihre Waffe war, sondern jene, die der IS ihrem Mann geliehen hatte. Das war gängige Regel, dass Kämpfer sich Waffen leihen konnten. Frauen nur ganz selten. Kein guter Tag für Natali.

Die Richter stellen beide Frauen vor die Wahl: Entweder verzeihen sie sich gegenseitig, oder die eine bekommt Peitschenhiebe, weil sie die andere als Schlampe tituliert hat. Die Beleidigung ist schlimmer als die Handgreiflichkeiten. Da jede einmal der anderen eine gescheuert hat, ist wegen der Schläge alles in Ordnung. Das hebt sich auf.

Die beiden entscheiden sich dazu, einander zu verzeihen.

Aber in der deutschen Community sind die Fronten nun verhärtet, irgendwie sind fast alle auf Natalis Seite und auf einer Hasswelle gegen Halima. Mir ist das egal, ich will nur noch meine Ruhe haben.

Zum Eid-Fest am Ende des Ramadan soll eine weitere Deutsche in Ra'ei angekommen sein. Wir haben ausgemacht, dass wir uns alle bei Mirzada treffen. Alle, das heißt alle Deutschen, die wir kennen, bis auf Halima und ihre beiden Mitbewohnerinnen. Seit der Schlägerei in der Moschee gibt es getrennte Lager bei allen Festen. Eine der Frauen hat sogar einen Apfelkuchen gebacken! Ohne Ofen, in der Pfanne. Um die Mittagszeit taucht die Neue auf: Emily aus einem Kaff bei Nürnberg. Sie ist erst 17 oder 18 Jahre alt, ihre Mutter ist Deutsche, ihr Vater aus Ghana, was einen kuriosen Kontrast ergibt zu ihrem fränkischen Akzent. Ab jetzt heißt sie Umm Ibrahim.

Geschlafen hat sie wenig, außerdem rebelliert ihr Magen. Sie und ihr Mann, ein Konvertit aus Dortmund, sind von Antalya 13 Stunden mit dem Bus bis zu Grenze gefahren. Das Gespräch dreht sich natürlich als Erstes wieder um die Keilerei. Verblüfft hört Umm Ibrahim uns zu, bis Natali vorschlägt, doch mal das Thema zu wechseln. Kurz darauf jedoch fragt sie Sabine, die Frau des aserbaidschanischen Emirs, nach ihrer Herkunft. Sie sei eine komplette Deutsche, antwortet die. Daraufhin Natali: »Habe ich mir schon gedacht, du siehst ja auch aus wie ein Nazi.« Ich bin am Ende des Tages froh, ihn unbeschadet überstanden zu haben.

Erst Ende August höre ich wieder von meinem Mann. Er meldet sich plötzlich, er sei nun fertig mit der Ausbildung. Er klingt ziemlich desillusioniert. Sein Emir wollte ihn gern in Jarablus behalten, aber dort gibt es keine freien Wohnungen. Nach einigem Verhandeln ist es ihm gelungen, mit einem anderen Kämpfer zu tauschen, der aus Ra'ei nach Jarablus will. Aber auch hier in Ra'ei werden wir nicht so schnell eine eigene Wohnung bekommen, sondern nur einen Platz auf der Warteliste. Ra'ei ist beliebt, hier gibt es 24 Stunden am Tag Strom und das recht gute Handynetz aus der Türkei. Es ist das Rhein-Main-Gebiet des IS, so nennen es viele. Sieben oder acht deutsche Familien kenne ich alleine, es dürften noch mehr gewesen sein. Und das in einem kleinen Kaff.

Als mein Mann endlich wiederkommt, hat er mehrere Kilo abgenommen. Er wirkt verbittert darüber, wie die Leute im Muaskar miteinander umgegangen seien. Ewig habe es Streit gegeben, seien ihnen die gelieferten Essensrationen nicht ausgehändigt worden. Sie mussten sich zu fünft eine Dose Thunfisch teilen, wurden wie Dreck behandelt. Man sei doch hergekommen, um den Menschen zu helfen, sagt er. Und dann nur Streit. Aber er sieht nicht das Ganze als Fehler, sondern findet, dass nur die falschen Leute auf verantwortlichen Positionen sitzen.

Er ist sauer auf mich, dass ich ohne sein Einverständnis bei Waliullah und Halima ausgezogen bin. Außerdem habe er gehört, dass ich zweimal für Stunden das Haus verlassen habe in den vergangenen Wochen – einmal zum Fastenbrechen und einmal zur Moschee. Es gibt da keine ganz klaren Vorschriften, was eine Ehefrau zu tun hat, wenn ihr Mann im Einsatz ist. Aber ohne seinen Mann das Haus zu verlassen, das tue man einfach nicht, meint er.

In was für einem Kindergarten bin ich hier bloß gelandet, was haben die mit ihm gemacht? Immerhin bringt er Burger mit aus dem Mexicano-Imbiss in al-Bab. Der Laden ist legendär und vor allem unter den Ausländern sehr beliebt. Es gibt Burger und sogar Chicken Crispy. Ich liebe die.

Der Abend seiner Rückkehr endet früh, denn morgen soll ich schießen lernen. Ich will zwar nicht bei diesem

Patrouillendienst der IS-Frauen mitmachen, aber mich im Notfall trotzdem verteidigen können. Wir suchen das Dorf, das Waliullah beschrieben hat, ein Syrer zeigt auf den nächsten Berg und meinte, da sei weit und breit nichts, nicht einmal Schafe, die wir stören würden. Da stehe ich also mit einer Kalaschnikow am Berg und versuche, einen leeren Ölkanister zu treffen. Nach jedem Schuss habe ich mehrere Minuten lang ein Piepen im Ohr. Ganz so laut hatte ich mir das nicht vorgestellt. Außerdem wiegt das Ding vier Kilo. Aber ich will hier nicht weg, ohne diesen blöden Kanister wenigstens einmal getroffen zu haben. Irgendwann klappt das auch, ist aber nicht halb so einfach, wie es in den Propagandavideos immer aussieht.

KAPITEL 3
Wegen jeder Bombe anrufen?

Ich bin auf dem Weg in unsere erste eigene Wohnung hier in Syrien. Wir fahren aus Ra'ei heraus, und ich sehe zum ersten Mal bei Tageslicht den großen Torbogen am Stadtausgang: schwarz gestrichen, oben weht eine große Flagge mit dem islamischen Glaubensbekenntnis im Wind, zwischen den Fahrbahnen stehen Palmen. Schon komisch, das nun live zu erleben, nachdem ich es bisher nur aus Videos kannte. Ich bin zwar schon seit zwei Monaten hier, aber außer unseren jeweiligen Kurzzeit-Unterkünften, einem kleinen Teil des Souqs und dem Weg zum Haus von Umm Musaab habe ich noch nichts gesehen vom Land.

Wir kommen durch mehrere Dörfer, die wohl ziemlich rasch hintereinander vom IS erobert wurden. Zuvor waren hier die Rebellen der FSA, genau genommen haben sich die Bewohner der Dörfer dem Aufstand gegen Assad angeschlossen. Dann kam der IS, der ja eigentlich auch gegen Assad kämpft. Aber eben auch gegen die Rebellen, die sich nicht unterwerfen wollten. Als wir ankommen, sind diese Kämpfe natürlich schon vorbei. Aus den Dörfern, die überwiegend den Rebellen nahestanden, hat man fast alle Menschen vertrieben, oder sie sind geflohen. Da man in den verlassenen Häusern Hefte und Dokumente mit den Logos der Rebellen gefunden hat, gelten die Besitzer nach IS-Recht als Abtrünnige, denen man alles wegnehmen darf. Trotzdem ist es mir unangenehm, da noch viele Besitztümer in den Häusern liegen, Matratzen, Winterdecken, Geschirr. Wir dürfen, ja sollen gewissermaßen plündern. Ich frage mich, was wohl aus den Bewohnern geworden ist, ob sie alle unversehrt entkommen konnten. Und verdränge dann diese Gedanken, da wir ja auf ein Dach über dem Kopf angewiesen sind.

Ich bin nun beim IS, wenn auch nicht ganz freiwillig, wie ich finde. Aber ist das hier mein Krieg? Ich denke, ehrlich gesagt, zu diesem Zeitpunkt darüber kaum nach. Alles ist neu. Ich versuche, mich einzugewöhnen, bin verwundert, wütend über das manchmal unmögliche Benehmen der anderen Ausländer, erschöpft von den Problemen mit Dingen, die in Deutschland so selbstverständlich waren: Strom, Wasser, Telefon. Andere Dinge werden mir selbstverständlich, von denen ich zuvor nie gehört hatte: etwa der Ribat, was auf Arabisch soviel wie »Posten« bedeutet. Für alle Männer beim IS, die bei den kämpfenden Einheiten sind, ist der Ribat so etwas wie ihre Dienststelle. Meist ein Haus, in dem ein knappes Dutzend von ihnen lebt, Wache schiebt, jederzeit an die Front geschickt werden kann. Wenn man nicht gerade frei hat. Ribat ist Alltag. Dann gibt es das Muaskar, das militärische Ausbildungslager, das alle Neuankömmlinge durchlaufen müssen. Und für jeden Lebensbereich gibt es im Kalifat ein Maktab, ein Büro: für die Wohnungszuteilung, für die Witwenversorgung, für die Lohnauszahlung und so fort. Arabisch sprechen die allermeisten der Deutschen hier auch nach längerer Zeit nicht, aber diese Begriffe gehen über in unser Kalifats-Deutsch.

Waliullah, der afghanische Kumpel meines Mannes, fährt vor, da wir den Weg nicht kennen. Die Landschaft ist ein bisschen so, wie ich mir die Toskana vorstelle, nur trockener. Aber überall sind kleine Olivenbäume zu sehen, einige Hirten sitzen mit ihren Schafen am Wegrand, man merkt hier kaum, dass in diesem Land seit Jahren bitterer Krieg herrscht. Der Weg ist eine einzige Schlaglochpiste, aber das war er wohl auch schon früher. Menschen sehe ich keine bis auf die paar

Hirten und einige Kämpfer, die uns mit ihren Motorrädern entgegenkommen und kurz winken.

Nach etwa 20 Minuten sind wir da: Qarra Qubra heißt das Dorf, auf Türkisch bekannt als Kara Köprü, was soviel bedeutet wie »schwarze Brücke«. Aber nach einer Brücke oder auch nur Resten davon, sehe ich mich vergebens um. Das ganze Dorf ist komplett verlassen. Nur etwa 100 Meter links von uns ist ein Ribat-Platz, wo auch einige Deutsche sind, und vor uns einen halben Kilometer weiter der Ribat-Platz meines Mannes.

Da die Sonne mittlerweile untergeht, schauen wir, wo wir bleiben können, und suchen uns ein Haus aus, das einen Wassertank auf dem Dach hat, der auch noch nicht ganz leer ist. Das Erste, was mir sonst noch auffällt, ist ein Plumpsklo mitten auf dem Hof zwischen dem Eingang zur Küche und der Treppe zu den Wohnräumen, umgeben von einer hüfthohen Mauer. Wenn man da mal Gäste hat zum gemeinsamen Grillen, müsste man die alle Viertelstunde ins Haus schicken, wenn jemand auf Toilette will. Aber das stört uns im Moment weniger als der Zustand der Matratzen, die von einer Horde Hühnern und Gänsen mit Beschlag belegt worden sind.

Es ist zu dunkel geworden, um weiter nach einem halbwegs bewohnbaren Haus zu suchen. So weit hatten wir in Ra'ei nicht gedacht, früh genug aufzubrechen. Da die Häuser alle schon seit mindestens einem Monat leer stehen, müsste man sowieso erst einmal mehrere Flaschen »Pif Paf« oder anderer Insektenvertilgungsmittel großflächig verteilen und dann die ganzen toten Viecher herausschaffen, bevor man sich häuslich einrichten könnte. Ich habe einen Horror vor Kakerlaken.

Ein wenig planlos stehen wir auf dem Hof mit dem Klo ohne Privatsphäre und überlegen, was wir nun machen sollen. Mein Mann sagt aus Spaß, im Notfall könnten wir doch einfach bis

Sonnenaufgang im Auto warten. Ich denke, er meint das ernst, sage, okay, kein Problem, nehme meine Handtasche und laufe zum Auto. Am Tor drehe ich mich um und sehe, dass er sich keinen Meter bewegt hat. Auch wenn es nur als Witz gemeint war: Es ist wohl tatsächlich das Einfachste, wenn wir im Auto übernachten – da drin sind wir sicher vor Kakerlaken und können ab und zu die Klimaanlage laufen lassen. Nur müssen wir das Auto in einer Seitenstraße parken, damit es keiner von den Hochrangigeren sieht, da die sonst Fragen stellen oder Ärger machen könnten.

Waliullah kommt noch einmal kurz vorbei und schlägt vor, wir könnten doch einfach zu ihm fahren, damit ich bei seiner Frau bleiben kann. Aber ich würde lieber eine Woche im Auto wohnen, als mir das noch einmal anzutun. Mein Mann winkt ab, es sei schon okay, wir würden uns morgen eine Wohnung suchen. Waliullah merkt wohl, dass ich nicht will, und sagt, dass er es total sinnlos finde, wie man sich hier streite. Man müsse einfach Geduld haben, wenn der andere sich seltsam benehme. Um es mit seinen Worten wiederzugeben: »Wenn meine Frau ein Idiot ist, muss deine Frau Geduld mit ihr haben. Und wenn deine Frau ein Idiot ist, muss meine Frau Geduld haben. Ganz einfach.« Nee, eben nicht. Niemand will sich alles gefallen lassen. So sinnlos sie auch sind, die Zankereien hören nicht einfach auf. Aber Waliullah erkennt, dass er hier nicht weiterkommt, und zieht ab.

Wir sitzen Chips essend im Auto, mein Mann erzählt vom Muaskar, ich berichte von meinen Erfahrungen in der Frauenwelt, aber lasse manche Details weg. Dieses Kindergartengezicke ist mir zu peinlich, um es ihm in allen Einzelheiten aufzutischen. War einer der Männer mal ein paar Tage zu Hause, wurde gleich über ihn hergezogen: Wie, der schon wieder zu Hause? Der hatte doch gerade erst freie Tage. Dann wurde hinterhergeschnüffelt, ob er auch zu den fünf Pflichtgebeten in die Moschee geht. Als mein Mann später mal wegen einer Zyste an den Atemwegen krankgeschrieben war, lästerte Emily, alias Umm Ibrahim, das sei ja wohl lächerlich, deshalb von der Front wegzubleiben. Aber als ihr Mann tagelang zu Hause war, ist sie ausgeflippt, wenn darüber geredet wurde, hat uns angemotzt, es solle gefälligst niemand über ihren Mann sprechen!

Und dann der ewige Neid: Wer hat welches Haus bekommen, wer hat welche Möbel? Einige hatten in Deutschland Jobs oder haben vor ihrer Abreise Sachen verkauft und kamen dann hier mit 10 000 bis 25 000 Euro an. Darüber kann sich Umm Ibrahim ebenfalls aufregen, dass die von diesem Geld nichts abgeben, sondern sich lieber kartonweise türkische Säfte kaufen würden. Natali, ihre Kontrahentin, ist ihr in dieser Beziehung ähnlich. Sie lästert, wenn einer eine bessere Bude bekommt als sie oder die schöneren Matratzen hat oder besseres Geschirr. Dann regt sie sich auf, sie würde schon so lange warten und in einem nicht guten Haus wohnen, es kotze sie an, dass immer die anderen bessere Sachen haben. Dabei war das ohnehin alles Plündergut.

Mein Mann und ich sind uns einig, dass wir mit so etwas nicht gerechnet hatten. Wir hatten uns ausgemalt, in Höhlen zu wohnen und verschimmeltes Brot essen zu müssen, oder von morgens bis abends unter Beschuss zu liegen. Aber hier ist gar kein Beschuss von außen nötig, die Kleinkriege liefern wir uns untereinander. Und das macht sehr, sehr müde. Ich habe schon nach kurzer Zeit überhaupt keine Lust mehr auf die Gesellschaft der anderen Ausgereisten. Ich sage meinem Mann, dass ich in nächster Zeit erst einmal Abstand haben möchte von all dem. Dafür sind wir in einem verlassenen Dorf am richtigen Platz. Doch was unser Wegzug für Folgen haben wird, ahne ich zu diesem Zeitpunkt noch nicht. Denn die innere Ruhe bezahlt man hier mit dem sozialen Absturz.

Ich muss eingeschlafen sein, denn als ich aufwache, liege ich auf der Seite mit einem Bein halb auf dem Armaturenbrett. Da wir die Fenster offen gelassen hatten, fallen andauernd Mücken über mich her. Kurz überlege ich, den Motor anzumachen, aber ich traue mich nicht. Hatte mein Mann einen Gang drin? Hinterher erschreckt er sich, oder wir machen einen Satz nach vorn gegen die Mauer. Aufwecken möchte ich ihn auch nicht, aber ich will, dass er wach wird. Ich weiß nicht, wo mein Handy ist, außerdem drückt meine Blase.

Da höre ich plötzlich ein kurzes Zischen, kurz darauf ein donnerndes Krachen. Was war das denn? Mein Mann schläft seelenruhig weiter. Das geht zu weit. Ich tippe ihn ein paar Mal an und frage laut: »Willst du auch kaltes Wasser oder Pepsi?« Beides ist im Kofferraum. Er wird wach und guckt mich leicht verwirrt an. Ich sage ihm, dass irgendetwas hier im Dorf eingeschlagen sei, und will wissen, was das war. Er erwidert, dass er ja offensichtlich gerade geschlafen und somit auch keine Ahnung habe. Sei wohl standardmäßig eine Mörsergranate oder eine der von den syrischen Kampfgruppen selbst gebauten Raketen gewesen. Oder ein 23er.

Jetzt bin ich voll im Bild. 23er, klar. Habe ich immer in meiner Handtasche dabei. 23er. Erst nach einer Weile wird mir klar, dass es sich wohl auf die Kalibergröße der Patronen beziehht. Aber größere Waffen interessieren mich auch nicht wirklich, da ich als Frau damit kaum in Berührung kommen werde. Höchstens als Opfer, aber das verdränge ich gern.

Ich versuche, noch ein paar Stunden zu dösen. Als ich wieder aufwache, ist es hell, mein Mann verschwunden, und neben mir an der Haustür sitzt eine Katze und schaut mich an. Ich gebe ihr die Reste unseres mitgebrachten Grillhähnchens, hole aus dem Haus eine Schüssel und stelle ihr und ihren drei Jungen etwas Wasser hin. Ich frage mich, wie die hier überleben. Hier ist ja niemand, außer gelegentlich ein paar Kämpfern. Die Europäer mögen Katzen und halten sich oft welche. Die Araber hingegen werfen Steine nach den Katzen und verjagen sie.

Mein Mann kommt mit Waliullah zurück, sie haben ein Haus gefunden. Sogar einen Generator hat er aufgetrieben, der allerdings erst repariert werden muss, weil er andauernd ausgeht. Das Haus hat einen offenen Hof, schöne Fliesen, eine Einbauküche, zwei Wohnräume, und die Mauern sind relativ hoch. Wir bringen unsere Sachen herein, viel ist es ja nicht. Ich habe einen Koffer und eine Tasche, mein Mann einen Koffer, Rucksack und eine kleine Tasche. Das Umziehen hier, so entnervend es ist: Es geht zumindest schnell. Größere Möbel besitzt kaum jemand, und meistens stehen noch welche im Haus, weil die Bewohner sie bei ihrer Flucht nicht mitnehmen konnten.

Ich wasche erst mal meine Wäsche, dusche und versuche herauszufinden, welches Zimmer nachmittags am kühlsten ist. Dort suche ich nach Nägeln in der Wand, an denen ich das Moskitonetz aufhängen kann. Einen Nagel finde ich, das andere Ende des Netzes muss ich irgendwie an einem Stuhl befestigen. Sobald ich Empfang fürs Handy gefunden habe, melde ich mich bei meiner Mutter. Sie denkt, ich sei in der Türkei. Ich schreibe ihr, mein Mann habe hier Arbeit gefunden. Was ja nicht ganz falsch ist. Ich habe nur nicht dazugeschrieben, was für eine Arbeit. Meine Mutter und ich haben ein recht spezielles Verhältnis. Manchmal hören wir wochenlang nichts voneinander, aber das ist für uns beide in Ordnung.

Mein Mann hat mir ein Buch zum Lernen der arabischen Schrift mitgebracht, allerdings sind alle Worte auf Arabisch geschrieben ohne lateinische Buchstabenversion daneben. Das heißt, ich muss jeden Buchstaben einzeln übersetzen, um am Ende ein Wort beisammen zu haben. Das ist mühsam, aber es geht, und nachdem ich ein paar Mal denselben Buchstaben heraussuchen musste, kann ich ihn mir halbwegs merken.

Nur den Generator bekommen wir nach der Reparatur zwar an, aber nach einer halben Stunde geht er wieder aus und lässt sich gar nicht mehr starten. Also kein Strom, kein Ventilator, kein Licht und keine Pumpe für den Wassertank.

Gegen Abend kommt mein Mann noch mal kurz vom Ribat, er hat Kebab besorgt. Während die Sonne untergeht, sitzen wir im Hof und essen, er hat ein Kissen an die Hofmauer gelehnt, der Wind kühlt und erfrischt. Da sehe ich hinter dem Kissen meines Mannes einen großen, schwarzen Fleck an der Mauer entlangrennen. In der Sekunde, in der ich ihn erschrocken anschaue, springt er schon schreiend auf. Er hat eine riesige Angst vor Spinnen, seine ist noch größer als meine. Sie geht so weit, dass ich bereits in Deutschland meine eigene Phobie überwinden musste, um Spinnen zu fangen und in Gläsern vor die Tür zu setzen.

Mein Mann steht also neben mir und blickt entsetzt auf das Riesenexemplar einer Spinne mit dicken Beinen. Ich bekomme eine Gänsehaut. Am liebsten würde ich einfach meine Sachen packen und diesem Monster das Haus überlassen. Mein Mann scheint ähnliche Gedanken zu hegen, denn er steht immer noch tatenlos da und blickt mich erwartungsvoll an. »Vergiss es«, sage ich, »das geht zu weit, dass ich die jetzt umbringen soll!« Aber wer, hält er entgegen, soll es denn dann tun?

Er könne doch Waliullah anrufen, schlage ich vor, der habe bestimmt keine Angst vor Spinnen. Das findet er nicht so lustig. Er marschiert ins Haus, um die »Pif Paf«-Flasche zu holen, das Insektenspray, mit dem ich tagsüber herumsausende Fliegen angesprüht habe, sowie den Abzieher.

Ich denke, dass er damit nun die Riesenspinne kaltmachen wird. Aber stattdessen drückt er beides großzügig mir in die Hand und guckt mich wieder erwartungsvoll an. Mich überkommt eine Gänsehaut. Ich nehme meinen ganzen Mut zusammen und gehe einen Schritt auf die Spinne zu, sprühe eine Ladung »Pif Paf« auf sie und haue, als sie auf den Boden fällt, mit dem Abzieher drauf. Nun klebt ein Bein am Abzieher, der Rest ist auf der Fliese verteilt. Problem gelöst.

Mein Mann muss wieder zum Ribat, aber schon nach zehn Minuten kommt er wieder zurück mit seiner Waffe. Da wir noch keine Gelegenheit hatten, nach al-Bab zu fahren und eine Waffe für mich zu kaufen, lässt er mir seine da. Ich bin nicht scharf darauf, sie im Ernstfall benutzen zu müssen, aber zuhause sollte man so etwas schon haben. Nur wie soll mein Mann nun Wache halten ohne Waffe? Sie würden sich dort abwechseln, meint er.

Ich gehe also mit der schweren Kalaschnikow ins Zimmer und krabbele unter meinen Mückenschutz, will schlafen, aber höre ein Rascheln von draußen. Als ob jemand ums Haus herumschleicht. Eine Katze ist es nicht, die wäre leiser. Ein Hund auch nicht. Es klingt eher nach den eiligen Schritten eines Menschen. Da ich mir denke, dass kein normaler Mensch, der nichts im Schilde führt, im Dunkeln an einer Hausmauer entlangschleicht, hinter der gerade ein IS-Kämpfer hervorgekommen ist, nehme ich ein Stück Holz von einer kaputten Kommode und werfe es über die Mauer. Die Geräusche verstummen. Aber jetzt kann ich natürlich nicht mehr schlafen, bin voll in meinem Film, male mir aus, was alles passieren könnte. Also hole ich mir drei Stühle und lasse mich damit auf dem Innenhof nieder.

Nun raschelt nichts mehr, stattdessen zischt und kracht es wieder mit ohrenbetäubendem Lärm in der Nähe. Ich weiß, ich soll nicht wegen jeder Sache eine Nachricht schicken, wenn mein Mann auf seinem Posten ist. Das würde ihn nerven, wir sind ja schließlich im Krieg. Aber ich finde, dass ein Bombeneinschlag neben dem Haus ein ausreichender Grund ist, um sich zu melden. Mein Mann antwortet sofort auf die SMS: Die FSA habe versucht, ihren Ribat zu treffen, hätte aber etwas über das Ziel hinausgeschossen. Sehr beruhigend, wirklich, sehr beruhigend. Ich kann den Gestank verschmorten Plastiks riechen und im Schein der Taschenlampe ein bisschen Rauch sehen. Über das Ziel hinaus heißt leider: näher an mir.

Allerdings kann ich jetzt schlecht nach jeder Bombe einen Aufstand machen. Ich nehme mir vor, mich damit abzufinden, zumindest, solange die Granaten nicht noch näher einschlagen. Schließlich bin ich ja mehr oder weniger freiwillig hier, sage ich mir. Außerdem nervt mich diese ängstliche Panikmache der anderen Deutschen. Schon als vor Wochen beim Fastenbrechen in Ra'ei bei Umm Musaab in weiter Ferne eine Granate im Acker einschlug, waren alle ganz aufgeregt. Oh je, oh nein, was ist denn da los, ich muss meinen Mann anrufen, die ganze Runde verwandelte sich mit einem Schlag in einen Hühnerhaufen. Wenn später mal eine vier Stunden lang ihren Mann nicht über WhatsApp erreichen konnte, dachte die gleich, er sei tot. Und als wir jetzt in dieses Dorf gezogen sind, mäkelten die anderen Frauen, das sei doch unverantwortlich von meinem Mann, mich in eine so gefährliche Gegend zu bringen.

Mich nervt so etwas. Ich beschließe, ruhig zu bleiben. Es gibt auch keine weiteren Einschläge mehr in der Nähe des Hauses, die anderen Granaten gehen alle auf einem Acker in der Ferne nieder.

Aber jetzt fällt mir wieder ein, dass vorhin ja jemand um die Mauer herumgeschlichen ist. Und im Hof zu bleiben wäre auch deshalb unklug, weil Splitter von einer Granate dort landen könnten. Also lege ich mich mit der Kalaschnikow im Arm wieder unter mein Moskitonetz und achte auf jedes Geräusch. Schlafen kann ich nicht mehr. Die Sonne geht auf, langsam sollte mein Mann wieder hier sein. Nach einer Weile klopft es auch an der Tür. Ich mache keine Anstalten aufzustehen, da ich mit meinem Mann vereinbart habe, dass er drei Mal klopft, dann kurz wartet und dann noch vier Mal klopft. Das ist der Code. Ohne den mache ich nicht auf.

Genervt ruft mein Mann von draußen, ich solle endlich die Tür aufmachen. Über meine Gruselerlebnisse der nächtlichen Schritte lacht er nur. Über die Mauer komme man nur vom Dach des Nachbarhauses oder mit einer Leiter. Und ich hätte doch eine Waffe und ein volles Magazin, um jeden niederzustrecken, der unerlaubt das Haus betreten wolle. Am nächsten Tag wollen wir nach al-Bab, eine Waffe kaufen. Leider wird nichts daraus, er fährt ohne mich mit Waliullah, weil der dort auch etwas zu erledigen hat. Schade, ich hätte mich gefreut auf al-Bab, einfach, um mal herauszukommen. Den ganzen Tag allein in diesem verlassenen Kaff zu sitzen mit meiner Paranoia und ohne Waffe, stimmt mich nicht gerade begeistert.

Aber mein Mann will ohnehin nicht, dass ich Tag für Tag hier allein im Haus bleibe, sondern schlägt vor, dass ich stattdessen doch bei Halima in Ra'ei warten könnte. Meinen Streit mit ihr, weil sie bei meinem Umzug zu Mirzada partout meine Koffer nicht herausrücken wollte, hat er offensichtlich glatt vergessen. Ich will nicht, aber schließlich lasse ich mich doch überreden. Außerdem wäre es wohl ganz gut, den Konflikt wenigstens zu klären. Abstand kann man ja trotzdem halten. Ich lasse mich also von ihm zu Halima fahren und vor der

Tür absetzen, klopfe und bereue meine Entscheidung bereits wieder, aber da macht sie auch schon die Tür auf. Eine kühle Begrüßung. Gleich gehen die alten Geschichten wieder los, wer zu wem was gesagt habe nach der Schlägerei in der Moschee. Natali, die Deutsch-Russin und Frau von Hassan mit der Fußfessel, habe sich beschwert, dass Halima über sie rede, dazu noch mit Fremden, die sie gar nicht kenne.

Aus meiner Sicht war das alles ein bisschen anders, aber ich gebe auf, lasse sie ausreden, erkläre, dass die Zeit einfach ziemlich anstrengend war für uns alle und dass wohl jede sich dazu hat hinreißen lassen, sich in diesen Streit einzumischen und ihren Senf dazuzugeben. Dann entschuldige ich mich noch mal für meine Fehler und verspreche ihr, in Zukunft eine Weile Abstand von allen zu halten. Nach zwei Stunden ist mein Mann wieder da. Passende Waffen gab es keine auf dem Markt, aber er will im Lauf der Woche noch mal hin.

Meine Hausfrauenprobleme im IS-Kalifat: Ich würde gern im Hof schlafen, solange keine Granaten fallen, aber kann das Moskitonetz da nirgends festmachen. Und der Generator ist immer noch kaputt, wir haben weder Licht noch Strom. Wenigstens hat mein Mann Salat eingekauft, Tomaten und eine Dose Thunfisch. Bevor er aufbricht, um wieder mal eine Werkstatt für den Generator zu suchen, drückt er mir noch seine Waffe in die Hand.

Aber bevor die Tür ins Schloss fällt, höre ich ihn »Miez, miez, pschpschpsch, na, kommt mal her!« rufen. Die Tür geht wieder auf, und er verkündet: »So. Wir haben jetzt eine Katze. Gib ihr Essen und Wasser. Bis später, salam aleikum.« Vor mir steht eine grau getigerte Katze und schaut mich mit grasgrünen Augen an. Sie mustert alles, frisst den Thunfisch und legt sich auf meinen Bauch. Nur als ich aufhöre, sie zu streicheln, weil ich ein paar WhatsApp-Nachrichten beantworten will, beißt sie mir in die Wange. Sie ist eigen. Aber als mein Mann ihr später die Tür aufmacht und mit ihr rausgeht, scharrt sie im Hof ein Loch, hockt sich darüber und pinkelt. Anschließend schiebt sie wieder Sand über die Lache und läuft zurück ins Haus. Von nun an mag er sie.

Einige Stunden später werden wir von Waliullah geweckt: Der Emir ihrer Einheit meine, es sei besser, mich aus dem Dorf wegzubringen. Drüben bei der FSA hätten sie sämtliche Panzer und schweren Waffen in Gefechtsposition gebracht. Das könne Show sein, aber wenn die FSA es ernst meine, bliebe im Angriffsfall keine Zeit mehr, um mich in Sicherheit zu bringen. Mein Mann darf mich wegfahren, aber muss anschließend sofort zurückkommen. Das war's dann mit unserem Dorfleben.

Während in der Nähe ein Schusswechsel zu hören ist, packe ich die wichtigsten Klamotten einfach in die beiden Wäschekörbe. Was wird nun mit der Katze? Mein Mann verspricht, jeden Tag herzukommen, sie zu füttern und ihr Wasser zu geben. Wir rennen ein paar Mal mit unseren Sachen zwischen Haus und Auto hin und her, das unbewohnte Dorf in der Nacht ist gruselig, und wir müssen ohne Licht fahren. Die FSA weiß, dass alle ehemaligen Bewohner Qarra Qubra verlassen haben. Also würden sie bei einem Angriff nur IS-Kämpfer treffen. Und mich.

Der Weg zieht sich, da die Straße so übersät ist mit Schlaglöchern. Ich höre ein erstes Zischen und Krachen und versuche es zu ignorieren. Aber als die nächste Rakete direkt im Feld neben uns einschlägt, beschwöre ich meinen Mann, endlich schneller zu fahren. Stoßdämpfer hin oder her. Als wir gerade nach Doudyan hereinfahren, hält ein Geländewagen neben uns. Der Fahrer ist auch IS-Kämpfer und fragt meinen Mann, was los sei. Der erklärt ihm die Lage und dass wir nur in Ra'ei Leute kennen, dort aber jetzt wohl auch nur die Frauen alleine zu Hause seien und auf ein Türklopfen mitten in der Nacht nicht reagieren würden.

Der Mann im Geländewagen sagt, wir sollen ihm folgen. Wir haben keine Ahnung, wo es hingeht, halten schließlich im Dorf Bahwarte vor einem größeren Haus. Die Tür geht auf, und ich erkenne im schwachen Licht nur die Umrisse eines großen Mannes. Es sei, erfahre ich später, Abu Chalid, ein syrischer Emir des IS irgendwo im Militär, Chef von fünf oder sechs Ribat-Plätzen, darunter auch der meines Mannes. Hier soll ich bleiben.

Seine syrische Frau begrüßt mich und macht mir einen Schlafplatz zurecht. Sie hat eine kleine Tochter und ist schwanger. Im Haus ist es wunderbar kühl. Es ist freistehend, keine Mauern drumherum, nur Felder und vereinzelte Häuser. Ich schlafe tief und wache erst wieder auf, als die Kleine neben mir spielt. Aus der Küche ist das Klappern von Geschirr zu hören, während des Frühstücks versuchen wir, uns zu unterhalten. Ich kann kein Arabisch, sie weder Englisch noch Türkisch. Soweit ich sie verstehe, erklärt sie mir, dass sie es gut finde, dass so viele Ausländer kommen, um den Syrern zu helfen, aber dass es auch viele Probleme zwischen uns und den Syrern gebe. Sehr diplomatisch.

Mein Mann schreibt, dass es länger dauern werde und er auch nicht genau wisse, wie er Abu Chalids Haus wiederfinden soll. Vor allem aber will er nicht ohne dessen Erlaubnis dorthin kommen, selbst wenn er das Haus nicht betreten wird. Es scheint sehr strenge Regeln zu geben – oder er findet es ungehörig, einfach bei einer fremden syrischen Familie vor der Tür zu stehen, wenn vielleicht der Mann nicht da ist. Dann müsste er womöglich noch die Frauen ansprechen. Das gehört sich nicht.

Ich verbringe die kommenden Tage vor allem damit, mit der zweijährigen Tochter meiner Gastfamilie zu spielen, der es egal ist, welche Sprache ich spreche. Ansonsten verstehe ich fast nichts. Als eine Nachbarin hereinkommt, kurz mit Abu Chalids Frau redet und die sofort anfängt zu weinen, begreife ich überhaupt nichts. Ich muss erst meinem Mann texten, der antwortet, Abu Chalid sei bei einem Autounfall verletzt worden. Stunden später kommen Abu Chalids Mutter und zwei seiner Schwestern aus Homs angereist, um seiner Frau zu helfen. Irgendwie haben sie es erstaunlich flink durch die diversen Fronten zwischen hier und Homs geschafft.

So überfallartig, wie ich hier angekommen bin, werde ich auch wieder eingesammelt. Mein Mann ruft an, er komme in 30 Minuten, um mich abzuholen. Der befürchtete Angriff der FSA sei im Übrigen ausgeblieben, sie hätten wohl tatsächlich nur zeigen wollen, dass sie da sind. In aller Eile packe ich und sitze dann vollständig bekleidet mit Niqab und schwarzen Handschuhen herum und warte. Abu Chalids Frau grinst, als sie mich so sieht und meint, ich solle doch wenigstens den Khimar wieder ausziehen, da wir zum Essen bleiben sollen.

Als wir später im Auto sitzen, habe ich zwar wieder einmal keine Ahnung, wo es eigentlich hingeht – aber mein Mann hat auf der Rückbank zwei Überraschungen für mich: eine Tüte von Mexicano, dem Burger-Laden in al-Bab (wobei ich gerade gar keinen Hunger mehr habe), und eine russische AK 47, eine Kalaschnikow. Ich bin kein Mann, aber ich finde sie schön. Sie ist tiefschwarz und hat keine Kratzer. Sie ist auch leichter als die chinesische Kalaschnikow, die mein Mann vom IS geliehen hat.

Unsere nächste Station ist das Dorf Doudyan. Mein Mann hat dort eine Wohnung gefunden, die zumindest übergangsweise bewohnbar ist, ein halber Rohbau ohne Boiler für

Heißwasser. Der Besitzer des Hauses ist wohl geflohen während der letzten Kämpfe zwischen FSA und IS, meint mein Mann. Solange wir nichts klauen oder kaputtmachen, können wir hierbleiben. Ich erkundige mich nach der Katze. Sie sei noch im Dorf, er habe ihr jeden Tag Essen und Wasser gegeben und werde sie abholen.

Ich fange erst mal an zu putzen. In allen Zimmern sind Abflüsse im Boden, ich kann mich beim Putzen richtig austoben. Im Flur hängt ein langer Wasserschlauch, mit dem ich alles überschwemmen kann. Das finde ich toll, einmal richtig saubermachen! Ins hintere Zimmer stelle ich die Koffer und stapele dort die Matratzen und Decken. Dann setze ich das Wohnzimmer unter Wasser, verteile das Putzmittel und fange an zu schrubben. Hier gibt es »4 in 1«-Waschpulver, mit dem man verschiedene Sorten Wäsche waschen, putzen und spülen kann.

Während der Boden trocknet, holen wir die Katze. Sie ist total verwirrt, auf der Fahrt sitzt sie zitternd in einer Plastikschüssel. In der einen Ecke des Wohnzimmers arrangiere ich eine Sitzecke, in die andere lege ich die Matratzen und hänge das Moskitonetz darüber. Nur vor der Küche gruselt es mich, da es dort so dunkel ist und ich mir ausmale, was für fiese Insekten dort lauern. Im Wohnzimmer verfolge ich mit den Augen ein Silberfischchen. Die sind zwar klein und harmlos, aber selbst sie lösen bei mir Unruhe aus. Mit einem Papiertuch mache ich es platt. Aber wo ein Silberfischchen ist, sind garantiert noch mehr.

Immerhin gibt es Wasser, sogar ohne Elektropumpe, da in der Nähe des Hauses ein unbeschädigter Wasserturm steht, dessen Wasserdruck unseren Dachtank füllt. Auch der Generator ist endlich repariert, es gibt Licht und einen funktionierenden Kühlschrank. Morgen fahren wir los, Gläser, Teller,

Kochtöpfe und Pfannen besorgen, außerdem brauche ich Shampoo und eine neue türkische Sim-Karte. Die werden immer wieder gesperrt, weil sie in der Türkei vom Käufer mit einem Ausweis registriert werden müssen, was bei den hierhergeschmuggelten natürlich nicht der Fall ist.

Hier kann ich eigentlich gut und gerne allein bleiben, denke ich mir. Nur anders als im verlassenen Dorf habe ich hier Nachbarn. Und keine Ahnung, wie die ticken. Sie können mir ins Gesicht lachen und gleichzeitig den Tod wünschen, weil sie mit den Rebellen, den kurdischen Milizen oder Assads Regierung sympathisieren. Und ich bin vom IS. Aber andererseits habe ich die mörderischen Kämpfe hier gar nicht miterlebt, weiß viel zu wenig, was passiert ist, da wir ja erst ankamen, als der IS die Orte schon erobert hatte, in denen wir nun wohnen. Außerdem ist mein Arabisch zu schlecht, um mit den einheimischen Nachbarn richtige Gespräche führen zu können. Es ist wie eine gläserne Wand, die zwischen mir, uns, und den Syrern steht. Die meisten versuchen, keinen Ärger mit uns zu bekommen, sind freundlich, aber distanziert. Was sie wirklich denken? Ich werde es hier nicht erfahren.

Also reiße ich mich zusammen und lasse mir solche Sorgen nicht anmerken, denn ich will meinem Mann keine Last sein. Außerdem habe ich ja jetzt diese komische Katze und bin wenigstens nicht ganz allein in diesem Niemandsland.

Leider müssen wir bald feststellen, dass auch unser neues Zuhause seine Tücken hat. Das Wasser läuft hier zwar von selbst in den Tank, aber dummerweise hört es gar nicht mehr auf zu laufen und plätschert irgendwann über den Rand des Tanks: in unsere Wohnung. Als wir den Ofen anschließen wollen und uns dafür noch mal genauer umschauen, entdecke ich, dass es an den Wänden im hinteren Zimmer, wo nur Koffer und ein paar Matratzen gestapelt sind, bereits überall schimmelt. Auch im Wohnzimmer und im Flur sind Schimmelflecken. Das wieder in den Griff zu bekommen, würde eine Menge Zeit und Geld kosten. Weshalb ich meinem Mann vorschlage, dass wir lieber noch einmal umziehen und die Sanierung besser dem IS überlassen sollten.

Auch mein Mann denkt ans Umziehen, allerdings will er weiter weg als ich. Durch einige aserbaidschanische Freunde hier in Doudyan ist er auf die Idee gekommen, dass wir in den Irak gehen sollten. Zwar sei das Leben dort teurer und die Hitze im Sommer furchterregend, aber das Organisatorische sei besser geregelt, und man bekomme sofort ein Haus (warum auch immer). Aber vor allem gebe es dort große Generatoren, weil jeder eine Klimaanlage brauche und so die Stromversorgung gesichert sei.

Aber ich will da nicht hin! Ich versuche zwar immer noch, mit dem Leben hier zurechtzukommen, aber mir wird immer klarer, dass ich zurückwill. Das geht am ehesten von Syrien aus. Strom und Häuser im Irak hin oder her, aber wie soll ich von dort verschwinden können? Vom Irak aus müsste ich die Wüste durchqueren, durch Hunderte Kilometer IS-Gebiet, bis zur türkischen Grenze.

Umm Ibrahim, Emily, meldet sich: Sie hätten in Ra'ei ein Katzenbaby gefunden, könnten es aber wegen ihrer Katzenhaarallergie nicht behalten. Ob ich es haben wolle? Mein Mann ist unterwegs auf der Suche nach einem funktionierenden Ofen, außerdem ruckelt ein Rad beim Auto, auch das muss er reparieren lassen. Als er nach Hause kommt, erzähle ich ihm von dem Katzenbaby, und zu meiner Überraschung willigt er ein, mit mir nach Ra'ei zu fahren, um es abzuholen, vielleicht auch, weil es in Ra'ei eine größere Autowerkstatt gibt. Die kleine Katze ist hübsch, aber verwahrlost. Während mein Mann das Auto checken lässt, reden wir in Emilys

Küche über ihren bevorstehenden Umzug in den Irak. Dort sei alles besser organisiert, meint sie, und die zugeteilten Häuser seien schöner als hier in Syrien. Da ich ihr nicht sagen kann, warum mich auch das schönste Haus nicht nach Mosul bringen würde, bin ich froh, als mein Mann wieder zurückkommt. Der Mechaniker, der sich mit Federungen und Reifen auskennt, sei nicht da, meint er, also zuckeln wir mit der Katze zurück nach Doudyan.

Am nächsten Tag ist Krieg. Smurfy, unsere Katze, mag die Neue nicht, die ich Juju getauft habe, was »Küken« auf Persisch heißt und gut passt, so klein und flauschig, wie sie ist. Nur leider fliegen nun die Fellknäuel, es gibt blutige Kratzer. Als sich ein paar Tage später ein junger IS-Kämpfer, der schräg gegenüber von uns wohnt, bereit erklärt, die kleine Katze zu nehmen, gebe ich sie schweren Herzens in seine Hände. Aber Stunden später ist sie einfach wieder da, hat meinen Mann am Generator entdeckt und ist ihm hinterhergelaufen. Irgendwie, hoffe ich, werden sich die beiden Katzen schon zusammenraufen. Und tatsächlich gehen sie nach einiger Zeit halbwegs friedlich miteinander um.

Die Schimmelflecken in unserem Haus werden Tag für Tag größer und dunkler. Draußen regnet es, und ich habe einen komischen Husten bekommen, der nicht mehr weggeht. Wir werden zunehmend wütender auf den Tunesier, der für die Wohnungsvergabe zuständig ist. Er behauptet, es seien in der ganzen Umgebung keine Wohnungen frei, wir sollten doch im Februar wieder nachfragen. Im Februar, meint er, würden viele Aserbaidschaner aus Ra'ei in den Irak umziehen. Bis dahin sind es aber noch fast zwei Monate, und wir müssten einen Großteil des eiskalten Winters hier verbringen. Denn so heiß es in Syrien im Sommer wird, so kalt sind die Winter, typisches Kontinentalklima.

Je länger in unserer Bleibe nun die Feuchtigkeit durch alle Ritzen sickert, mein Husten nicht besser und der Tunesier nicht netter wird, desto verlockender wird für meinen Mann der Gedanke, auch in den Irak zu gehen. Die Aserbaidschaner wollen alle dahin. Ein Freund von ihm aus Manbij ist schon gegangen. Ich werde unruhiger, aber kann schwerlich etwas dagegen vorbringen.

An einem eisigen Tag kommt er nach Hause und meint, das Haus neben der Moschee sei gerade frei geworden. Dort gebe es keinen Schimmel und sogar Regierungsstrom, also Strom aus dem Netz, nicht aus dem Generator, gespeist von Kraftwerken unter Kontrolle des Assad-Regimes, weil da eine Leitung verläuft, die noch intakt ist. Kaum sind wir mit allem drüben, stellen wir fest, dass die Ofenrohre nicht passen, und wir verbringen die Nacht eingerollt in alle Decken, die wir haben. Am Morgen kommt einer der Aserbaidschaner rüber und schlägt vor, dass wir bei ihnen einziehen sollten. Sie hätten noch ein Zimmer frei, und bald würden wir doch sowieso alle gemeinsam in den Irak gehen. Mich schaudert bei dem Gedanken.

Stunden später wohnen wir also zwischen vier aserbaidschanischen Familien, im Garten sind ein paar Hühner und ein Hahn, denen jemand einen großen Spiegel an die Mauer gestellt hat, vor dem sie Ewigkeiten stehen und sich anstarren. So vergehen die nächsten Wochen. Die Hühner starren auf ihren Spiegel, ich starre auf mein Handy, das dann und wann mal eine Nachricht empfängt, wenn es lange genug in der einzigen Ecke am Fenster gelegen hat, wo es überhaupt Empfang bekommt.

Eines Morgens werde ich wach von seinem Piepen. Mirzada, Umm Muwahid, die junge Bosnierin, schreibt mir, dass sie und ihre Familie mit einem weiteren Paar aus Ra'ei in den

Irak gehen werden. Ob wir uns vorher noch mal sehen können? Alle sind im Irak-Modus, scheint mir. Als ich meinem Mann davon erzähle, erwidert er, dass Waliullah ihm schon von der bevorstehenden Abreise der Familie erzählt hat und ihn ermuntert habe, doch nach deren Wohnung zu fragen, die ja frei wird. Auch habe ihm sein Emir schließlich erlaubt, nach einer Wohnung für uns zu suchen, seit der schimmelnde Rohbau in Doudyan mich buchstäblich krankmacht. Das Asthma, das ich mir in dieser verschimmelten Bruchbude geholt habe, wird mich noch lange begleiten.

So wendet sich jählings unser Schicksal: Sah es erst danach aus, als ob der Weggang aller Freunde und Bekannten in den Irak uns auch wie ein Sog dahin ziehen würde, so rettet uns nun der Umzug von Abu und Umm Muwahid, also Mirzada und ihrem Mann, genau davor: Sie gehen, wir können ihr Haus haben. Und das liegt auch noch in Ra'ei, wohin ich sowieso zurückwollte.

Auf nach Ra'ei! Am selben Nachmittag noch treffen wir uns alle dort vor der Moschee. Sabine, Umm Schahid, ist auch gekommen mit ihrem Baby vom aserbaidschanischen Emir, das vor ein paar Wochen auf die Welt kam. Alle freuen sich auf den Umzug in den Irak, und da freue ich mich gerne mit ihnen, solange ich nicht mit muss. Was mich viel mehr interessiert, ist die Auskunft von Mirzada, dass der Mann, der eigentlich das ganze Haus übernehmen wollte, sich seit Tagen nicht mehr meldet. Wenn sie in ein, zwei Tagen nichts von ihm hören, sei ihr Haus unseres! Falls nicht, gäbe es noch ein weiteres Haus, in das wir ziehen könnten, aber das hat einen offenen Hof und ein Klo, das im Sommer der Kakerlaken-Treffpunkt Nr. 1 ist.

Daran denke ich jetzt erst mal nicht und hoffe, dass wir in Mirzadas Haus ziehen können. So viel Glück muss gefeiert werden. Wir überlegen, was wir essen wollen, und ich sage aus Spaß: Chicken Crispy! »Okay«, sagt mein Mann, »dann fahren wir noch schnell nach al-Bab.« Luftangriffe hin oder her. Während wir dort warten, kaufe ich noch rasch im Muhajirin-Laden, einem Geschäft für die Ausländer beim IS, Danone-Puddings und Pringles-Chips in allen Geschmacksrichtungen. Zurück in Doudyan, merke ich, dass Juju krank ist, unsere anhängliche Zweitkatze. Sie ist schläfrig, aber muss alle Viertelstunde raus, um sich zu übergeben. Zunächst denke ich mir nichts dabei. Aber als wir gegessen haben, wird es immer schlimmer, sie schwankt beim Laufen und will unbedingt raus, sich im Hühnerstall verstecken, wo ich aber abends nicht herumlaufen möchte.

Die Nacht verbringe ich nun mit einer sich vor Schmerzen windenden und schreienden Katze. Wahrscheinlich hat sie sich draußen an irgendetwas vergiftet, denn als das Übergeben nachlässt, kommen Krampfanfälle, bei denen sie dermaßen schreit, dass es mir die Tränen in die Augen treibt. Smurfy, unsere Erstkatze, liegt daneben und beobachtet das Elend misstrauisch. Ich habe keine Ahnung, wie ich Juju helfen kann. Es gibt hier keinen Telefonempfang, niemand weiß, wie und wo man um diese Uhrzeit einen Tierarzt erreichen könnte. Juju atmet hektisch, dann immer flacher und schließlich gar nicht mehr. Als ich sie antippe, reagiert sie nicht mehr.

Ich heule los, mein Mann wird wach, fragt, was passiert ist. Ich sage, dass Juju tot sei und er sie irgendwo draußen begraben müsse. Nach dem Frühgebet macht er das auch. Ich schlafe den halben Tag nach der durchwachten Nacht. Nachmittags dann kommen Mirzada und ihr Mann vorbei: Wir können ihr Haus haben. Endlich ein Lichtblick!

Morgen früh nach Fajr, dem ersten Frühgebet, wollen sie Richtung Irak losfahren. Einen Schlüssel lassen sie uns jetzt schon da. Ich fange total motiviert an zu packen im Gedanken daran, alle meine Klamotten mit Weichspüler in einer vollautomatischen Waschmaschine rotieren zu hören, während ich vor der Heizung sitzen werde, die mit Strom läuft. Denn den werden wir nun den ganzen Tag haben. Das Packen geht rasch, viele Dinge haben wir ja nicht. Da Abu Muwahid ein paar Sachen neu eingebaut hat, wie Fenster, zahlen wir einen Abstand von 500 Dollar, ziemlich viel Geld für uns. Wir haben ja nur etwas mehr als 3000 Euro aus Deutschland mitgenommen, mit dem Gehalt meines Mannes vom IS kommen wir hier gerade über die Runden. Aber dafür, endlich wieder eine vernünftige Bleibe zu haben, geben wir die 500 Dollar gerne aus. Miete werden wir keine zahlen müssen, da es eine Wohnung vom IS ist. Mein Mann hat mit Abu Muwahid abgesprochen, sich in dessen Militäreinheit zu bewerben, was bedeuten würde, dass wir wohl länger in Ra'ei wohnen bleiben könnten. Da Abu Muwahid und noch ein zweiter Mann dort kurzfristig aufhören, müsste es mit der Versetzung klappen. Ich bin so aufgeregt, dass ich in der Nacht vor dem Umzug nicht schlafen kann.

Jetzt haben wir ein eigenes, richtiges Haus mit 24 Stunden Strom am Tag, Heizung, Staubsauger, Waschmaschine und immer warmem Wasser, das man im Bad auch einfach laufen lassen kann und es dann schön warm hat da drin. Ich stopfe sämtliche Kleidung nach und nach in die Waschmaschine, realisiere aber erst nach der dritten Maschine, dass wir ja nur einen Wäscheständer haben und hänge alles über Türen, Kleiderständer, Heizungen. Und Internet haben wir auch! Nur mein Husten hält sich hartnäckig. Mein Mann hat sich in die Einheit von Abu Muwahid einschreiben lassen und wartet nun auf die Antwort des Zuständigen aus Manbij.

KAPITEL 4
Das Leben in Ra'ei

Nun bin ich endlich wieder dort, wo ich hinwollte: in Ra'ei, der überschaubaren Kleinstadt direkt an der türkischen Grenze mit perfektem Netzempfang. Eigentlich sollte ich mich freuen, aber mir ist schlecht. Mit einem Tee sitze ich vor der Heizung, es ist Anfang Februar 2015, und frage mich, ob mein Magengrummeln an den Würstchen gestern liegen könnte. Fürs nächste Essen hat mein Mann Hähnchenbrust gekauft; ich überlege, was ich damit kochen könnte. Doch schon beim Gedanken ans Essen wird mir übel. Aber ich muss meinem Mann ja etwas kochen, also dünste ich Zwiebeln, Knoblauch und das Hähnchen, schneide ein paar Tomaten rein, lösche alles ab und füge noch Kartoffelscheiben und Kichererbsen hinzu. Eigentlich sollte es ein marokkanischer Eintopf werden, aber es fehlen Karotten und Paprika. Außerdem macht mir der Geruch zu schaffen. Ich richte ihm das Essen an und lege mich sofort wieder hin.

Ich versuche mich zu erinnern, woran es liegen könnte. Gegessen haben wir dasselbe. Aber in Doudyan habe ich vor der Abfahrt Wasser direkt aus dem Tank getrunken. Das wird es wohl gewesen sein. Mit Schüttelfrost liege ich unter drei Decken und verfluche meine Unvorsichtigkeit. Mein Mann muss zu einer neuen Einheit, aber dafür soll er erst in Manbij einen Brief des Zuständigen abholen und dann zu seiner neuen Arbeitsstelle. Im Kalifat ist alles sehr bürokratisch geregelt. Er wird, so viel immerhin wissen wir, in der Nähe des Militärflughafens Kweres eingesetzt werden, weit im Westen, wo es oft Luftangriffe gibt.

Da mein Schwindel und die Übelkeit kaum nachlassen, google ich meine Symptome. Nichts, was zu meiner Beruhigung beiträgt: Druck im Oberbauch könne auf eine Erkrankung der Milz deuten oder sogar der Warnhinweis auf einen Herzinfarkt sein. Klingt, als ob ich bald sterben würde, was ja angesichts der Umgebung keine grundsätzlich überraschende Nachricht wäre. Aber ich will meine Krankheit behandeln. Nur wie? Das Geräusch des Heizlüfters lässt mich schließlich wegdämmern.

Emily, für alle hier nur Umm Ibrahim, die Deutsch-Ghanaerin aus der Gegend von Nürnberg, hat sich mit ihrem Mann angekündigt, einem der Dortmunder Konvertiten. Sie wohnen eigentlich in al-Bab und haben dort eine sehr zentrale Wohnung, weswegen ständig Bomben in der Nähe heruntergehen. Da Emily zu viel Angst vor den Bombardements hat, will sie zurück nach Ra'ei. Sie können erst einmal bei uns wohnen, bis sie eine Wohnung gefunden haben. Als sie eintrudeln, sage ich ihr, dass mich irgendeine fiese Krankheit erwischt hat. Kein Problem, meint sie und verspricht, sich solange um den Haushalt zu kümmern.

Doch anstatt dass die beiden eine eigene neue Wohnung finden, verlieren wir schon nach einem Tag beinahe unsere wieder: Da wir mit Mirzada und ihrem Mann, also Umm und Abu Muwahid, getauscht hatten, ist unsere nicht über den vorgeschriebenen Dienstweg vergeben worden. Abu Mohammed al-Tunisi, der Verwaltungsverantwortliche für die Wohnungsverteilung in Ra'ei, hat schon nach uns gefragt und verkündet, wir müssten wieder ausziehen! Unsere Wohnung sei ja nicht über die Liste vergeben worden. Das trifft mich genau in der richtigen Stimmung. Der Tunesier soll mal herkommen und mir persönlich sagen, dass wir hier nicht wohnen können! Wir haben immerhin 500 Dollar Abstand bezahlt. Selbst wenn er hier mit Abu Bakr al-Baghdadi, dem Kalifen des IS, persönlich auftaucht, werde ich nicht ausziehen! Denke ich mir, aber laut sage ich so was lieber nicht.

Vor der Tür hält ein Auto mit plärrend lauten Nashid-Gesängen, diesen Lobpreisungen auf den Dschihad und den IS, die der ehemalige deutsche Rapper Deso Dogg nun auch immer singt, seit er im Kalifat lebt. Kurz darauf klopft es. Ich quäle mich die Treppen hinunter, aber bevor ich aufmachen kann, höre ich das Auto schon wieder wegfahren. Vermutlich war es der Tunesier, der uns aus der Wohnung werfen wollte. Dann eben nicht.

Mein Mann kommt bebend vor Wut wieder nach Hause. Der Tunesier habe verkündet, dass wir tatsächlich ausziehen müssten, weil irgendein Verwaltungsbüro in die Wohnung kommen soll. Wenn wir nicht freiwillig gingen, würden wir mit Gewalt rausgeschmissen. Mein Mann ist stinksauer auf den Immobilien-Apparatschick und will sich nun vom Wali der Provinz Aleppo, dem Gouverneur, ein Schreiben besorgen, dass wir bleiben dürfen. Dessen Büro ist auch so eine Art Schiedsgericht für Streitfälle. Da kann man sich beschweren, wenn man sich ungerecht behandelt fühlt, und bekommt innerhalb von zwei Wochen einen Bescheid. Mein Mann kennt einen Türken im Büro des Wali, der kann den Antrag auf Arabisch übersetzen.

All die ewigen Wohnungsprobleme ließen sich schnell lösen, wenn wir auf der VIP-Liste des Tunesiers stünden. Der verteilt die Wohnungen nicht gerecht nach Bedarf und Antragsdatum, sondern bevorzugt Freunde, Verwandte und Landsleute. Seine eigene Familie zieht ständig hin und her zwischen guten Häusern, die frei werden. Wenn wir hier schon beim IS sind, muss der sich doch auch um seine Leute kümmern, die keine so guten Beziehungen haben!

Aber je mehr der militärische Druck von außen auf den IS zunimmt, je stärker die Gehälter sinken, die Lage insgesamt schwieriger wird, desto mehr Cliquen bilden sich. Tschetschenen helfen Tschetschenen, Syrer helfen Syrern, Tunesier helfen Tunesiern. Damit Deutsche Deutschen helfen können, müssten erst mal genügend Deutsche an einflussreichen Positionen sitzen, aber da sind kaum welche. Also bleibt uns nichts anderes übrig, als uns, so gut es geht, selber zu helfen.

Draußen ist es immer noch eiskalt, der Winter zieht sich. So heiß Nordsyrien im Sommer wird, so leicht unterschätzt man, wie eisig die Winter hier auf der Ebene im Landesinneren sind. Mein Mann muss los zu seinem neuen Ribat, vorher schauen er und Abu Ibrahim, der Dortmunder, sich noch ein Haus an, von dem ihm ein aserbaidschanischer Freund erzählt hat. Es liegt etwas abseits oben am Feldrand, man könne es mieten, da die Besitzer derzeit in der Türkei seien. Abu Ibrahim will das Haus nehmen, er ist genervt vom dauernden Umziehen. Emily wiederum ist von ihrem neuen Zuhause schon nach dem ersten Putzbesuch genervt, weil es keinen Ofen gibt und alle Zimmer mit Kram vollstehen, den offensichtlich niemand mehr braucht, der aber ohne Erlaubnis der Hausbesitzer nicht weggeworfen werden darf. Denn diese Hausbesitzer hatten keine Verbindungen zur FSA oder anderen Rebellen, da darf nichts einfach geplündert werden.

Da unsere Männer nun meistens weg sein werden und im Ribat sowieso Handyverbot herrscht, kommt Emily öfter vorbei und bringt Pringles mit, Geschmacksrichtung Sour Cream, die besten Chips der Gegend, auf die ich zum Glück auch wieder Hunger habe. Sie erzählt mir, dass es in al-Bab ein paar Läden gebe, die manchmal Original-Kosmetika aus Europa hätten. Sie habe einmal ein Parfüm von Chanel zum Schnäppchenpreis von drei Dollar aufgetrieben. Da will ich hin! Aber Emily möchte wegen der Luftangriffe auf keinen Fall noch mal nach al-Bab fahren, außer im absoluten Notfall. Während wir mit Tee und Decken vor der Heizung sitzen, google ich nebenbei, was es Neues in der Welt und vor allem in Syrien gibt. Solange man Internet hat, zumal türkisches, das der IS nicht abschalten kann, kommt man unzensiert an alle Nachrichten. Ich habe auf Facebook sogar die absolute Anti-IS-Plattform »Raqqa is being slaughtered silently«, »Raqqa wird still massakriert«, abonniert, um über die Luftangriffe auf dem Laufenden zu sein. Ein bizarres Gefühl, sich so frei im Netz bewegen zu können, denn sonst ist im Kalifat ja alles reglementiert und vieles verboten. So darf man etwa keine Tablets von Apple und iPhones haben, denn bei denen lässt sich die Standorterkennung nicht ausschalten. Wer als IS-Mensch ständig automatisch seinen genauen Aufenthaltsort preisgibt, dürfte rasch auf der Abschussliste der Amerikaner landen und dann von ihnen ins Jenseits befördert werden. Da ist Apple terroristenunfreundlich.

Beim Blick in die Nachrichten springt mir eine Schlagzeile sofort ins Auge: »Deso Dogg heiratet FBI-Mitarbeiterin«. Ich denke mir erst mal nichts dabei und klicke den Link an. Als sich dann aber der Text aufbaut, bin ich baff: Die Kanadierin, die wir an unserem Ankunftstag in Ra'ei dabei erwischten, wie sie in Halimas Schrank spionierte, die nicht beten konnte, aber überhaupt keine Probleme mit der Mehrehe hatte – die war vom FBI. Krass. Seltsam erschien sie mir schon damals. Aber mit dem FBI hätte ich nicht gerechnet. Obwohl ich mir denke, dass die sich bei der Ausbildung ein bisschen mehr Mühe hätten geben können: Wenn sie schon eine Frau herschicken, um IS-Kämpfer auszuspionieren, hätten sie ihr wenigstens vorher beibringen können, wie man betet.

Erst später erfahre ich, dass die FBI-Agentin auch bei einer anderen Deutschen eine Weile gewohnt hat, bei Miranda, Umm Dujana genannt, die schon in Deutschland sehr aktiv gewesen war bei Milatu Ibrahim, einer der extremsten deutschen Salafistengruppen, deren Kerntruppe fast komplett in Syrien gelandet ist. Dort hatte sie sich den Namen »Muqatila« gegeben, die Tötende. Nun erzählt sie, die Kanadierin habe im letzten Ramadan bei ihr gewohnt: »Ich kam in ihr Zimmer, da war sie am Trinken. Ich sagte, hey, es ist noch Fastenzeit, zu früh zum Essen und Trinken! Sie meinte nur: Ja, aber ich hatte Durst. Ich dachte, ich werd nicht mehr. Später habe ich sie dabei beobachtet, wie sie durch die Spalten der Rollläden einem Gespräch der IS-Männer unten lauschte.« Sie sei wohl aufgeflogen und in letzter Sekunde abgehauen, bevor man sie festnehmen konnte. Das Risiko für erwischte Spione ist ja groß. Männer werden sofort hingerichtet. Und bei einer Frau, die tatsächlich für die Amerikaner spioniert, würden sie kaum gnädiger sein.

Wir sind nicht mehr so viele Deutsche in Ra'ei wie am Anfang. Im Verlauf des Jahres 2015 treffen immer weniger Neuankömmlinge ein, und viele sind weiter nach Manbij, Raqqa oder in den Irak gezogen. Deshalb schlage ich Emily vor, doch Umm Yasmin einzuladen, eine weitere Deutsche, die noch hier wohnt, die ich aber noch nie getroffen habe. Umm Yasmin will eigentlich wenig mit den anderen Deutschen zu tun haben – das hat sie mir gleich sympathisch gemacht.

Sie kommt am nächsten Mittag zum Essen und ist anders, als ich sie mir vorgestellt habe. Etwas älter als wir und vor allem souveräner, gebildeter als der Hühnerhaufen, der hier sonst unterwegs ist. Als wir uns unterhalten über das Image, das die »IS-Bräute« im Westen haben, dass wir alle nur hergekommen seien, weil wir unser altes Leben vor die Wand gefahren haben oder zu doof waren, unsere Entscheidung zu begreifen, meint sie nur ganz trocken: »Auf mich trifft das nicht zu.« Sie habe einen gut bezahlten Job in Deutschland gehabt und dieses Leben bewusst aufgegeben, um ins Kalifat zu ziehen.

Sie kommt aus Nordrhein-Westfalen. Was sie da aber genau gemacht hat, in welcher Stadt sie wohnte, nichts davon gibt sie preis. Nicht einmal ihren echten Vornamen. Sie ist Anfang, Mitte 30, hat einen nordafrikanischen Elternteil, wahrscheinlich marokkanisch. Und sie ist schon eine ganze Weile hier, erzählt von den Anfangszeiten 2013, den Kämpfen zwischen Nusra-Front und IS und allem anderen, was sie hier schon erlebt hat. Mir blieb es bislang zum Glück erspart, Wasser aus Brunnen zu holen, in denen auch Würmer schwammen.

Draußen fängt es an zu schneien und hört bis zum nächsten Morgen gar nicht mehr auf. Die Stadt liegt da wie in Watte verpackt. Hübsch, nur blöd, dass ich einkaufen will. In Ra'ei gibt es auch türkisches Weißbrot, nicht nur das ewig gleiche syrische Fladenbrot. Außerdem, in meinem Lieblings-Süßigkeitenladen, Snickers, Twix, Kitkat, Minikuchen und Donuts. Sogar Sahne zum Kochen finde ich, nur keinen Käse, aber dafür gönne ich mir im Supermarkt noch eine Flasche Weichspüler. Je länger ich hier lebe, desto größer wird mein Bedürfnis nach Weichspüler.

Für eine Weile rede ich mir ziemlich erfolgreich ein, in einer neuen Normalität zu leben. Ein wenig später wird auch unsere Katze schwanger, die uns nun schon eine Weile begleitet. Erst sind wir uns nicht sicher, aber dann sieht man es deutlich. Kurz vor der Geburt mache ich einige Stellen in der Wohnung mit Handtüchern und Decken gemütlich, damit sie dort niederkommen kann. Auch eine Küchenwaage habe ich besorgt, weil man die Kleinen ja jeden Tag wiegen soll. Doch zur Welt bringt sie ihre Jungen dann bei uns im Bett, nachts um halb zwei. Erst ein grau-schwarz Getigertes, dann nach einer Weile noch ein Rotbraunes, das ein wenig schwächelt. Mit einem Tuch schiebe ich es unter die Mutter, bis es auch anfängt zu trinken. Beide überleben. Und nachdem die beiden Kleinen auch gelernt haben, das Katzenklo zu benutzen, anstatt nur den Sand herauszuscharren, werden sie eine absolute Bereicherung für unser Leben. Eine kleine Freude im Krieg. Sie werden mich fortan begleiten. Nur ihre Mutter finden wir leider drei Monate später überfahren vor dem Haus.

Ohne die Männer und bei Schnee und eisigen Temperaturen ist es mühsam, sich zu treffen. Aber wir haben einen entscheidenden Vorteil gegenüber anderen Städten: Wir haben immer Netz. Die Reichweite des türkischen Handynetzes deckt mühelos unser Stadtgebiet auf der syrischen Seite ab, Sim-Karten bekommt man ebenfalls problemlos. Wir können immer, zu Hause und unkontrolliert, online sein. Anders als die Ausländer etwa in Raqqa, wo der Netzzugang vom IS kontrolliert wird und meist nur der Gang zum Internetcafé bleibt. Falls das nicht auch wieder geschlossen oder bombardiert worden ist.

In Ra'ei, wo wir insgesamt für mehr als ein Jahr bleiben werden, teilt sich mein Dasein nach einer Weile regelrecht in zwei Parallelwelten: das Leben im Haus, die Treffen mit den paar Leuten, die wir noch in der Nähe kennen – und meine virtuelle Realität in verschiedenen Telegram- und WhatsApp-Gruppen, wo wir Frauen aus verschiedenen Orten Syriens, dem Irak, aber auch aus Deutschland und Österreich uns manchmal stundenlang aufhalten. An den Telefonnummern der WhatsApp-Kontakte kann man oft sogar erkennen, wo die Gesprächsteilnehmer gerade sind. Nach einer Weile haben wir eine interne WhatsApp-Gruppe und machen noch eine Telegram-Gruppe der Deutschen im IS auf, bei der man die

Nummer nicht sieht, denn viele aus dem Irak wollen das nicht. Ich weiß nicht, warum. Wobei die Frauen im Irak auf WhatsApp oft amerikanische Nummern haben, die in den Internetcafés generiert und manchmal mehrfach vergeben werden, weil es kein funktionierendes Handynetz mehr gibt.

Viele aus diesen Online-Gruppen werde ich nur virtuell kennenlernen. Selbst von denen, die in Syrien sind, wollen, können oder dürfen nur die wenigsten selbst Auto fahren, zu einem persönlichen Treffen müsste sie also ihr Mann bringen – wenn der nicht gerade im Ribat, an der Front oder schon tot ist. Außerdem ist es seit Herbst 2014 angesichts der Bombardements oft auch nicht ungefährlich, auf Straßen außerhalb der Ortschaften unterwegs zu sein.

Auch in den Online-Gruppen von uns Frauen wird es die meiste Zeit um dieselben Dinge gehen, über die wir auch sonst reden: Wo bekomme ich dies her, woher jenes, wer kennt die deutsche Hebamme in Manbij, wer kann mich dahin mitnehmen, woher bekommt man gute Babykleidung, Wanderschuhe oder Peelings? Damit, ausgerechnet mit Peelings, hat unsere virtuelle Frauengruppe angefangen: Irgendwann erreicht mich die Anfrage einer Frau, die wissen will, wo man in Nordsyrien Bimsstein bekommen kann. Ich antworte ihr, dass ich einen habe. Sie will wissen, ob ich den verkaufen würde. Da ich ihn bereits benutzt habe, finde ich die Idee ein bisschen unappetitlich, verspreche ihr aber, sofort Bescheid zu sagen, wenn ich irgendwo einen sehe. Sie wohnt in Jarablus, 60 Kilometer von mir entfernt, aber ebenfalls direkt an der türkischen Grenze.

Einmal gibt es einen Streit in der WhatsApp-Gruppe, ob man verhüten dürfe oder nicht, was die Gelehrten dazu sagen. Einerseits heißt es, man dürfe sein Schicksal nicht beeinflussen, aber es gibt bei diesem Thema auch andere Fatwas, also islamische Rechtsgutachten. Eine Frau schreibt, sie sei neu verheiratet und wisse gar nicht, ob ihr Mann und sie zusammenpassen würden. Das sei ja blöd, dann gleich schwanger zu werden. Sie will wissen, ob man verhüten dürfte. Die meisten Frauen aus unserer Gruppe meinen: Nee, darf man nicht!

Immer wieder kommen auch politische Themen hoch, oft durch Fragen von Frauen in Deutschland und Österreich, die herkommen wollen, aber vorher vieles wissen wollen. Und die weniger Angst haben, auch kritische Fragen zu stellen – während alle, die hier sind, entweder hundertprozentig linientreu sind oder zu viel Angst haben, von anderen angeschwärzt zu werden, wenn sie nicht IS-konforme Dinge äußern.

Eine wirklich ungewöhnliche Gestalt in der deutschen Frauen-Community im IS-Reich ist die deutsche Hebamme: Soraya, alias Umm Mohammed, eine Deutsch-Algerierin, erheblich älter als wir, so Mitte 50. Sie ist mit ihrem Mann und ihrem Stiefsohn aus Nordrhein-Westfalen hierhergekommen. Präziser müsste man sagen: Dem Sohn ihres Mannes – sie hatte in Deutschland neu geheiratet – hat die beiden überredet hierherzugehen. Der war schon seit Jahren bei Milatu Ibrahim aktiv und hängt hier nun immer mit Deso Dogg und den anderen Durchgeknallten herum. Dabei ist er kein Kämpfer, sondern arbeitet in der Verwaltung, kümmert sich um Papierkram und hilft Deutschen bei Übersetzungen.

Soraya ist freundlich und passt eigentlich gar nicht in diese Szene. Sie ist nicht so radikal, hält sich etwa bei Gesprächen über die FSA immer sehr bedeckt, verteufelt die nicht, wie es sonst üblich ist. Am Anfang hat sie direkt beim IS gearbeitet. Wer vom IS kam, wurde umsonst behandelt und bekam einen gestempelten Zettel, mit dem er sich im Krankenhaus seine Medikamente abholen konnte. Aber später hat sie ihre eigene Praxis in Manbij aufgemacht und auf eigene Rechnung gearbeitet.

Jede Deutsche im Kalifat ist froh, eine Hebamme zu haben, die Deutsch und Arabisch kann. Einer Frau aus Jarablus, die nicht immer zu Soraya kommen kann, hat sie alles auf Arabisch aufgeschrieben. Sie ist so ein bisschen die Mama für viele der jungen Frauen, und sie ist natürlich auch bei vielen Geburten dabei. Dadurch, dass sie Algerierin ist, kommen auch Syrerinnen zu ihr, die wiederum denken, dass sie durch die deutsche Ausbildung und Berufspraxis einfach besser ist als die lokalen Hebammen.

Sorayas Mann ist Palästinenser. Die passen hier beide eigentlich nicht hin. Sie sind sehr hilfsbereit, sehr lieb. Man merkt, dass sie in Europa gelebt haben. Die beiden haben eine große Wohnung in Manbij, die eine Anlaufstelle für Deutsche und andere Ausländerinnen ist. Zweimal die Woche gibt es dort eine Frauengruppe zum Arabischlernen, da sind dann auch immer viele Engländerinnen. Aber ich bin nur zweimal bei Soraya gewesen, als Umm Ibrahim zur Untersuchung hingefahren ist. Selbst schwanger werden will ich zwar, zumindest anfangs, werde es aber einfach nicht, trotz Hormontabletten.

Nur Sorayas Assistentin ist merkwürdig, eine konvertierte Aramäerin aus Deutschland, Mitte 20. Ihre christlichen Eltern waren vermutlich aus dem Nahen Osten nach Europa gekommen, vielleicht, weil sie sich als Christen dort nicht mehr sicher fühlten. Dann ist sie in Deutschland zum Islam konvertiert und hat sich dem IS angeschlossen. Innerhalb unserer Frauenszene gehört sie zur Hardcore-Fraktion, sie findet alles toll, was der IS tut.

Mein Sozialeben in Ra'ei spielt sich also vor allem online ab: Bald sind wir etwa 30 Frauen allein in unserer WhatsApp-Gruppe, von denen die Hälfte ziemlich aktiv ist. Eine Deutsch-Türkin aus Raqqa fragt, ob wir auch eine Gruppe haben für Frauen, die in Deutschland leben, sich aber dafür interessieren herzukommen. Die Neugier auf unser Leben hier im Kalifat ist groß. Man müsse die fragen, die in Syrien sind, heißt es in der Szene, die Medien würden ja alles nur verzerren. Also haben wir die Kämpfe beschrieben, die Lage, aber vieles wurde von uns auch schöngeredet.

Aus Deutschland kommen vor allem praktische Fragen: Wie kommt man hin, wie war eure Reise, wie viel Geld braucht man? Es geht aber auch um Dinge, die vor allem denen in Deutschland aus islamischer Sicht eher zweifelhaft erscheinen, wie etwa der Zwang zu kämpfen. Das Ganze wird bald so eine Mischung aus Informationszentrum, Reisebüro und Seelsorge. Wir sind ungefähr 15 Frauen, die hier leben, und so acht, neun aus Deutschland. Jede, die da ist, quatscht halt mit. Direkt überwacht werden solche Chatgruppen meines Wissens nicht – aber es würde genügen, dass eine der Teilnehmerinnen mich oder eine andere Frau anschwärzt, um massive Probleme zu bekommen, im Knast zu landen oder ausgepeitscht zu werden. An anderen Orten, wo es kein türkisches Netz gibt, kann der IS den Zugang zum Internet kontrollieren. Er kann Menschen zwingen, ihre Facebook-Profile, Telefone, Suchverläufe offenzulegen. Aber er ist technisch nicht in der Lage, die Netzinhalte zu überwachen. Insofern ist Ra'ei ein Ort der kleinen Freiheit. Ich bin oft online, weil ich oft alleine bin – und gutes Internet habe, türkisches und W-Lan vom Internetcafé. Da kann man sich immer 500-MB-Pakete kaufen.

Mit der Deutsch-Türkin habe ich rasch ein Thema gefunden, das uns beide beschäftigt: unsere Liebe zum Make-up. Und die Qual, hier gutes zu finden. Sie schickt mir Fotos von Sachen, die sie in Raqqa entdeckt hat, ich revanchiere mich mit Bildern von Produkten aus Ra'ei. Und erinnere mich noch einmal mit Wehmut an meine verlorene Schminktasche. Die Deutsch-Türkin ist 19 oder 20 und zur selben Zeit hergekommen wie wir. Allerdings wurde sie bei der Einreise direkt vom IS registriert und ihr Ausweis einbehalten. Das hätten sie bei mir mal versuchen sollen! Wobei: Es ist bei mir im Chaos wahrscheinlich einfach untergegangen, ich bin denen schlicht durchgerutscht.

Aber es bleibt in den Chats nicht bei Bimssteinen, Schminktipps und Verhütungsfragen. Ziemlich früh kommt die Diskussion einmal auf die Jesiden, die sich im August 2014 nach dem Angriff des IS auf den Sinjar-Berg geflüchtet hatten. Von dort wandert das Gespräch zum Thema Sklavinnen, jesidischen Frauen, die vom IS gefangen genommen und versklavt wurden. Viele der Frauen wurden fotografiert, bekamen gewissermaßen einen Steckbrief mit Alter, Familienstand – und standen dann zum Verkauf. Ich habe davon gehört, aber bislang eher am Rande. Zum Glück, denn als plötzlich Umm Hurayra, eine Deutsch-Algerierin aus Raqqa, schreibt, sie besitze eine Sklavin, bin ich fassungslos. Den folgenden Chatdialog habe ich, so gut es ging, aus dem Gedächtnis rekonstruiert. Aber er ist mir wie eingebrannt im Kopf geblieben:

Ich: Wie, du hast eine Sklavin?

Person A: Ja, sie steht also nicht meinem Mann zur Verfügung, sondern muss mir einfach nur im Haushalt helfen.

Ich: Ich könnte nicht eine Stunde ruhig schlafen, wenn in meinem Haus eine Frau ist, die entführt und an mich verkauft wurde und wahrscheinlich dazu noch die krassesten Rache- und Fluchtpläne schmiedet.

Person B: Wieso? Die wissen genau, was denen passiert, wenn sie Mist bauen.

Ich: Ja, aber sonderlich viel zu verlieren haben sie ja wohl auch nicht mehr. Wie ist es denn so im Alltag mit der Sklavin bei dir zu Hause?

Person A: Sie hilft einfach im Haushalt oder beim Kochen. Reden tut sie eigentlich gar nicht. Aber sie hat wenigstens keine Angst vor Kakerlaken und anderen Viechern.

Person B: Ja, stimmt, weißt du noch, als wir alle am Schreien waren und sie ganz cool kommt und das Vieh einfach mit dem Schuh plattmacht und dann wieder rausgeht?

Person A: Hahaha, ja.

Person C: Es gibt einen Bruder hier, der hat eine Sklavin und verleiht sie an andere.

Person B: Ja und? Darf er doch auch ...

Person C: Nein, er verleiht sie auch für andere Sachen außer Haushalt.

Ich: Meinst du das gerade ernst? Wir reden davon, dass die anderen dann mit ihr ins Bett gehen?

Person C: Ja, genau. Und das ist aber gar nicht erlaubt, soweit ich weiß.

Ich: Nein, ist es definitiv nicht.

Person A: Wie ekelhaft. Aber ich glaube, der weiß das vielleicht einfach gar nicht, dass er das nicht darf.

Person C: Das sollte man aber wissen, wenn man sich schon eine Sklavin holen muss.

Ich: Mal im Ernst, ich hätte gar keinen Bock, dass eine Fremde bei mir ist, die den Haushalt macht und das dann auch nicht freiwillig macht. Und ich könnte meine Kinder auch gar nicht in so eine zusätzliche Gefahr bringen. Würde mein Mann auf die Idee kommen, mir eine anzuschleppen, würde ich die freilassen und zurückschicken.

Person B: Kann man die einfach zurückschicken?

Ich: Man konnte sie doch schließlich auch herbringen.

Person A: Ja, aber ich denke, das geht nicht so einfach.

Person B: Denke ich auch.

Person D: Als wir mal reisen mussten, haben wir eine Pause bei einem Bruder gemacht, der zwei Sklavinnen hatte. Und die haben sich da voll wohlgefühlt.

Ich: Bitte, was?

Person E: Ja, haha, die eine hielt sich sogar für die Ehefrau von dem Bruder, dabei war sie das gar nicht. Aber die hätte den auf jeden Fall geheiratet, wenn er es angeboten hätte.

Ich: War der nicht verheiratet?

Person D: Doch.

Person E: Es gibt auch einen Bruder, der eine taube oder stumme Sklavin hatte und sie dann geheiratet hat, und sie wollte das auch unbedingt und hat sich voll gefreut. Voll süß.

Ich: Klingt ja alles ganz wundervoll, aber ich will trotzdem keine.

Person B: Solange sie meine Sklavin ist und nicht die von meinem Mann, hab ich da keine Probleme mit.

Person A: Ja, ich könnte mir das auch gar nicht vorstellen, dass es seine Sklavin ist, mit der er dann auch alles machen kann.

Ich: Ist doch dann genau das Gleiche, als ob sie die Zweitfrau ist ... würde die nur bei dir putzen, wäre es dir also auch egal, hahaha.

Person B: Nein, das ist was anderes.

Ich: Stimmt. Für die Zweitfrau bekommst du Lebensunterhalt von Daula (*dem IS*, Anmerkung). Deine Sklavin musst du davon selber ernähren. Da gibt's nichts extra.

Person E: Hahaha, stimmt.

Person D: Ich könnte auch niemals meinen Sohn mit einer Sklavin allein lassen, oder, dass sie immer bei uns ist, obwohl die uns so hasst.

Dann wandert das Gespräch wieder weiter, vermutlich zu den üblichen Themen: Woher bekommt man Schminke, Nutella, Peelings, wie läuft es mit der Schwangerschaft, wer kann Still-BHs und Schokolade aus Deutschland mitbringen?

Im Nachhinein liest sich das jetzt nicht nur menschenverachtend und bösartig, sondern schlicht irre. Die meisten Chatteilnehmerinnen sagten: Ja wieso, das ist doch erlaubt im Islam, was regst du dich so auf? Aber ob das nun die echte Meinung dieser Frauen war oder ob sie es wie Papageien ihren Männern nachplapperten: Wenn irgendjemand auf die Idee gekommen wäre, Kritik zu äußern, schlingerten wir auf einem sehr schmalen, gefährlichen Grat. Zu sagen »Es ist gegen die Menschenwürde, Frauen als Sklavinnen zu halten«, hätte jede von uns ganz schnell in den Knast bringen können. Das wäre ja Widerspruch zum IS, Widerspruch gegen den Islam und damit Leugnung des Glaubens gewesen. Als Mann ist man bei solchen Vorwürfen schnell tot gewesen. Bei Frauen weiß ich gar nicht, ob es solche Fälle gegeben hat. Aber wir alle hatten Schiss. Manche haben da auch komplett geschwiegen, was meistens bedeutete, dass sie nichts davon hielten. Keine traute sich, etwas zu sagen, weil niemand sich in eine prekäre Situation bringen wollte. Man hat sich nicht getraut, überhaupt nicht.

Es war so kaputt: Da wurden die Mädchen, also die Jesidinnen, der Reihe nach vergewaltigt. Man konnte sie kaufen, weiterverkaufen und zum Putzen verleihen. Alles normal. Aber gleichzeitig waren zig Regeln erlassen worden, dass man ihnen Kleidung, Essen etc. stellen müsse.

Die Frauen aus Europa waren fast alle total abgeschreckt davon. Die Frauen aus der Region weniger. Aber selbst solche wie Umm Hurayra, die nichts gegen ihre Sklavin zum Putzen hatte, wollte absolut nicht, dass ihr Mann auch eine Sklavin hatte, mit der er dann ins Bett gehen dürfte. Ob die Frauen es ernsthaft glaubten oder es nur vorschoben, aber oft kam bei diesem Thema der Einwand: Bei Sklavinnen könne man sich ja was holen. Ansteckende Krankheiten.

Es gab im Netz auch Verkaufsplattformen für alles Mögliche, so etwas wie markt.de auf WhatsApp im Kalifat. Da wurden Autos gehandelt oder Waffen: »Tausche Kalaschnikow gegen Glock-Pistole«. Aber auch Jack-Wolfskin-Jacken und gute Wanderschuhe waren sehr beliebt. Wenn man lange läuft, sind die wichtig, und es gab nie gute, es sei denn, man hatte gerade Kriegsbeute von der FSA gemacht, die ihrerseits gerade eine Stiefellieferung von den Amerikanern bekommen hatte.

Von so einer Marktgruppe schickte eine der Frauen einmal einen Screenshot und schrieb: »Wir wollten uns eigentlich ein Auto anschauen und haben dies hier gefunden.« Eine Sklavin im Angebot, mit Bild und Detailbeschreibung. Sie trug einen Schal um den Kopf, das Gesicht offen, schaute ausdruckslos in die Kamera. Daneben stand das Alter, welche Sprachen sie spricht und ob sie Kinder hat. Einige fanden das amüsant. Aber das waren die Momente, in denen ich mich gefragt habe: Wo bist du hier gelandet? Sich in die Luft zu jagen, andere zu töten, selber von Bomben erwischt zu werden, okay, das war Alltag geworden. Daran hatte ich mich irgendwie gewöhnt. Aber Sklavinnen auf einer Flohmarktseite zu handeln? Das war so krank.

Je jünger die Sklavinnen waren, desto teurer. Es fing meistens so bei 1000 Dollar an, einige nicht so hübsche waren billiger. Bei den ganz jungen ging der Preis steil nach oben. Es gebe einen Saudi, der habe 25 000 für eine Sklavin bezahlt, hieß es. Die war jung, gerade neu angekommen. Das wurde in unserer Gruppe erzählt, war auch Straßengespräch in Ra'ei, dass da ein Saudi sehr teuer eine junge Jesidin gekauft hatte. Aber mehr Details erfuhr man nicht.

Dass in unserer WhatsApp-Gruppe der Besitz von Sklavinnen so massiv von Umm Hurayra verteidigt wurde, die sich ja selbst eine zu Hause hielt, fand ich eklig, aber zumindest erklärlich. Doch es gab eine zweite Frau, die das genauso vehement propagierte: Umm Tahira, eine junge Deutsche, die ich sogar noch aus Bonn kannte. Sie fand das alles völlig legitim, wenn man dagegen sei, sei man auch gegen einen Teil des Islam, meinte sie. Wenn man das nicht verstanden habe, müsse man sich noch mal eine Unterrichtseinheit gönnen, so ungefähr waren ihre Worte.

Aber das passte überhaupt nicht zu der Frau, die ich 2010 und 2011 kennengelernt hatte, die da noch Amina hieß. Wir waren damals beide konvertiert und kamen über die »Wer kennt wen«-Listen, in die man sich eintragen konnte, in Kontakt. Als ich dann mal in Bonn war, fragte ich sie, ob wir uns treffen wollten. Damals war sie 18 und das komplette Gegenteil vom IS, relativ lasch. Sie hatte ihren Schulabschluss gemacht, arbeitete, sah normal aus und hatte ein normales Leben. Normaler jedenfalls als meines damals. Warum sie konvertiert war, habe ich sie nie gefragt, weil diese Frage mich auch immer genervt hat.

Wir sind dann zu Tasty Chicken am Bonner Hauptbahnhof gegangen. Der Laden war schon bekannt unter den Frauen aus der Szene. Oben war ein abgetrennter Frauenbereich, das war der Treffpunkt. Wer vorher shoppen war, ist anschließend zu Tasty essen gegangen. Die Besitzer hatten einfach einen Halal-Laden aufgemacht, um Geld zu verdienen. Da kommen die Frauen ja alle. Und in Bonn war dort immer etwas los.

Aber zu der Zeit, als ich mich mit Amina traf, dachte noch niemand an eine Ausreise, da hatte niemand Pläne. Da hat einfach jeder sein Leben gelebt und nicht über so was nachgedacht wie: nach Syrien (oder damals eher: nach Afghanistan, Waziristan) in den Krieg zu ziehen. Da hat man über den Dschihad nicht geredet, erst recht nicht mit Leuten, die man nicht so gut kannte. Man wusste ungefähr, was für Seiten im Netz sich die Leute um einen herum anschauen, was die lesen. Aber außer bei der Truppe von Milatu Ibrahim war eine Hijra, eine Ausreise in den Krieg, überhaupt kein Thema. Bis Anfang 2013 war es in der Szene noch ruhig, da sind sehr wenige gegangen, meist hat man das gar nicht registriert. Aber ein paar Monate später ging es dann richtig los. Und als wir Mitte 2014 gingen, verschwanden die Leute im Wochenrhythmus, erst gen Türkei und dann weiter nach Syrien.

Irgendetwas muss auch Amina in dieser Zeit verändert haben, denn bei unserem Treffen Jahre vorher in Bonn war es noch um Klamotten gegangen, wo man den Khimar mit dem besten Winterstoff kaufen kann, ob man heiraten will, Frauenkram halt. Sie trug damals nur Kopftuch, weder Khimar noch Niqab. Nach Syrien kam sie zwei, drei Monate nach mir, aber wiedergefunden haben wir uns erst anderthalb Jahre später, als ich in Ra'ei war. Als sie ankam, war sie schon verheiratet mit einem Deutsch-Albaner, hatte mit ihm ein Kind, aber sich rasch von ihm getrennt, dann einen Syrer geheiratet, von dem sie gleich schwanger wurde. Sie war seine Zweitfrau, voll verliebt in den und auch eifersüchtig auf die andere Frau.

Als wir uns im Netz wiedertrafen, war ich erst froh. Eine andere Deutsche fragte sie, woher sie komme. Bonn. Endenich. Da hakte ich ein: Kann es sein, dass du die und die bist? Ja, krass, dass du jetzt auch hier bist! Sie meinte dann, früher, als wir uns kannten, sei sie noch nicht so weit gewesen hierherzukommen. Jetzt war sie schwanger von ihrem neuen Mann, stillte noch die Tochter von ihrem Ex-Mann, ziemlich heftig.

Aber eigentlich konnten wir nicht viel miteinander anfangen. Den ganzen Tag ging es bei ihr um die Schwangerschaft, wie anstrengend die ist, wo man die besten syrischen Pampers findet oder woher man eine Milchpumpe bekommt.

Mit ihrer ewigen Sorge, woher man Produkte bekommt, die man aus Deutschland kennt, war Amina bei Weitem nicht alleine. Dieser Hype um deutsche Produkte, den es unter den Deutschen in Syrien gab, war eigentlich ein bisschen peinlich. Gut, ich habe mir auch eine marokkanische Gewürzmischung aus Deutschland herschicken lassen. Die hätte ich mir auch hier zusammenstellen können. Aber wofür geht man ins Kalifat, wenn man dann dort doch nur deutsches Shampoo und Nutella will? Abgesehen von Schokolade, nach der wir – zugegeben – alle verrückt waren. Selbst im Sommer, wenn die Aufbrechenden meinten, das ist doch bescheuert, Schokolade einzupacken, die schmilzt doch sofort. Egal, ich friere die ein, aber bringt sie mit!

Die Aufrufe an jene, die aus Deutschland demnächst kommen wollten, klangen verzweifelter, als die Lage wirklich war. Es hieß immer: Bringt dies mit, bringt das mit, hier gibt es nichts, nicht mal Shampoo. Gesichtspflegekram, Peeling, Peelings waren immer ein Problem! Wo bekommt man Peelings her? Dabei gab es Shampoo und das meiste auch hier. Darunter auch, sehr wichtig: Nutella. Jedenfalls bei uns auf syrischer Seite, im Irak vielleicht nicht.

Nutella und andere Dinge gab es in den sogenannten Muhajirin-Läden, die waren nur für Ausländer. Also, einkaufen durfte da jeder, aber den Syrern war es dort zu teuer. Da gab es diese kleinen Kinderschokoladenriegel, vier Stück für 500 Suri, wie wir zu den syrischen Lira sagten. Je nach den chaotischen Kursschwankungen waren das ein, zwei Euro. Und Pringles, diese leckeren Chips mit Paprika- oder

Sour-Cream-Geschmack. Die kosteten anfangs noch 500, am Ende meiner Zeit Mitte 2016 schon 800 Suri. Diese Läden waren ein Paradies. Man bekam da Sahne, Danone-Puddings aus Europa, Kuchenbackmischungen, Shampoos. Es gab einen in Manbij, einen in al-Bab und einen in Ra'ei. Einmal haben wir sogar Raffaellos dort entdeckt, diese Kokos-Pralinen. Aber deren Preis hat meinen Mann so geschockt, dass wir uns sagten, okay: entweder Pralinen oder Abendbrot, entweder Raffaellos oder Chicken Crispy vom Imbiss. Es wurden dann natürlich die frittierten Hähnchenteile.

Vor allem die Saudis sind gerne in diesen Intershops für ausländische Dschihadisten einkaufen gegangen. Einmal sah ich von der Straße aus einen Saudi mit einem ganzen Einkaufswagen rausgehen. Der muss um die 700, 800 Dollar dagelassen haben, vermutlich für einen Hausstand mit mehreren Frauen. Die meisten Saudis fuhren auch teure Geländewagen. Die hatten oft hohe Positionen, sodass sie sich solche Sachen leisten konnten. Oder sie hatten von zu Hause Geld, oder beides.

Was ich leider nie gefunden, aber worum ich Umm Hurayra in Raqqa beneidet habe, waren Toffifees, diese Schoko-Nuss-Karamell-Pralinen. Umm Hurayra, die Deutsch-Algerierin mit der Sklavin aus Raqqa, hatte die, weil ihr Mann im Handelsbereich des IS tätig war. Aber sie hat nie welche abgegeben.

Apropos einkaufen: Ein echtes Problem war die ganze Zeit, vernünftige Unterwäsche oder Leggins zu finden. Nicht nur von der Qualität her (die meisten Sachen sind in Syrien Synthetik), sondern auch vom Stil. Es gab einfach sehr wenige Teile ohne Glitzer und Steinchen, die nicht quietschbunt waren und noch Glöckchen trugen. Da kommt man sich ja vor wie eine Bordsteinschwalbe. Wenn ich in Syrien vor einem Laden stehe, wo sie draußen knallrote Spitzenslips ausstellen, die in der Mitte offen sind, werde selbst ich rot. Das war eine komische Mischung: Außerhalb des Hauses oder wenn Männer zu Besuch waren, mussten wir vollverschleiert in Schwarz, mit Niqab und Handschuhen, herumlaufen. Aber darunter konnte es offenbar nicht wild genug aussehen. Doch wir Frauen aus Deutschland wollten einfach deutsche Qualität. Dinge, die es hier nicht gab, sollten dann Frauen mitbringen, die aus Deutschland kamen, vor allem so spezielle Sachen wie Still-BHs, die ja viele brauchten. Aber das klappte fast nie.

Um welche idiotischen Themen unsere WhatsApp-Gruppe manchmal kreiste, veranschaulicht vielleicht der folgende Chat, den ich in einer schwachen Minute selber begonnen hatte:

Ich: Weiß eine, ob es hier Remoulade gibt? Ich vermisse Remoulade und finde nur Mayo.

Person A: Boah, ja, ich auch.

Person B: Bitte nicht über Remoulade reden, das erinnert mich immer an die belegten Brötchen vom Bäcker um die Ecke.

Person C: Leute, wenn es Remoulade geben würde, hätte ich schon zehn Kisten davon. Die gibt's hier leider gar nicht.

Ich: Na toll, ich will Remoulade und Fischstäbchen.

Person A: Hahaha, das habe ich als Kind immer gegessen.

Person D: Leute, seid mal dankbar, dass wir hier so viel haben, und hört auf zu jammern!

Ich: Bitte was?

Person D: Uns geht es doch voll gut, al-hamdullilah, wir haben mehr als genug.

Person A: Ja, haben wir. Aber keine Remoulade, hahaha.

Ich: Hahaha, genau. Außerdem, wo ist das Problem? Wir motzen ja nicht, weil es keinen Alkohol gibt. Verstehe dein Problem gerade nicht.

Person D: Man muss dankbar sein für das, was man hat.
Ich: OK, und wo haben wir gesagt, dass wir nicht dankbar sind für das, was wir haben? Was ist denn dein Problem gerade?
Person A: Wir können uns wünschen, was wir wollen, solange das nicht zum Verbotenen gehört, Schwester!
Person B: Sehe ich auch so.
Ich: Wenn dich ein Thema hier nicht interessiert, dann überlese es doch einfach, anstatt dich hier aufzuspielen, weil wir Remoulade wollen … Mal im Ernst jetzt, das ist schon unnötig.
Person D: Ja, wir wissen jetzt alle, dass ihr Remoulade wollt und keine habt.
Ich: Tja, siehst du … man lernt nie aus.
Person A: Hahaha, ach, streitet euch nicht, Leute!
Person D: Du bist ziemlich frech, Schwester!
Ich: Frech? Ich finde es auch nicht weniger frech, hier rumzumotzen, weil wir uns über Remoulade unterhalten. Das ist doch echt lächerlich. Aber lass gut sein … das Gespräch geht sonst noch fünf Stunden so weiter. Sag uns doch einfach Bescheid, wenn du irgendwo Remoulade siehst.
Person D: Geht's euch jetzt besser?
Ich: Ja, in der Tat. Danke der Nachfrage.

Wir waren zum größten Teil in einem Alter, Anfang bis Mitte 20. Bosnierinnen, eine Deutsch-Russin, Deutsch-Marokkanerinnen, Türkinnen. Fast immer war es ein Mann, der die Frau mitgezogen hatte. Und sie hatte sich mitziehen lassen. Wie ich. Was mich im Laufe der Zeit immer mehr genervt hat, war dieses groupiehafte Verhalten gegenüber dem IS, immer prall überzeugt zu sein, dass hier keine Fehler gemacht werden. Alles läuft islamisch ab! Wenn das mal nicht der Fall ist, sind die anderen schuld, die versuchen, uns zu infiltrieren! Das Kalifat ist genau das Richtige, und wir werden die Gewinner sein!

Es sei eine Pflicht für ihre Männer hierherzukommen und zu kämpfen, behaupteten die Frauen. In den westlichen Ländern könne man nicht mehr leben, glaubten die ernsthaft: Da werde schon der Niqab verboten. »Die halten dich für Terroristen«, schrieb eine auf eine Frage aus Deutschland, warum sie gegangen sei. »Lieber lebe ich im Krieg, als dass meine Kinder Weihnachtslieder im Kindergarten singen!« Lieber zum IS gehen, bevor man in Deutschland für einen Terroristen gehalten wird! So haben sie geredet. Die Ironie darin hat niemand gesehen.

Und dann haben dieselben, die sich über die Intoleranz in Deutschland beschwerten, über die Syrer hergezogen: dass die sich nicht islamisch genug verhielten. Gut, ich war ebenfalls genervt von dem Chaos in den Läden, den Blicken manchmal, aber es war doch nicht unser Land! Auch im Chat ging es oft darum, welche – höchst verschiedenen – Probleme wir mit den Syrern im Alltag haben:

Ich: Finde das voll anstrengend, dass die in 'nen Laden reinkommen, obwohl man vom Fenster aus schon sehen kann, dass der voll ist, und vor allem, dass da viele Frauen drin sind. Ständig rempeln einen dann die Männer noch an, ich hab gar keinen Bock mehr, einkaufen zu gehen …

Person A: Ja, das Problem haben wir, glaube ich, alle. Auch, dass sie immer auf den Bürgersteigen hocken vor den Läden und einem dann nachgaffen, wenn man vorbeiläuft.

Person B: Ich weiß gar nicht, wieso es dafür noch keine Strafen gibt. Die können doch auch zuhause tratschen.

Person C: Mir gehen die Frauen mit ihren durchsichtigen

Niqabs viel mehr auf die Nerven. Und ständig rennen einem welche ohne Handschuhe und mit diesen komischen High Heels über den Weg. Langsam müsste es doch auch die Letzte kapiert haben, dass die sich nicht solche Schuhe draußen anziehen sollen!

Person A: Klar wissen die das. Die haben einfach keinen Bock, da drauf zu hören. Auch beim Einkaufen reden die immer so ekelhaft schmeichelnd mit den Verkäufern, die schämen sich auch kein bisschen dafür!

Ich: Nee, also das hab ich noch nie erlebt.

Person A: Doch, hier in Raqqa ist das schlimm, in Manbij auch.

Person D: Leute, das ist nix, glaubt mir. Wir haben mal eine 15-Jährige erwischt mit einem ganzen Telefonbuch voller Männer-Nummern.

Ich: Hahaha, nicht dein Ernst?

Person D: Doch. In 'nem Park saß sie mit Kerlen, die kontrolliert werden sollten. Aber dann sind alle abgehauen, deshalb wurde sie auch geschnappt. Aber weil man (ihr) nix nachweisen konnte, musste sie wieder laufen gelassen werden.

Person A: Was ist eigentlich aus den Zigarettenleuten geworden?

Ich: Was für Zigarettenleute?

Person D: Es gab 'ne Hausdurchsuchung bei einer kurdischen Familie. Die sind Zigarettenschmuggler. Aber erst mal wurden nur die Kippen gefunden und kein Geld. Aber das Geld hatte am Ende einfach mal die zehnjährige Tochter.

Ich: Wie ist denen ihre Strafe?

Person D: Weiß ich noch nicht, haha, aber ich glaube, die wurden zum ersten Mal erwischt. Dann passiert nicht viel.

Person A: Die Leute hier kriegen doch Unterhalt und Grundnahrungsmittel, wenn die wirklich arm sind. Ich kapiere nicht, wieso die also weiterhin mit diesem Dreck ihr Geld verdienen wollen.

Person D: Weil's mehr Geld bringt, ganz einfach, und die haben keine Angst vor Allah, sonst würden sie aufhören, Muslime mit ihrem Dreck zu vergiften.

Ich: Ist auch schon 'ne finanzielle Umstellung, würde ich mal so ganz dreist sagen … von 'nem Vollzeitjob auf Hartz IV ist ja auch problematisch, wenn man seinen Lebensstil beibehalten will.

Am rabiatesten im Umgang mit Einheimischen waren Natali und Halima, die beiden Frauen, die sich Monate zuvor in der Moschee geprügelt hatten, sowie Emily, die Deutsch-Ghanaerin. Sie brüllte syrische Frauen auf offener Straße an, wenn die keine Handschuhe trugen. Im Hochsommer. Bei 40 Grad. Natali ging regelmäßig zum Kebab-Stand bei uns um die Ecke, fragte nach dem Preis und schiss dann den Jungen zusammen, dass es zu teuer sei. Aber schließlich kaufte sie doch ihren Kebab dort. Einmal hatte sie für 300 Gramm Fleisch bezahlt und wog es zu Hause ab. Da waren es wohl nur 270 Gramm, und sie ist wutentbrannt zurückgerannt mit dem gegrillten Fleisch. Der Junge meinte, es tue ihm leid, beim Grillen verliere das Fleisch an Gewicht. Egal. Als mein Mann an dem Tag nach Hause kam, hatte er schon auf der Straße das Gebrüll gehört und meinte, ihm sei das total peinlich. Die mache das immer in den Läden: nach dem Preis fragen und dann ausrasten. Dabei konnte Emily auch kaum Arabisch.

Manchmal habe ich mir in solchen Momenten gedacht: Wären wir doch bloß zur Nusra-Front gegangen! Bei al-Qaida hätten wir wenigstens nicht ganz so verrückte Leute getroffen. Die Ausländer dort waren ganz anders, hatten nicht diese krasse Härte, die ich bei uns erlebte.

Sabine, die etwas ältere Frau aus Berlin, die mit dem aserbaidschanischen Emir verheiratet war, hatte sogar einen eigenen Blog, den sie auf Facebook bewarb, um Frauen und Mädchen aus Deutschland anzulocken: »Hijra fi-s-sabil Allah«, in etwa: »Der gesegnete Exodus auf dem Weg Gottes«. Den haben viele der Jüngeren begeistert verfolgt, gerade so die 15-Jährigen. Für die war das wie »Gute Zeiten, schlechte Zeiten« aus dem Kalifat. Überwiegend schrieb Sabine über ihren Alltag, über die Babyausstattung für das Kind vom Aserbaidschaner, aber auch, wo sie einkaufen gehe, wenn Bombenangriffe bei ihr die Fenster rausgesprengt hatten.

Nur die Emire vom IS waren insgesamt nicht so angetan von ihrer Privatpropaganda, weil sie zu viele Details preisgab: Städtenamen, Einzelheiten von Luftangriffen und deren Schäden, Details von Kämpfen, etwa als sie schrieb, dass demnächst etwas Größeres in Ra'ei stattfinden werde. Irgendwann wurde sie gemeldet und verhört. Aber bevor ihr Blog vom IS verboten werden konnte, verschwand er sowieso aus dem Netz. Offenbar wurde er von den Betreibern der Plattform gelöscht. Das geschah mit der Zeit häufiger, seit der Druck in den USA und Europa zunahm, die Propaganda des IS zu unterbinden.

Auch in unserer Telegram-Gruppe tauchten immer wieder extrem junge Mädchen auf, die dann von einigen hier unter Druck gesetzt wurden, auf jeden Fall ins Kalifat zu kommen – auch wenn sie noch nicht volljährig waren, nicht mal das Geld für das Ticket und sowieso keinen Plan hatten, was sie hier erwarten würde. Wie in diesem Dialog, den ich wieder versucht habe, aus dem Gedächtnis zu rekonstruieren:

Person A: Ich musste für meinen Vater zur Bank und Geld abheben. Hab jetzt fast 700 Euro einstecken. Hihi, eigentlich perfekt, um jetzt abzuhauen.

Person B: Ja, worauf wartest du, so schnell hast du die Gelegenheit bestimmt nicht mehr. Schnapp dir deinen Pass und das Geld und komm!

Person A: Aber ich bin doch noch nicht volljährig. Die lassen mich eh nicht ohne Erlaubnis fliegen.

Person B: Du kannst dir das einfach selber schreiben und die Unterschrift fälschen. Das haben einige schon so gemacht.

Person A: Ja, kann schon sein. Aber man muss sich doch auch ein bisschen vorbereiten?

Person B: Was nutzt es dir, wenn du dich vorbereiten kannst, aber dann kein Geld für ein Ticket hast? Ich kann nicht verstehen, wie man so eine Chance nicht nutzen will. Du kannst dann nach Sham (*arabische Bezeichnung für Großsyrien*, Anmerkung) kommen und hier im Kalifat leben, nicht unter diesen Ehrenlosen.

Person A: Wenn Gott will, dann darf ich das bald. Aber jetzt so spontan kann ich das nicht.

Person B: Du musst wissen, was du machst. Aber so Chancen kommen nicht oft, denke ich, und vorbereiten musst du dich nicht. Du kannst das Wichtigste mitnehmen und den Rest hier kaufen.

Person C: Ja, aber ich könnte auch nicht einfach meinen Vater beklauen, hallo??

Person B: In ihrer Situation würde ich das machen, bevor ich da drüben den Rest meines Lebens verbringen muss.

Ich: Du würdest deine Eltern beklauen, um dir ein Ticket zu kaufen?

Person B: Ja, wenn ich nicht schon hier wäre und in derselben Situation wie sie, dann würde ich das machen.

Ich: Das ist mal abgesehen vom menschlichen auch islamisch nicht erlaubt.

Ob das Mädchen dann später ins Kalifat gekommen ist, weiß ich nicht. Eine andere 15-Jährige ist aber gekommen: Eleonora, hier dann Umm Ithnam, also »Mutter von Ithnam«, genannt, obwohl sie zum Glück nicht schwanger war und kein Kind hatte. Für die wurde extra eine Ausnahme gemacht und der ansonsten für Neuankömmlinge geschlossene, eher geheime Schmuggelübergang in Jarablus genutzt, weil sie bereits mit internationalem Haftbefehl gesucht wurde. Ihr Verschwinden war wohl sofort aufgefallen. Sie war auch eine Zeit lang in unserer WhatsApp-Gruppe und musste sich da erst einmal den Spott der anderen anhören, dass sie ja jetzt schon echt prominent sei. Sie wurde dann die Drittfrau von Abu Yassir, einem Konvertiten aus Leipzig, der hier eine für deutsche Dschihadisten sehr seltene Karriere gemacht hat und Emir bei Amniyat, beim Geheimdienst, war. Eleonora war schon überzeugt, dass sie das Richtige tue, aber hat ansonsten sehr zurückgezogen gelebt. Ihr Mann wollte nicht, dass sie etwas von dem ausplaudert, was er macht. Bald durfte sie auch nicht mehr ins Internetcafé gehen, einmal schrieb sie, sie dürfe über die Arbeit ihres Mannes nicht reden, das sei geheim.

Mit einer anderen Marokkanerin, die ich auch schon aus Deutschland kannte, Hind alias Umm Musaab, habe ich mich eigentlich ganz gut verstanden. Auch wenn ihre Ansichten mir zu radikal waren. Ihr Mann war ein deutscher Konvertit, Mitte 20, war bei »Dawa.ffm« dabei gewesen, einer der radikalen Gruppen im Rhein-Main-Gebiet. Erst hatte Hind es sich zur Aufgabe gemacht, den Syrerinnen Unterricht zu geben. Sie wollte denen die Grundlagen des Islam beibringen, oder eher: sagen, was im Kalifat erlaubt ist und was nicht. Allerdings ging das in die Hose, weil sie sich wohl verhaspelte, was die IS-korrekte Auslegung des Islam anging. Jedenfalls haben die ihr nur noch erlaubt, Arabisch zu unterrichten und

Lesen und Schreiben. Warum eine Marokkanerin den Syrerinnen den Islam erklären sollte, hat einen eh gewundert. Dann wollte sie eine Hisba, eine Patrouillengruppe, für Frauen in Ra'ei gründen. Aber da waren so wenige Ausländerinnen, dass ihr das auch nicht erlaubt wurde.

Aber vom Typ her war sie gutmütig. Allerdings auch gemeingefährlich. Dass sie ihr eigenes Haus in die Luft gesprengt hat, war jedenfalls ihrer Blödheit zu verdanken. An dem Abend, als es passierte, war ich mit meinem Mann bei Halima, wir hören nur »buff, buff, buff« und dachten uns, welcher Depp war das denn? Denn sobald es wieder mal Strom gab, eben nicht nur welchen vom eigenen Generator, haben die Leute alles angeschlossen, was einen Stecker hatte, woraufhin oft die Sicherungen herausflogen oder es andere Kurzschlüsse gab und manchmal das gesamte Netz zusammenbrach. Oder irgendetwas laut krachend in die Luft flog. Aber diesmal war es nicht der Strom.

Jemand kam zu uns ins Haus gerannt und rief: »Bei Umm Musaab brennt es!« Wir liefen rüber, wobei Abu Muwahid, Mirzadas Mann, mich beinahe über den Haufen fuhr. Als wir ankamen, war schon das halbe Haus weg. Musaab, also ihr Sohn, stand da und sagte: »Unser Haus brennt. Cool.« Sie selbst stand weinend daneben: »Ja, der Diesel ist aus dem Ofen ausgelaufen, und da lag ja noch die Sprengstoffweste von meinem Mann auf dem Boden.« Sie hatte einen dieser Dieselöfen, bei denen man die Zufuhr so regeln muss, dass wirklich nur Tröpfchen aus dem Tank in die Brennkammer fallen. Aber sie hatte wohl den Hahn zu weit aufgedreht, als es unten schon brannte. Auf jeden Fall war der brennende Diesel ausgelaufen. Und ein paar Meter weiter lag die Sprengstoffweste von ihrem Mann. Vor allem Kämpfer, manchmal auch Frauen, bekamen die, um sich im Ernstfall, wenn sie von der FSA oder den Kurden angegriffen würden, in die Luft zu sprengen, anstatt sich gefangen nehmen zu lassen.

Umm Musaab hatte noch Decken auf die Flammen geworfen, um das Feuer zu ersticken, aber die Decken waren zu klein, sogen sich voll mit Diesel und brannten dann auch. Da hat sie sich das Kind geschnappt und ist rausgerannt. Das Wohnzimmer hatte es fast vollständig erwischt. Man sah, wo das Feuer gewesen war, und man sah auch, wo die Weste gelegen hatte und explodiert war.

Ihr Mann war über den Schaden natürlich alles andere als begeistert, aber hat nicht groß herumgeschrien. Wir fanden das damals absolut unverantwortlich, die Sprengstoffweste im Wohnzimmer neben dem Ofen liegen zu lassen, wenn auch noch Kinder im Haus sind. Es ist natürlich reiner Wahnsinn, überhaupt Sprengstoffwesten zu haben – aber damals war es für uns normal. Man müsse sich und möglichst viele Ungläubige ja jederzeit in die Luft sprengen können, wenn man nicht mehr entkommen könne: So wurde es erklärt vom IS, dessen Militärführung diese Westen ja auch an Frauen verteilte. Mir kam so was allerdings nicht ins Haus.

Während Sabine aus Berlin mit ihrem Blog wohl keine Frau hergelockt hat, hatten andere mehr Erfolg. Emily zum Beispiel, also Umm Ibrahim, die Fränkin, die mit einem Konvertiten aus Dortmund verheiratet war. Er war zuvor schon einmal in Syrien gewesen und hatte sich »Junud al-Scham« angeschlossen, einer kleinen Gruppe, die später in der Bedeutungslosigkeit verschwand. Dann reiste er wieder aus und kam mit Emily zum zweiten Mal. Wir sind mal zusammen mit ihm nach Manbij gefahren, aber mein Mann konnte ihn nicht leiden. Die beiden sind öfter aneinandergeraten, etwa weil Emilys Mann zu ihm meinte: »Ich sehe dich selten beim Morgengebet in der Moschee, Bruder«, oder weil er ihm sagte, dass man die Scharia doch auch im eigenen Haushalt rigoros durchsetzen müsse. Aber er selbst saß wochenlang zu Hause und ist nicht arbeiten gegangen, obwohl er gar nicht freigestellt war. Da war der Kontakt dann bald beendet.

Doch Emily hat es geschafft, mindestens drei Leute zum Kommen zu überreden. Dafür hat sie eine Weile auf Facebook und Instagram Beiträge eingestellt. Durch Emily kam etwa ein weiteres Paar aus Dortmund. Dass die beiden Männer sich noch von dort kannten, haben sie aber erst hier gemerkt. Der Neuankömmling hieß Christian, ungefähr 20, war Kiffer gewesen und erzählte, dass er in Deutschland krank gewesen sei – hier nun habe er seine wahre Ehre erlangt. Der war ein bisschen irre und tauchte später auch in einem Video auf, in dem jemandem die Hand abgehackt wird.

Seine Frau Jasmina war noch ein Küken, frisch 18 geworden, halb Marokkanerin, halb Deutsche. Ihn hatte sie irgendwo in einer Moschee kennengelernt. Sie wohnte anfangs bei Emily, drei Minuten Fußweg von uns. Wir haben uns dann schon am ersten Abend über der Frage zerstritten, wer zum Imbiss geht, Brathähnchen holen, da der Imbiss in Frontnähe lag.

Später ist sie mit ihrem Mann an die irakische Grenze in die Nähe von Abu Kamal gezogen. Von dort schrieb sie mir, über ihnen seien Zettel abgeworfen worden, dass die Bombardements bald beginnen würden und dass man fliehen solle: »Ich habe solche Angst! Ich will auch nicht mehr hierbleiben! Ich will zurück nach Deutschland!« Aber sie war so dumm, das ihrem Mann zu sagen. Wir sind ein Paar, meinte sie, da muss man doch offen sein. Aber Offenheit war leider schon zu dieser Zeit das Dümmste, was man machen konnte. Denn danach hat ihr Mann ihr verboten, mich zu besuchen, weil ich so nah an der türkischen Grenze wohnte. Sie tat mir leid. Sie war hierhergekommen, weil es der Wunsch ihres Mannes gewesen war und weil sie schwer verliebt in ihn gewesen ist. Hätte sie ihrem Mann nichts von ihren Fluchtgedanken gesagt, hätte ich sie wahrscheinlich mitgeschleift, hätte irgendwie versucht, ihr bei der Flucht zu helfen, oder sie mitgenommen – falls sie es rechtzeitig bis in die Nähe der Grenze geschafft hätte. Aber nachdem er nun Bescheid wusste, ging das nicht mehr. Das war mir zu heikel.

Am Anfang war es in unserer WhatsApp-Gruppe noch etwas entspannter gewesen. Man konnte von außen sogar kommentieren, was da geschrieben wurde. Etwa ein Dreivierteljahr ging das so, bis diese Möglichkeit abgeschaltet wurde. Aber je mehr Zeit verging und je schlechter die Lage für den IS insgesamt wurde mit den Luftangriffen, den Vorstößen der irakischen Armee, der syrischen Kurden, der Rebellen, desto mehr waren die Spannungen auch innerhalb unserer Gruppe zumindest zu ahnen. Als ich mich einmal wunderte, lange nichts von Umm Salahuddin aus Tabqa gehört zu haben, fragte ich nach:

Ich: Kennt einer von euch eine Umm Salahuddin? Aus Tabqa war sie, glaub ich? Sie war auch eine Zeit hier in der Gruppe, aber nur kurz. Ich mache mir Sorgen, weil sie lange nicht online war.

Person A: Ich glaube, die sind abgehauen. Zumindest habe ich das so gehört.

Ich: Wie, die sind abgehauen?

Person A: Ja, die sind doch in den Irak umgezogen und sind dann zu den Eid-Feiertagen nach Raqqa, um angeblich Geschwister zu besuchen, und sind dann abgehauen.

Ich: Krass ... kann ich mir gar nicht vorstellen.

Person A: Ich auch nicht, aber was soll man machen? Man kann ja niemandem in den Kopf reingucken.

Kurz darauf schreibt mich eine andere Deutsche aus Raqqa an, allerdings privat:

A: Salam aleikum, uchti (*Arabisch für »Schwester«*, Anmerkung), woher kennst du denn Umm Salahuddin?

Ich: Aus der Gruppe, wir haben ein paar Mal gechattet. Ich hab mich gewundert, wieso sie nicht mehr online ist.

A: Ja, wie gesagt, die sind abgehauen. Aber sie wurden noch hier erwischt, uchti, und sind nun im Gefängnis, aber sag das niemandem.

Ich: Im Gefängnis, weil sie gehen wollen?

A: Ja. Die hatten ja keine Erlaubnis, um zu gehen. Deshalb wird wahrscheinlich überprüft, ob die Spione sind oder so was.

Ich: Ok, verstehe. Dankeschön, dass du mir Bescheid gesagt hast.

A: Kein Problem, Schwester.

Eigentlich sollten wir Frauen ja gar nichts mitbekommen, was im Inneren des IS, also in unserem Kalifat, ablief. Wir sollten heiraten, Kinder kriegen, die Kampfanzüge unserer Männer waschen und draußen ein vollvermummtes Vorbild der Sittlichkeit abgeben. Maximal gab es die Frauenpatrouillen, um andere Frauen zu kontrollieren und einzuschüchtern. Aber manchmal bekam man über unsere Chatrunden doch einiges mit, wenn einer der Ehemänner ein bisschen geplaudert hatte. Wie im Herbst 2015, als überall gemeldet wurde, Deso Dogg sei bei einem Luftangriff umgekommen:

Person A: Ich habe heute gelesen, dass Abu Talha *deso dogg* tot sein soll:(

Ich: Die Meldungen kommen doch ständig. Abu Bakr al-Baghdadi war ja mittlerweile, glaube ich, auch schon dreimal tot.

Person A: Dieses Mal soll es aber stimmen. Da steht, dass ein Autokonvoi bombardiert wurde, in dem er auch war.

Ich: Weiß ich nicht, kann's weder bestätigen noch dementieren, sorry.

Person C: Nee, nee, Mädels, das stimmt nicht, mein Mann sagte mir heute, dass er nicht in dem Konvoi in Tabqa dabei war.

Person D: Oh Mann, uchti ...

Ich: Ääääähm ...

Person A: Was denn? Also ist er nicht tot?

Ich: Wissen wir nicht. Und für uns sowie für dich spielt das auch keine große Rolle, denke ich.

In dem Moment hatte ich Schiss, denn wir hätten alle richtig großen Ärger bekommen, wenn rausgekommen wäre, dass sich eine von uns dermaßen verplappert hat. Zumal dies die gemischte Runde war, also Frauen aus dem Kalifat und aus Deutschland im Chat waren. Da konnten unbedachte Äußerungen sehr schnell die Runde machen.

Deso Dogg sollte wohl aus der Schusslinie genommen werden, deswegen sollte verbreitet werden, dass er bei einem Luftangriff gestorben sei. Tote will man nicht mehr umbringen, so war er etwas sicherer, denn er wurde noch gebraucht als Propagandazugpferd. Er war eine Art Popstar der Nashid-Gesänge, gut für PR, um weitere Leute aus Deutschland anzulocken.

Dass Deutsche überhaupt irgendwo in höheren Positionen landeten, war die große Ausnahme. Die wenigsten Europäer wurden im Kalifat wirklich gebraucht, außer für Propagandavideos. Die waren einfach nicht belastbar. Die Hitze, das Essen, wir hielten das nicht so gut aus wie ein Syrer oder ein Saudi.

Insofern passte das schon gut, als im Video von Jürgen Todenhöfer, also Bruder Jürgen, wie ihn seine Fans hier nannten, dieses Moppelchen auftauchte, Christian Emde. Der saß in der Medienabteilung, weil er viel zu beleibt war zum Kämpfen. Wobei das Lustige war: Als Todenhöfer während seines Besuchs beim IS nach Ra'ei kam, wimmelte der Ort von Deutschen, aber keiner hat ihn gesehen. Der wurde komplett abgeschirmt vom Geheimdienst.

Letztendlich sind die meisten Deutschen hier einfach nur als Fußsoldaten verpulvert worden, jedenfalls die Männer. Einer ist allerdings Emir beim Amniyat geworden, dem Geheimdienst: Abu Yassir, der Konvertit aus Leipzig. Wie der das geschafft hat, haben wir uns immer gefragt, der musste ja auch erst einmal Arabisch lernen. Vermutlich sollte er dann die anderen Deutschen und sonstigen Europäer überwachen, weshalb niemand etwas mit ihm zu tun haben wollte.

Wir Deutschen im Besonderen hatten bald unseren Ruf weg: immer Ärger untereinander und ständig vor Gericht, weil es Zickereien gibt, und dann nicht mal arbeiten gehen! Vor allem in Raqqa war das krass, dort gab es ja Milchshake-Buden, Pizzerien, Eiscafés, die sehr beliebt waren. Da saßen dann die deutschen Facebook-Mujaheddin, wie wir sie nannten, mit ihren polierten Glock-Pistolen und Kalaschnikows stundenlang draußen vorm Café, Bart gekämmt, Gürtel mit den Munitionsmagazinen noch angeschnallt.

Aber da war weit und breit kein Gefecht! Die fanden das einfach toll, einen auf Superkrieger zu machen, Frauen und Kinder zu erschrecken. Aber die Kleinen haben doch Angst vor Waffen. Das war so sinnvoll wie ein Pickel am Arsch.

Am meisten Kontakt hatte ich in Ra'ei nach einer Weile zu Umm Yasmin, der klugen Frau aus Nordrhein-Westfalen, die nichts über sich preisgab. Sie mochte ich von allen Deutschen am meisten. Mir war sie zwar zu hart, was das Religiöse angeht, aber zwischenmenschlich haben wir uns sehr gut verstanden. Macht das irgendwie Sinn?

Sie war eben nicht so ein typischer IS-Groupie wie Sabine, aber sie zeigte auch kein Mitleid, wenn irgendwo Leute hingerichtet wurden. Wirklich befreundet war ich am Ende der Zeit in Ra'ei fast nur noch mit ihr. Und es war ihr schreckliches Schicksal, das mir den Ruck gegeben hat, hier nicht nur weg zu wollen, sondern damit anzufangen, meine Flucht zu planen.

KAPITEL 5
Tod und Umkehr

Eingerollt in zwei Decken werde ich wach, der Strom ist weg und die Heizung aus. Draußen liegt Schnee, es sind unter null Grad, also bleibe ich einfach liegen, hoffe, dass der Strom wiederkommt. Und schaue in meine Nachrichten bei WhatsApp und Telegram. Es sind die letzten Tage von 2015, kurz vor dem Jahreswechsel.

Umm Yasmin schickt mir weinende Emojis und nur diese Worte: »mein Mann«. Ich denke zuerst, vielleicht hatte er einen Unfall mit dem Auto, hat sich dabei oder woanders verletzt. Ich frage, was passiert ist, ob es ihm gut geht. Ihre Antwort kommt schnell. Ihr Mann ist tot. Wenige Stunden zuvor hat sie die Nachricht von der Ehefrau eines anderen Kämpfers erhalten.

Das ist ein Schock. Ich hatte das letzte Jahr gefühlt eigentlich nur mit ihr verbracht, als sie dann nach Manbij zog, war das schwer für mich. In ihr hatte ich eine Mischung aus Freundin und Mutter gefunden, mit der ich über alles reden konnte, die mir auch mal knallhart die Meinung sagen durfte. Sie ist sehr eigen, redet nie über ihre Vergangenheit, will auch von meiner nichts wissen. Aber gut, jede hat ihre Gründe dafür. Abgesehen davon macht sie das beste Gulasch der Welt. Mit gutem Essen und Humor gewinnt man einfach mein Herz.

Dass nun ihr Mann tot ist, trifft mich härter als erwartet. Ich sitze fassungslos in meinem Bett. Da denkt man, wenn man hierher in den Krieg kommt, muss man auch mit den Geschehnissen hier klarkommen, aber das ist nicht so. Ich habe einen Kloß im Hals und ein komisches Ziehen im Magen.

Umm Yasmin schreibt, dass sie nun offline gehe, weil sie mittags nach Ra'ei gebracht werde, in ihr altes Haus. Anrufen kann ich sie nicht, weil ich ihre alte Sim-Karte noch habe. Sie nennt mir ihre ungefähre Ankunftszeit, und ich verspreche, dass ich da sein werde. Sie ist die Art Mensch, die ich mir immer unter einer Trümmerfrau vorgestellt habe: jammert nie, beschwert sich selten. »Bringt ja nichts«, meint sie, »da müssen wir durch.« Aber sie gleich zu sehen, davor graut mir. Obwohl ich sie die letzten Monate so sehr vermisst habe.

Als ich sie das letzte Mal besuchte, ging es ihr gut. Ihr Mann war auch in der Stadt. Kurz nachdem ich abgeholt wurde, kam er auch nach Hause. Als wir uns das letzte Mal sahen, hatte er mir noch eine ganze Ladung Wasserpaletten ins Haus getragen, weil mein Mann nicht kam und ich die alleine nicht schleppen konnte.

Und nun soll er einfach nicht mehr da sein? Ja, wir leben im Krieg, haben uns entschieden hierherzukommen. Aber wenn man hier lebt, sind eben nicht alle Menschen böse. Und wenn es jemanden trifft, den du gut kennst, haut dich das einfach um!

Wie wird es sein, wenn mich die Nachricht erreicht, dass mein Mann tot ist? Was werde ich dann denken, wie lange brauchen, damit zurechtzukommen? Das frage ich mich, während ich meine kleine Tasche zusammenpacke. Den Katzen mache ich noch eine Schüssel mit Fleisch und Kartoffeln, die bis übermorgen reichen würde, aber ich habe ohnehin vor, morgen wieder nach ihnen zu schauen oder sie dann mit zu Umm Yasmin zu nehmen. Dies wird die erste Nacht seit ihrer Geburt sein, in der ich ohne sie schlafe. Es sind doch nur Katzen, mag sich jeder denken. Aber sie sind immer bei mir und auch sehr anhänglich, weshalb ich mich schlecht fühle, wenn ich sie alleine lasse.

Ich renne mit meiner großen Sporttasche in den Laden vom kleinen Chalid und kaufe alles Mögliche, was Umm Yasmin mag, und noch ein ganzes Paket Wasserflaschen obendrauf. Ihre Wohnung liegt in der Nähe, nur zehn Minuten zu Fuß – aber nicht, wenn man mit neun Litern Wasser und einer Tasche voller Winterklamotten über schneenasse Wege rutscht. Als ich endlich bei ihr ankomme, macht eine Frau im Niqab auf und fragt mich irgendetwas auf Arabisch. Ich antworte nur »Wa aleikum salam«, Friede sei auch mit dir, und drücke mich an ihr vorbei. Da sitzt Umm Yasmin und begrüßt mich mit einem müden, gezwungenen Lächeln. Ich bin ihr innerlich dankbar, dass sie nicht losweint. Die Syrerin an der Tür ist Umm Aischa, die mit einem Tunesier verheiratet ist und eine kleine Tochter mit ihm hat. Sie haben Umm Yasmin nach Ra'ei gefahren, der Mann räumt gerade ihren Hausrat aus dem Auto.

Umm Yasmins Mann sei von einem Kampfjet bombardiert worden, als er im Auto unterwegs war, erzählt sie. Selbst schuld, mag der Leser denken, der ihn automatisch in die Schublade »barbarischer Terrorist« steckt. Aber ich habe mich bei ihm eher gefragt, was so ein Mensch hier tut. Er hat sich immer um andere gekümmert, obwohl er kaum Zeit hatte, war immer hilfsbereit und freundlich. Ja, er war freiwillig hierhergekommen, zu dieser Terroristenvereinigung, freiwilliger als ich vermutlich. Aber er war anders als die meisten, die die Syrer verachten und sich noch untereinander das Leben zur Hölle machen. Ich habe ihn einfach als liebenswerten Menschen kennengelernt.

Um einen Grund zum Verschwinden zu haben, gehe ich in die Küche, hole Kuchen und etwas zu trinken, frage, ob jemand Tee möchte, renne wieder in die Küche, spüle zwei herumstehende Teller, um so lange wie möglich dortbleiben zu können. Es tut mir weh, Umm Yasmin so zu erleben, ausgerechnet sie, die sonst so leicht nichts umhaut. Mein Mann weiß von nichts, da er in seinem Ribat ist und dort nur selten online auftaucht. Ich habe ihm einen Zettel an der Haustür und eine Nachricht auf WhatsApp hinterlassen.

Die Nacht wird kalt, das Ofenrohr ist kaputt. Umm Yasmin redet im Schlaf und wälzt sich hin und her. Meine Gedanken kreisen immer wieder darum, dass ich bloß nicht in solch eine Situation kommen möchte. Wie soll eine Frau hier im Krieg alleine leben, wenn ihr Mann tot ist? Der Mann ist unsere wichtigste Bezugsperson im Kalifat, und in der Regel heiratet man auch hier niemanden, mit dem man sich nicht mindestens sehr gut versteht. Ich weiß nicht, was ich ihr sagen, wie ich mit ihr umgehen soll. Mittlerweile wäre es mir sogar lieber, wenn sie einfach anfangen würde zu weinen.

Zum Azan, dem Ruf zum ersten Morgengebet, wickele ich mich aus meinen drei Decken und setze mich ins stille Wohnzimmer, bis ich sie wecke. Nach dem Gebet legen wir uns wieder hin, gegen neun werde ich wach von ihrer Stimme. Sie telefoniert mit Umm Ahmed, einer anderen Witwe aus der Türkei, die auch in Ra'ei lebt mit drei Kindern, von denen eines noch ein Baby und erst in Syrien zur Welt gekommen ist. Ihr Mann ist vor drei Monaten auch durch einen Flugzeugangriff ums Leben gekommen, als er die Ribat-Orte mit Essen belieferte. Da sie sich noch in ihrer offiziellen Trauerzeit, der Idda, befindet, in der sie das Haus nur in Notfällen verlassen darf, kann sie nicht vorbeikommen.

Als die beiden auflegen, gehe ich zu Umm Yasmin in die Küche. Sie macht sich ernsthaft Sorgen um das Mittagessen, was ich dermaßen bescheuert finde, dass ich lachen muss. Aber so ist sie immer. Bei ihr darf kein Magen leer bleiben. Ich warte, bis die Tunesierin von gestern wiederkommt, um ihr zu helfen, das Haus winterfest zu machen. Den Draht und das fehlende Stück vom Ofenrohr besorgt Ahmed, der Sohn der Witwe mit den drei Kindern. Ich gehe los, meine Katzen versorgen und einkaufen: eine Flasche von der besten Mayonnaise der Welt, eine Pepsi, eine Packung Haselnuss-Cappuccino sowie Thunfisch für die Katzen.

Bis Ahmed kommt, habe ich noch Zeit, also fülle ich zu Hause die Waschmaschine und setze mich mit meinen Katzen vor die Heizung. Die beiden waren erst leicht beleidigt, aber nun klettern sie wieder an mir. Es klopft leise an der Haustür. So klopft nur Ahmed, der mit Draht und Rohr dasteht. Die Waschmaschine ist auch fertig, und so schmeiße ich mich wieder in zwei Pullover, ziehe meinen Khimar darüber und stapfe in Winterschuhen durch den Schnee zurück zu Umm Yasmin.

Bei ihr sind nun Teppiche ausgerollt, die Fenster abgedeckt gegen die Kälte, nur der Ofen funktioniert noch nicht. Im Tiefkühlfach hat sie noch etwas von ihrem legendären Gulasch. Wir reden über die anderen Deutschen, mit denen wir uns fast komplett zerstritten haben, und fragen uns, wer von denen wohl auftaucht oder sich wenigstens telefonisch meldet. Aber dann erzählt sie lieber wieder von der Zeit, als ihr Mann noch da war, und versucht sich abzulenken von der Trauer, während sie dasitzt wie ein kleines Häufchen Elend. Das Ofenrohr passt nicht, also steht uns eine weitere eisige Nacht bevor.

Mein Mann meldet sich kurz per Telegram, erzählt, dass die Lage rund um Ra'ei immer unruhiger werde, da die FSA mehrere Dörfer zurückerobert habe. Wie es aussieht, wird es hier bald ungemütlich werden, da die FSA Unterstützung aus den USA und der Türkei bekommt. Mein Mann verspricht, endlich ein passendes Rohr für den Ofen zu besorgen. Als ich Umm Yasmin sage, dass er heute nach Hause kommt, biete ich ihr an, trotzdem noch eine Nacht zu bleiben, sie nicht allein zu lassen. Aber sie meint, keine wisse hier, wie viel Zeit sie mit ihrem Mann habe, und akzeptiert nicht, dass ich bleibe, wenn er da ist.

Am Telefon meldet sich wieder Umm Ahmed, die Witwe mit den drei Kindern. Sie habe furchtbare Zahnschmerzen, die immer schlimmer würden. Ich biete ihr an, Tabletten vorbeizubringen, sobald mein Mann auftaucht. Nee, meint sie, Tabletten habe sie. Doch die würden nicht mehr helfen. Sie will zum Zahnarzt, aber traut sich nicht. Zum einen ist sie ja noch in der Trauerzeit, zum anderen gibt es in Ra'ei nur einen männlichen Zahnarzt, einen Aserbaidschaner. Und der würde dann ja ihr Gesicht sehen.

Ihre Nachbarinnen haben ihr unbedingt davon abgeraten, sagt sie zunehmend verzweifelt. Denn die Nachbarinnen würden ohnehin schon blöd über sie reden, seit sie nach dem Tod ihres Mannes versucht hat, mit ihren Kindern zurück in die Türkei abzuhauen. Nur hatte der Schmuggler sie verarscht und ist nicht über die Grenze, sondern direkt an einen Checkpoint des IS gefahren, wo sie gleich festgenommen und in den Bunker nach al-Bab zum Verhör gebracht wurde. Also, ins Gefängnis, aber wir haben es immer den »Bunker« genannt. Da hat sie dann einen solchen Aufstand gemacht, dass sie schließlich freigelassen und wieder zurück in ihre alte Wohnung nach Ra'ei gelassen wurde. Dort zerrissen sich dann die Nachbarinnen die Mäuler über sie, anstatt ihr und den Kindern zu helfen. Sie warnen alle, man solle sich von ihr fernhalten. Eine spricht überhaupt nicht mehr mit ihr, denn sie habe ja aus dem Kalifat abhauen wollen, sei eine Abtrünnige geworden.

Was für ein Schwachsinn! Umm Yasmin und ich kochen vor Wut und sagen ihr beide, dass sie sehr wohl zu dem aserbaidschanischen Zahnarzt gehen könne, wenn sie solche Schmerzen habe und keine Zahnärztin im Ort sei. Sie will es sich überlegen. Ich fasse es nicht, wie mies die anderen sie behandeln.

Aber das ist etwas, was mir hier schon in den ersten Tagen aufgefallen ist. Das, was mich am Islam immer so fasziniert hat, der Zusammenhalt und die Hilfsbereitschaft untereinander, das finde ich hier nur bei manchen. Gerade die totalen Hardliner sind oft am hartherzigsten. Wenn jemand sie um Hilfe bittet, müsse erst einmal geprüft werden, ob die Person auch wirklich Hilfe brauche. Es könne ja auch ein Betrüger sein. Und so passiert es oft, dass jene, die wirklich Hilfe bräuchten, im Stich gelassen werden. Könnten ja Betrüger sein.

Ich helfe, wenn ich kann. Was ein Mensch so alles denkt, kann man eh nie wissen. Wenn ich Gutes für mich selbst möchte, dann sollte ich selbst erst einmal Gutes tun. Aber wer hier schon geizig und paranoid ankommt, legt diese Eigenschaften nicht ab. Im Gegenteil: Es wird schlimmer, das Klima hier fördert das Misstrauen untereinander.

Mein Mann taucht auf und hat auch endlich das passende Ofenrohr dabei. Im Auto tobe ich immer noch vor Wut über die Bagage, die der türkischen Witwe das Leben zur Hölle macht. Mein Mann wundert sich schon gar nicht mehr und sagt nur, dass diesen Frauen dasselbe blühen wird, wenn ihre Männer sterben.

Zu Hause: erst mal die Katzen füttern. Waschmaschine anschmeißen, und da ich mir sicher bin, dass mein Mann noch Hunger hat, schneide ich ein paar Tomaten, Petersilie und Zwiebeln klein, lasse das in der Pfanne köcheln, würze es und schlage ein paar Eier dazu. Deckel drauf und warten, bis es fertig ist. Normalerweise ist es ja so, dass ich mit fertigem Essen stundenlang herumsitze und warte, dass er endlich auftaucht. Ist es aber noch nicht fertig, kommt er andauernd quengelnd in die Küche, wann es denn so weit sei.

Beim Essen erzählt er ein wenig von seinem Ribat. An sich sei es okay, aber die syrische Luftwaffe bombardiere dort heftig. An anderen Ribat-Plätzen der Umgebung hätten sie viele Spione von Assads Armee erwischt. Sagt er. Allzu viele Details erzählt er nicht, und ich möchte sie auch gar nicht hören. Das ist wie ein Graben zwischen uns. Er ahnt, dass ich nicht gutheiße, was er tut. Ich bin mir sicher, dass er nicht vollständig mit dem IS brechen wird, egal, wie sehr er sich über einzelne Missstände beschwert. Also tun wir beide so, als gäbe es diesen Graben nicht, und sprechen über unverfängliche Dinge – wie den einzigen Vorteil der Gegend, in der er jetzt Dienst tut: Dort sprechen nur er und Waliullah Deutsch, sodass wenigstens sein Arabisch rasch besser wird.

Gemeinsam mit den Einkäufen setzt er mich anschließend wieder bei Umm Yasmin ab, wo sich auch Halima angesagt hat. Sie und ihr kleiner Sohn sind schon da, als wir ankommen. Ich liebe den kleinen Kerl mit seinen großen braunen Augen. Krabbeln kann oder will er noch nicht, aber er wackelt mit den Armen wie ein Pinguin, wenn er sich über etwas freut.

Mein Handy vibriert. Ich rechne mit meinem Mann, aber es ist Umm Mohammed Ibrahim, eine Türkin aus Österreich oder Bayern, ihrem Akzent nach. Sie lebt in Manbij und schreibt mir, dass ihr Mann umgekommen sei und sie nun Probleme mit dem »Märtyrerbüro« habe, das zuständig für die Witwenrenten ist. Genau genommen hat er sich in einem Auto voller Sprengstoff in die Luft gejagt. Nicht das, was sie sich unter ihrem gemeinsamen Leben im Kalifat vorgestellt hatte.

Und nun will das Märtyrerbüro nicht zahlen. Dabei ist im Kalifat eigentlich alles sehr bürokratisch geregelt: Stirbt ein IS-Kämpfer, wird das von seiner Einheit ans Märtyrerbüro weitergegeben, das sich dann bei der Witwe meldet. Sie bekommt, Stand Anfang 2016, das einmalige Witwengeld von 500 Dollar. Dann für drei Monate die Fortzahlung des bisherigen Gehalts, also etwa 100 Dollar für Mann und Frau plus

50 pro Kind. Nach drei Monaten bekommt die Witwe für sich und ihr Kind monatlich 200 Dollar, da Waisen mehr erhalten. Damit könnte man halbwegs überleben – wenn das Geld denn auch pünktlich ausgezahlt würde. Bevor sich ein paar übrig gebliebene IS-Groupies nun beschweren, dass diese Zahlen nicht stimmten: Die Beträge variierten je nach Kurs und Lage. Und sind heute vermutlich hart bei null angekommen.

Beim Märtyrerbüro arbeiten meist Ehepaare, damit die Männer nicht mehr als nötig mit den Witwen reden müssen. Die Frauen vom Märtyrerbüro sollen mit den Witwen einkaufen, sie zum Arzt bringen (eher: zur Ärztin), ihnen pünktlich das Geld bringen und sich um Reparaturen kümmern. Um all das eben, was anfällt, wenn der Mann nicht mehr da ist.

Die Deutsch-Türkin, die mich nun anschreibt, meint jedoch, die vom Büro müssten das Geld längst gebracht haben, tun es aber einfach nicht. Ich biete ihr an, sie könne entweder zu mir oder zu Umm Yasmin nach Ra'ei kommen. Aber sie wiederum hat bereits einer anderen Witwe zugesagt, sie bei sich aufzunehmen, und will nun keinen Rückzieher machen. Dazu kommt, dass es eigentlich den Befehl gibt, Witwen ins Frauenhaus zu stecken und sie nicht bei Familien leben zu lassen. Nur in Ausnahmefällen dürfen sich zwei, drei Witwen ein Haus teilen und dann dort alleine leben ohne Männer. In den Frauenhäusern ist die Versorgung miserabel, sind die Räume winzig. Es gibt dort kein Handynetz, und oft darf man nicht einmal ins Internetcafé. Diese Häuser, in die niemand freiwillig ziehen mag, erfüllen vor allem einen Zweck: so unerträglich zu sein, dass die Frauen früher oder später erneut heiraten. Möglichst früher.

Der IS geht mit den Witwen um wie mit Hühnern. Aber viele von ihnen sind ja schon in Deutschland mit ihren Männern verheiratet gewesen, die nun im Kalifat gestorben sind.

Da war noch dieses westliche Denken, die waren voll verliebt in ihre Männer. Sonst wären sie ja gar nicht erst hergekommen, also: mitgekommen. Diese Frauen wollen nicht gleich wieder heiraten. Die sind todtraurig, wollen erst mal ihre Ruhe haben, trauern können. Die denken sich: Nee, wenn mein Mann stirbt, bleibe ich lieber mit meinen Kindern allein.

Ich verspreche Umm Mohammed Ibrahim, dass mein Mann beim Büro in Manbij nachfragen wird, sobald er zurück in der Stadt ist, und wende mich wieder dem Gespräch neben mir zu. Es geht abermals um Umm Ahmed, die Witwe mit den drei Kindern und bohrenden Zahnschmerzen. Halima findet, dass das gar nicht okay sei, zu einem männlichen Zahnarzt zu gehen. Umm Ahmed würde dem ja ihr Gesicht zeigen. Da sollte sie doch erst mal nach einer Zahnärztin suchen. Mir geht das so auf den Keks, dass ich lauter werde: Die Frau quäle sich seit Wochen, Tabletten helfen nicht mehr, und eine Ärztin sei nicht aufzutreiben. Warum um alles in der Welt soll sie weiter leiden, wenn doch in unserer Stadt ein Zahnarzt ist? Es ist hoffnungslos. Ich kann sie nicht umstimmen.

Je länger wir hier sind, desto heikler wird die Lage für viele der eingereisten Frauen. Erst werden sie schwanger, dann werden sie Witwe, dann sollen sie wieder heiraten, werden wieder schwanger, werden wieder Witwe, sitzen dann da mit zwei, drei, vier Kindern, und der IS kümmert sich immer weniger um sie. Und man heiratet doch nicht jemanden, damit er ein paar Monate später erschossen wird oder sich noch selber in die Luft jagt! Okay, es gibt Ausnahmen, wie Umm Adam, eine Bosnierin oder Russin, so genau kann ich das nicht sagen: Sie hat ihre Trauerzeit abgewartet und ist exakt am Tag danach Zweit- oder Drittfrau von Mohammed Mahmoud geworden, diesem Österreicher, der schon bei Milatu Ibrahim dabeigewesen war, hier dann seinen Pass verbrannte und auch in Hinrichtungsvideos von Soldaten in Palmyra auftauchte.

Aber die meisten Frauen, die ich kennengelernt habe, sind am Boden zerstört gewesen, wenn ihre Männer starben. Wie Umm Zubayr, eine Deutsch-Türkin aus Nordrhein-Westfalen, die mit einem deutsch-italienischen Konvertiten verheiratet war. Sie war erst Anfang 20, nur seinetwegen gekommen, hatte auch erst hier angefangen, regelmäßig zu beten und den Islam zu praktizieren. Sie hat ihm immer Pasta gemacht, obwohl sie kaum kochen konnte. Mario, ihr Mann, war etwas älter als sie, Ende 20, und wurde dann vom IS verhaftet – er sei Spion, hieß es. Über zwei Monate hat Umm Zubayr versucht, eine Besuchsgenehmigung für ihren Mann zu bekommen, durfte aber nie zu ihm, erfuhr nichts. Und niemand hat sich um sie und ihr Kind gekümmert. Sie haben ihn zu Tode gefoltert mit Waterboarding, Elektroschocks, sonst was. Es hieß später nur: »Das Urteil wurde vollstreckt.« Nicht einmal Bilder von seiner Leiche haben sie ihr später geben wollen.

Umm Zubayr und ihr Mann hatten in Mosul gelebt, von dort zu fliehen, war extrem schwierig. Aber irgendwie hat sie es wohl zurückgeschafft. Das war jedoch die große Ausnahme. Die meisten Frauen trauen sich entweder nicht zu fliehen oder vertrauen den falschen Leuten, werden ums Geld betrogen und sitzen gelassen – oder gleich an den IS ausgeliefert.

Umm Yasmin jedenfalls sagt kein Wort darüber, ob sie fliehen will. Mittlerweile hat sie auch noch gemerkt, dass sie schwanger ist. Es muss in den letzten zwei Wochen geschehen sein, als ihr Mann noch lebte. Anfangs sei es nur ein Gefühl gewesen, aber mittlerweile hat sie einen Test gemacht und weiß es sicher. Sie ist verzweifelt und glücklich gleichermaßen. Mit Kind alleine ist es ja noch schwerer. Aber sie wollten beide eines, jetzt hat es endlich geklappt, doch nun ist er tot.

Draußen auf dem Hof haben die Männer in der Zwischenzeit den kaputten Generator repariert. Umm Yasmin will Chicken Nuggets mit Pommes machen. Und morgen türkische Pizza. Wenigstens ums Essen muss ich mir keine Sorgen machen. Umm Ahmed ruft an und erzählt, dass sie sich entschieden habe: Morgen werde sie zum Zahnarzt gehen und anschließend noch bei uns vorbeikommen. Ich freue mich auf sie. Zwar habe ich sie bislang nur zweimal getroffen und konnte nur ein wenig auf Türkisch mit ihr sprechen, aber sie ist eine liebe Person, die leider genau wie ich einfach nur hierherkam, weil ihr Mann das wollte.

Wir unterhalten uns noch eine Weile über die Witwe, die in Manbij auf ihr Geld wartet. Ihr Mann ist nur einen Tag vor Umm Yasmins Mann umgekommen. Wahrscheinlich will das Märtyrerbüro, dass sie ins Frauenhaus geht, da sie ein Haus mit vielen Zimmern hat. Selbst jetzt, da eine andere Witwe bei ihr einzieht, stehen noch immer drei Zimmer leer. Umm Yasmin sagt, dass sie sich definitiv nicht ins Frauenhaus stecken lassen werde und auch nicht mit einer anderen Witwe zusammenleben will. Sie brauche ihr Zuhause, ihren eigenen Raum, gerade jetzt. Dass sie auch noch schwanger ist, behält sie erst einmal für sich.

Ihre Chicken Nuggets sind heute so, als ob der Mann von Mexicano, dem legendären Laden in al-Bab, sie persönlich paniert hätte. Nach dem Essen liegen wir beim Ofen im Wohnzimmer. Sie meint, es sei seltsam, dass ihre Schwägerin noch nicht zu Besuch gekommen sei. Aber die sei selbst Witwe und lebe mit ihrer Familie in al-Bab, vielleicht habe sie es einfach noch nicht geschafft.

Draußen hupt es, kurz darauf noch mal. Mein Mann kommt auf den Hof, und während wir reden, fliegen zwei Drohnen über uns. Allgemein ist in der letzten Zeit viel los am

Himmel. Fast stündlich hört man die Kampfjets irgendwo und vereinzelt auch Drohnen. Mein Mann sagt, dass es in der Umgebung immer unruhiger werde und viele davon ausgingen, dass die FSA gemeinsam mit den Türken plane, bald nach Ra'ei einzumarschieren. Da wir direkt an der Grenze wohnen, wäre das auch nicht sonderlich schwer. Wenn man auf der Hauptstraße von Ra'ei steht, kann man Steine zu den türkischen Soldaten werfen oder sich mit ihnen unterhalten. Es ist seltsam, zwischen Krieg und normalem Leben liegen nur wenige Meter.

Im Haus drinnen reden wir Frauen weiter über die Lage. Doudyan, ein strategisch vollkommen bedeutungsloses Nest, in dem ich auch schon für kurze Zeit gewohnt habe, ist gerade wieder einmal von der FSA eingenommen worden. Was uns mehr besorgt: Die FSA soll inzwischen zehn Kilometer vor Ra'ei stehen, in Khalfatli. Die Gerüchte, die hier herumschwirren, stimmen oft nicht, aber dieses haben wir in den letzten Tagen von fünf verschiedenen Leuten gehört. Ein wenig beunruhigend ist das schon, zu Hause zu sitzen, während der Feind zehn Kilometer weiter ist, Luftunterstützung der Amerikaner und der Türken bekommt, während dein Mann 50 Kilometer entfernt in Manbij ist und das Auto dabeihat.

Es ist nicht direkt so, dass ich Angst habe. Aber ich finde, ich sollte meine Sicherheitsvorkehrungen aufstocken und mit meinem Mann reden, ob er uns das Auto dalässt. Denn im Notfall wird sich jeder nur um sich kümmern.

In der Ferne knallt es einige Male ziemlich heftig, und kurz darauf sind über uns ein Jet und eine Drohne zu hören. Wir ziehen uns an und gehen aufs Dach. Erst muss man ja mal herausfinden, von wo was kommt. Im Moment wird von türkischer Seite auf uns geschossen, von der Richtung her könnte es Khalfatli oder ein Nachbarort sein. Aber es gibt wohl auch

Gegenwehr von unserer Seite, weshalb die Drohnen und Jets unterwegs sind.

Wir stehen auf dem Dach und verfolgen das Ganze konzentriert. Es ist nicht nur ein gelegentlicher Knall, sondern ein dauernder Schusswechsel. Ich beschließe, zu Hause sicherheitshalber meine Koffer und Taschen ein bisschen zusammenzupacken, um im Notfall schnell weg zu können.

Vor Monaten hatte ich einen Traum: Darin war Umm Ibrahim bei mir zu Hause, die FSA und die türkische Armee standen bereits in Ra'ei. Im Traum hörte ich, wie unten auf der Straße ein großer Wagen hielt, wie Männer vom Autodach aus versuchten, zu uns hochzuklettern, und wie zwei bereits unterhalb meines Fensters waren. Ich hatte das Licht ausgemacht und sagte zu Umm Ibrahim, dass sie Umm Yasmin anrufen sollte, damit die ihren Mann informiert und er sofort kommen möge. Im Traum hatte ich keinerlei Waffen zu Hause. Und Umm Ibrahim stand da mit dem Handy in der Hand und sagte, dass sie keine Nachricht abschicken könne, dass es nicht funktioniert. Kurz bevor die Männer dann oben ankamen, war mein Traum vorbei.

Ich habe diesen Traum die ganze Zeit verdrängt. Aber ich hatte ein paar andere Träume, die einige Zeit später so geschehen sind. Davon kann man nun halten, was man mag, aber es beunruhigt mich. Nicht, dass ich sehr große Angst habe. Ein klein bisschen habe ich mich damit abgefunden, dass ich hier sterben kann oder vielleicht von den Gegnern geschnappt werde. Meine Gegner sind es ja eigentlich gar nicht. Aber das wäre denen vermutlich egal.

Jetzt stehe ich also mit Umm Yasmin auf dem Dach und erinnere mich an den Traum mit dem Auto und den Männern. Im Traum hatte ich keine Waffe, im realen Leben sieht das anders aus. Wir haben so eine Blend- oder Rauchgranate zu

Hause. Das Teil würde ich wahrscheinlich nehmen und außerdem versuchen, vom Dach aus abzuhauen, damit ich niemandem begegnen muss. Allerdings bin ich ein ziemlicher Tollpatsch und würde mir vermutlich schon auf der Treppe das erste Bein brechen und das zweite, während ich übers Nachbardach abzuhauen versuche.

Umm Yasmin redet neben mir, aber ich bin so in Gedanken, dass ich kaum etwas mitbekomme. Über uns kreist eine Drohne. Man hört das leise Summen und sieht es blinken. Wirklich unheimlich. Irgendwo in einem sicheren Land sitzt jemand in einem gemütlichen Ledersessel, steuert die Drohne mit ein paar Mausklicks und guckt, Kekse mampfend, auf den Bildschirm auf der Suche nach einem Ziel. Hält er irgendwas, das er sieht, für ein militärisches Ziel, einen IS-Posten, ein IS-Auto, wird abgedrückt. Nur, dass die Drohnen hier in der Umgebung ziemlich oft Leute getroffen haben, die mit dem IS gar nichts zu tun hatten.

Man hört wieder lautes Knallen und sieht in der Ferne Raketen fliegen. Anscheinend wird das noch die halbe Nacht so weitergehen. Da es eisig kalt ist, trippeln wir die Treppe wieder herunter und setzen uns ins Wohnzimmer. Mein Mann muss morgen wieder weg, aber nur für fünf Tage, meint er. Dann will er wieder hier sein, sich um Umm Yasmins Sachen kümmern und ihr Auto reparieren, bei dem irgendetwas an einem der Reifen kaputt ist. Das heißt, dass ich ab morgen wieder bei Umm Yasmin schlafe. Die Frau ist bisher wirklich die Einzige hier, mit der ich 24 Stunden zusammen sein kann, ohne das Bedürfnis zu haben, meinen Kopf gegen eine Wand zu schlagen. Sie ist nicht so eine Hohlbirne wie viele der anderen, die sich für nichts im Leben interessieren. Und dadurch, dass sie ein paar Jahre älter ist als ich, hat sie immer einen passenden Rat. Die perfekte Kombination aus Freundin und

Mama-Ersatz. Wir sind zwar eigentlich komplett verschieden, aber irgendwie ergänzen wir uns, trotz ein paar Unstimmigkeiten am Anfang.

So sitzen wir da mit Chips und Keksen und unterhalten uns, als es plötzlich unten, im hinteren Bereich des Hofes, einen lauten Schlag tut. Wir gucken uns an, und im selben Moment bin ich schon mit einem Sprung beim Schalter und habe das Licht ausgemacht. Da es Einbrecher gibt und Waffen nicht gerade billig sind, habe ich meine von zuhause mitgenommen. Durch den Mondschein ist es nicht komplett dunkel. Umm Yasmin nimmt leise ihre Waffe und reicht mir meine, die hinter ihr lag. Ist das dumme Teil jetzt geladen oder nicht? Natürlich weiß ich es nicht mehr, aber wenn man lautlos checken will, ob eine Patrone im Lauf ist, hält man seinen Mund an den Rand und pustet leicht in den Lauf. Dann kann man hören, ob alles frei ist. Nur sollte man dabei nicht die Finger in der Nähe des Abzugs haben. Es ist schon vorgekommen, dass Leute sich bei so was selbst den Kopf weggeschossen haben.

Meine Waffe ist geladen, besser so, denn das Geräusch des Durchladens ist laut. So, wie das Geraschel eben klang, war es direkt hier unten bei uns. Ich frage Umm Yasmin flüsternd, ob der Riegel an der Haustür verschlossen ist. Sie nickt. Aber da sind noch zwei Türen zum hinteren Teil des Hofes und die Treppe zum Dach, alles ziemlich verwinkelt. Da Umm Yasmin ja schwanger ist, soll sie einfach um die Ecke stehen bleiben und warten. Ich gehe leise vor, kontrolliere erst mal den Riegel an der Haustür. Es sind Geräusche wie vorsichtige Schritte zu hören, sicher keine Katzen. Hinter dem Haus sind nur Felder und Äcker, perfekt für jemanden, der unerkannt heranschleichen und abhauen will. Neben den Feldern verläuft die zweite Route nach al-Bab und weiter Richtung Manbij, die selten genutzt wird, weil sie so ruckelig ist.

Der Riegel ist zu, ich laufe auf Zehenspitzen wieder an die Hintertür zu Umm Yasmin. Was tun? Ich denke, es bringt nichts, jetzt hier die ganze Nacht im Dunkeln zu kauern. Angriff ist die beste Verteidigung. Umm Yasmin soll die Tür aufmachen und im selben Moment auf den Hofbereich leuchten. Sollte da jemand stehen, wäre er erst mal vom Schein der Taschenlampe geblendet und könnte nicht direkt reagieren. Unsere Chance, einen Eindringling nicht direkt umzulegen, sondern ihm ins Bein zu schießen. Das klingt alles sehr nach schlechtem Actionfilm, aber in meinem Kopf spielen sich blitzschnell alle möglichen Szenarien ab. Ich stehe unter Strom, so was kenne ich ja sonst nur aus dem Fernsehen, und nun bin ich mittendrin. Aber große Angst habe ich keine und bin froh darum.

Auf mein geflüstertes »Okay« hin reißt Umm Yasmin blitzschnell die Tür auf, leuchtet im selben Moment den Hof aus und springt sofort wieder neben mich, nachdem wir gesehen haben, dass da niemand ist. Ich muss kurz lachen, es sah schon cool aus. Direkt weiter aufs Dach wollen wir nicht, da ist es zu verwinkelt, sondern gehen stattdessen zur Haustür. Hier dasselbe Spiel, Tür aufreißen und im selben Moment den Blendangriff starten. Auch hier: niemand. Wir schauen beim leeren Hühnerstall und gehen rund ums Haus zu der Stelle, wo wir eben waren. Auch nichts. Schließlich wagen wir uns doch aufs Dach. Auch dort ist alles leer. Wir sind uns aber beide sicher, dass die Geräusche, die wir gehört haben, eindeutig nach Mensch klangen. Ob der schon wieder abgehauen ist?

Doch da wir alles abgesucht haben, klettern wir schließlich wieder runter vom Dach. Immerhin haben wir uns ohne viele Worte verstanden und können nun unbesorgt weiter Chips und Kekse essen. Meinem Mann sage ich nichts davon, sonst will er uns noch irgendwohin evakuieren oder so. Also: Waffen wieder sichern und zurück an ihren Platz.

Mein Mann sollte eigentlich langsam wieder auftauchen. Ich hole ihm den Riesenteller Chicken Nuggets mit Pommes aus der Küche, die dort auf ihn gewartet haben, und beginne schon mal, meine vorschriftsmäßige Kluft anzulegen, damit nicht gleich das Chaos ausbricht, wenn er hupt. Letztes Mal habe ich die schwarzen Handschuhe nicht gefunden, und als ich sie endlich hatte, war das Handy verschwunden, bis Umm Yasmin mich netterweise darauf hinwies, dass ich es in der linken Hand hielte.

Sie wirkt nicht mehr ganz so angeschlagen. Ich denke, es tut ihr gut, dass sie nicht alleine ist und jemanden da hat, vor dem sie einfach so sein kann, wie sie ist. Wenn sie traurig ist und nicht reden will, kann sie das. Wenn sie lachen muss, braucht sie keine Angst haben, sich komische Blicke einzufangen. Ich hatte anfangs ja Angst, dass ich die falsche Person bin, in dieser Zeit bei ihr zu sein, weil ich überhaupt nicht mit Menschen umgehen kann, die trauern, nicht weiß, was ich sagen, wie ich reagieren soll. Dachte ich zumindest.

Da hupt es, und diesmal bin ich startklar. Umm Yasmin hält mich kurz zurück und drückt mir ihre kleine Pistole in die Hand. Da ich ja morgen wieder herlaufen werde, weil mein Mann zurück in sein Ribat muss, soll ich die in der Handtasche haben. Sicherheitshalber, wegen der ganzen Lage um Ra'ei herum. Eine Kalaschnikow wäre zu groß und zu schwer. Das ist was für Einsätze, aber nichts, wenn man blitzschnell reagieren muss. Bis ich meine Kalaschnikow entsichert und angelegt habe, wäre ich wahrscheinlich selbst schon tot. Eine Kalaschnikow liegt zuhause für die absolute Ausnahmesituation, die hoffentlich niemals eintreten wird.

Ich will Umm Yasmins Pistole nicht, aber sie besteht darauf

und meint, dass sie ja eh nicht vor die Tür käme und ihre größere Waffe ja hier habe. Die Pistole ist nicht sonderlich schwer, aber massiv genug, jemanden damit k.o. zu schlagen. Mir graut davor, sie zu verlieren oder kaputt zu machen, aber Umm Yasmin ist hartnäckig, und schließlich nehme ich sie. Wenigstens hat die Pistole einen Sicherungsbügel. Ein paar Handwaffen anderer Frauen haben das nicht, die kann man dann nicht geladen in der Tasche dabeihaben, was also soll man damit?

Zu Hause fange ich an, die Sachen zusammenzulegen, die mein Mann morgen mitnimmt. Die Tasche ist schnell gepackt, mein Mann hat syrische Nic Nacs gekauft und Erdnüsse und fragt, ob ich Lust hätte, am Laptop Worms gegeneinander zu spielen. Also sitzen wir zehn Minuten später mit Tee und Nüssen vor dem Bildschirm und lassen unsere Würmer gegeneinander kämpfen. Wenn man aus Versehen einen Wurm seiner eigenen Truppe verletzt, sagt der ganz empört: »He, du Irrer!«, und wenn sie keine Punkte mehr haben, sterben sie mit einem »Und tschüss«.

Am nächsten Morgen gegen halb zehn macht er sich aufbruchsbereit. Er wird in vier, fünf Tagen zurück sein und überlegt, ob wir nicht beide nach Manbij umziehen sollten. Denn im Notfall wäre keiner hier, der mich und Umm Yasmin einsammeln würde. Man weiß ja nie, wer von den Männern gerade zu Hause ist. Ich will hier eigentlich nicht weg, aber allein der Heimweg von 60 Kilometern, den er jedes Mal von seinem Ribat zurücklegen muss, lässt uns darüber nachdenken. Als er weg ist, gehe ich einkaufen, entdecke meinen Lieblingsweichspüler beim Laden vom kleinen Chalid, nehme zwei Flaschen, dazu noch ein paar Packungen Kekse, Mini-Kuchen und Donuts, damit Umm Yasmin genug da hat, wenn unangemeldet Besuch auftaucht.

So, wie am nächsten Morgen. Als ich komme, steht ein Auto vor der Tür, ein Mann startet es gerade. Was wohl heißt, dass jemand seine Frau abgeliefert hat. Umm Yasmins Schwägerin und deren Schwester sind aus al-Bab gekommen. Dann kommt noch eine Syrerin, aber alle sind nach einer Stunde wieder verschwunden. Als wir wieder zu zweit sind, sagt Umm Yasmin plötzlich, dass die anderen Kämpfer ihr Bilder von ihrem Mann geschickt haben. Bilder seiner Leiche. Er sei nicht durch die Explosion einer Rakete gestorben, sondern verbrannt. Warum bringt man solche Bilder einer trauernden Witwe mit?, wundere ich mich.

Ich frage nach, ob sie sich die schon angeschaut habe. Sie verneint. Davon abhalten kann ich sie nicht, kann auch irgendwo verstehen, dass sie sie sehen will – den letzten Funken Gewissheit, den manche benötigen, um abschließen zu können. Andererseits ist es das Schlimmste, was man als Frau erleben kann, den eigenen Mann so zu sehen. Mich überkommt eine Gänsehaut, weil ich mich frage, ob er wohl sofort tot war oder sein Verbrennen noch gespürt hat. Umm Yasmin nimmt ihr Handy und schaut sich die Bilder an. Einen Moment lang ist es einfach, als ob die Zeit stillsteht. Sie schaut mich an, fragt, ob ich es auch sehen möchte. Ich rücke zu ihr, gucke aufs Display und schlage mir die Hand vor den Mund, muss weinen. Man erkennt noch das meiste, aber es ist kaum Fleisch zu sehen, nur noch Sehnen, Knochen und Muskeln sowie die Zähne.

Diese wenigen Sekunden werde ich nie mehr vergessen, genau wie das Bild. Und wie Umm Yasmin dann komplett zusammenklappte, nur noch »Mein armer Mann« sagen konnte und weinte. Das war der Moment, in dem für mich endgültig feststand, dass ich hier wegmuss. Man sieht einen verbrannten Mann, hat seine weinende Frau im Arm und keinen

Schimmer, was man noch sagen soll. Nichts. Es gibt nichts, was du sagen kannst. Kein Wort oder Satz ist ein Trost.

Wir sitzen ein paar Minuten Arm in Arm da, stumm, während uns die Tränen übers Gesicht laufen. Am liebsten würde ich die Frau einfach nehmen und einen Weg in die Türkei suchen, koste es, was es wolle. Nur weg. Ich will, dass sie gehen kann, und ich will immer dringender selber weg.

Nachdem sich Umm Yasmin beruhigt hat, räume ich die Gläser und Teller, die der Besuch hinterlassen hat, in die Küche und spüle. Vielleicht ist es ihr unangenehm, dass ich sie so erlebt habe, und sie will sich erst einmal ein paar Minuten lang wieder fangen. Wenig später sitzen wir im Zimmer und trinken schweigend unseren Tee. Als sich unsere Blicke treffen, gebe ich zu, dass diese Bilder das Schlimmste sind, das ich jemals in meinem Leben gesehen habe. Es klingt mehr nach einer verzweifelten Entschuldigung, aber sie versteht mich wohl, nickt und meint, dass sie das aber gebraucht habe, um zu verstehen und langsam nach vorn zu schauen.

Und das verstehe ich.

Es wird dunkel und immer später, aber ich bin nicht hungrig, kann nicht einmal an Essen denken. Obwohl Umm Yasmin meinen Lieblingskuchen gebacken hat: den mit Abstand einfachsten, aber krassesten Schokoladenkuchen, den ich jemals gegessen habe. Für den dürfte man mich normalerweise sogar nachts wecken. Aber jetzt mag ich nicht, nein. Da sie schon seit Tagen auch sehr wenig isst, frage ich, ob sie doch etwas davon haben wolle. Sie schüttelt den Kopf, meint, dass wir nichts kochen müssten. Sie habe noch türkische Pizza in der Kühltruhe, die wir einfach in den Backofen schieben können. Nur noch nicht jetzt.

Wenigstens eine gute Nachricht gibt es an diesem Abend: Umm Ahmed, die Witwe mit den Zahnschmerzen und der ebenso quälenden Furcht, damit zu einem männlichen Zahnarzt zu gehen, hat es doch endlich getan, trotz der Anfeindungen und Warnungen der anderen. Als sie auf den Hof von Umm Yasmins Haus kommt, hat sie eine dicke Wange und noch einen betäubten Mund, aber wirkt erleichtert, dass sie es endlich gewagt hat. In zwei Tagen muss sie noch mal hin, aber hat schon heute die Gelegenheit genutzt, mit all ihren drei Kindern vorbeizukommen – trotz ihrer Trauerzeit.

Sie weiß noch gar nicht genau, wie Umm Yasmins Mann gestorben ist, also erzählt Umm Yasmin ihr die Geschichte, und nach einer Minute sitzen beide weinend da. Ich gehe gerade noch rechtzeitig in die Küche, werkeln, Tränen wegtupfen und zurück zu den anderen. Wir essen und reden über Umm Ahmeds Nachbarn, die auf ihr herumhacken, weil sie nach dem Tod ihres Mannes in die Türkei zurückwollte.

Bei ihr im Haus wohnen eine russische Familie, noch zwei weitere türkische und eine deutsche, die von Umm Ibrahim. Die haben ihr alle vorher schon kaum geholfen. Aber seit sie versucht hat abzuhauen, haben die sie nun zum Feind erklärt. Die Russin sagt allen, man solle nichts mit ihr zu tun haben, bis sie bereue, was sie getan hat.

Man sollte diese Frau auf den Mond schießen und dafür sorgen, dass sie dort nie wieder abgeholt wird! Ich hasse es, wenn man so als Gruppe auf einem Menschen herumhackt, zumal einem, der sich nicht wehren kann. Am liebsten würde ich zu der Russin marschieren und dafür sorgen, dass sie ihren Mangel an Mitgefühl bereut. Andererseits habe ich kein Verlangen danach, vor einen Richter zu müssen, weil die Dame sich über mich beschwert. Aber ich nehme mir vor, diesen ekligen Nachbarn einen Besuch abzustatten, wenn ich mitbekomme, dass noch einmal jemand von ihnen über Umm Ahmed hetzt. Egal, ob ich danach vor den Richter und auch zur Strafe für drei Tage in den Knast komme. Ich würde mir auch wünschen, dass mir jemand hilft, wenn ich in dieser Situation wäre.

Als alle gegangen sind, erzählt Umm Yasmin von einer Frau, die ihr über WhatsApp »mabrouuuuuk« geschrieben habe, was auf Arabisch »Glückwunsch« bedeutet. Glückwunsch zu der Ehre, dass ihr Mann zum Märtyrer geworden ist, soll das heißen. Mir fällt die Kinnlade runter. Ich muss sie ziemlich verblüfft angeguckt haben, denn sie beginnt trotz ihrer Empörung über den Spruch zu lachen. Hier ist man der Meinung, dass Leute, die im Dschihad fallen, ohne Jüngstes Gericht und ohne sonstige Umwege im Paradies landen. Aber trotzdem gratuliert man doch keiner trauernden Witwe. Wer macht so was? Und meint das auch noch ernst? Ich würde jemandem, der mir so etwas in solch einem Moment ins Gesicht sagt, wohl eine Ohrfeige verpassen. Sie auch, meint Umm Yasmin, als wir später darüber sprechen. »Aber die würden doch nicht einmal merken, wieso sie die Ohrfeige kassieren.« Und da hat sie recht.

In unserer Telegram-Gruppe sehe ich, dass mir die deutschtürkische Witwe aus Manbij, Umm Mohammed Ibrahim, geschrieben hat: Sie erzählt, dass der Zuständige vom Märtyrerbüro mit seiner Frau wieder da gewesen sei, aber wieder kein Geld gebracht habe. Als sie ihn energischer darauf ansprach, sei er laut geworden. Dass sei alles nicht so einfach, das Geld müsse vom Vorgesetzten ihres Mannes angewiesen werden, da sei viel Papierkram zu erledigen. Sie solle doch ihr Auto verkaufen, wenn sie Geld brauche.

Islamisch gesehen, darf sie das aber gar nicht. Ihr Sohn hat ja einen Erbanteil daran, ist aber noch nicht alt genug, über den zu entscheiden. Der Mann von der Verwaltung scheint mir ein typischer Vertreter von jenen, die sich hier nun als Actionhelden aufspielen – nur, weil sie zum ersten Mal in ihrem

Leben ein wenig Macht verspüren und mit einer Kalaschnikow auf und ab stolzieren dürfen.

Umm Yasmin und ich schreiben Umm Mohammed Ibrahim, dass wir ihr Geld schicken können. Sie lehnt ab, meint, ein bisschen habe sie noch, aber gleichzeitig Angst, dass es vielleicht nicht ausreichen wird, wenn sie plötzlich abhauen müsse. Ich kann absolut verstehen, dass sie Angst hat wegen ihrem Sohn. Meine Lage ist anders. Wäre mein Mann nicht mehr da, müsste ich nur für mich selbst sorgen. Schließlich verspricht sie, sich rechtzeitig zu melden, wenn es bei ihr mit dem Geld knapp wird. Das kann ich akzeptieren. Mein Mann soll die Tage noch mal den Verantwortlichen in Manbij kontaktieren, es kann ja nicht angehen, dass jemand so eine Position hat und Geld verwaltet und dann dermaßen mit den Witwen umspringt!

Jemand ist vorbeigekommen und hat Umm Yasmin die Sachen von ihrem Mann mitgebracht, die noch im Stützpunkt lagen. Sein Laptop, eine Kamera und ein paar alte Handys. Deren Akkus halten ja sehr lange, was später noch mal sehr nützlich sein kann. Sie schaut sich ein paar Dateien an, die auf den Geräten gespeichert sind, und findet Videos von ihrem Mann. Eigentlich will ich die nicht sehen, aber sie fragt, ob ich mitgucken möchte. Und so sitzen wir dann nebeneinander vor dem Laptop und schauen uns die heiteren Alltagsbilder eines Toten an: beim Autofahren, beim Treffen mit Freunden, mal ernst dreinschauend, weil er unerwartet geknipst wurde. Und mal lauthals lachend.

Ich fühle mich komisch, aber für Umm Yasmin ist es so einfacher. Ein kurzer Film ist dabei, auf dem er mit dem Baby seines Bruders zu sehen ist, es ist noch ganz klein, vielleicht drei oder vier Monate alt. Er lächelt die Kleine an, sagt etwas auf Arabisch zu ihr, und sie scheint zurückzugrinsen. Dann läuft er hin und her und singt ihr etwas vor, die Kleine grinst vor sich hin, und wir sitzen da mit Tränen in den Augen, aber ebenfalls lächelnd vor dem Laptop. Ich bin froh, dass Umm Yasmin die Sachen bekommen hat. So hat sie wenigstens noch andere Erinnerungen an ihren Mann als die Fotos seiner halb verbrannten Leiche. Aus der Küche hole ich zwei Stücke des Schokoladenkuchens. Als ich wieder zurück ins Zimmer komme, sitzt Umm Yasmin immer noch lächelnd da, obwohl das Video schon längst zu Ende ist.

Früh am Morgen schäle ich mich aus meinem Deckenberg und bereue, dass ich abends noch zwei Gläser Wasser getrunken habe. Umm Yasmin scheint schon wach zu sein, ich höre ein Geräusch aus der Küche und rieche vor allem, dass sie etwas mit Soße kocht. Ich tippe auf marokkanische Tajine und liege richtig. Mein absoluter Favorit. Halima, die Afghanin und Frau von Waliullah, kommt heute zu Besuch. Wann genau, weiß ich nicht, aber vermutlich zur Gebetszeit. Dann sind die Straßen leer, weil alle in der Moschee sind, und man kann die Stofflage vor den Augen hochklappen, um besser sehen zu können, wohin man läuft.

Wie erwartet klopft es 15 Minuten nach dem Gebetsruf, und Halima steht mit ihrem Sohn vor der Tür. Der kleine Abdulrahman mit seinen großen braunen Augen guckt mich aus dem Kinderwagen an. Er sitzt inzwischen und verfolgt ganz interessiert unser Gespräch, als ob er alles verstehen würde. Wer ihn anguckt, dem zeigt er sein zahnloses Babylächeln. Als das Essen fertig ist, bekommt er gematschte Kartoffeln mit kleinen Fleischstückchen, und offensichtlich schmeckt es ihm. Bald klebt sein halbes Gesicht voller Tajine.

Ich frage mich, was ich eigentlich machen würde, wenn ich hier schwanger werden würde. Eine Schwangerschaft jetzt, hier, wäre eine Horrorvorstellung für mich. Einerseits.

Andererseits werde ich schlicht aus medizinischen Gründen nicht schwanger. Aber wenn doch? Hierbleiben mit Kind? Schwierig. Sofort abhauen? Aber wohin? Selbst wenn ich es nach Europa zurückschaffen würde, wäre das Risiko groß, dass die Behörden mir das Kind wegnehmen würden, fürchte ich, aufgrund der Reise hierhin. Zu den Terroristen. Über all das habe ich zu wenig nachgedacht, als wir uns auf den Weg machten.

Während wir noch essen, meldet sich Umm Ahmed, die türkische Witwe mit drei Kindern, die so furchtbare Zahnschmerzen hatte und sich erst nach Wochen getraut hat, zum Zahnarzt in Ra'ei zu gehen. Denn der ist ja ein Mann. Als Halima von diesem Besuch bei einem männlichen Zahnarzt erfährt, guckt sie, als ob gerade jemand heimlich im Zimmer gepupst hätte: »Das hätte man doch anders machen können!« Umm Yasmin und ich fahren sofort hoch. Ja, wie denn? Wären Halima und ihr Mann jedes Mal mit Umm Ahmed zur Zahnärztin nach Manbij gefahren, zur Behandlung und dann Tage später wieder zum Fädenziehen und zur Nachkontrolle? Mit Umm Ahmeds drei Kindern plus dem eigenen Baby?

Nun schaut Halima ein wenig betreten. So weit habe sie nicht gedacht. Es sei doch nur so, dass es im Islam vorgeschrieben sei … Ich würge das ab und sage ihr, dass wir uns um den Dreck vor der eigenen Tür kümmern sollten. Wenn wir nicht in der Lage sind, jemandem zu helfen, der in einer Notlage ist, dann kann diese Person auch eine Lösung suchen, die islamisch vielleicht nicht so korrekt ist. Punkt. Ich spüle, die anderen holen Obst, Abdulrahman kaut an einer Mandarinenspalte. Halima muss vor der Dämmerung los, da ihr Mann im Ribat ist. Als wir auf den Hof gehen, hat es wieder begonnen zu schneien.

Im Haus schauen wir, was sich in unserer Telegram-Gruppe

so tut. Ein paar Mädels aus Deutschland sind online, die sich gerade mit zwei deutschen Frauen in Mosul unterhalten, die ich aber nicht näher kenne. Die in Deutschland fragen, wie es denn sein könne, dass der IS einen jordanischen Piloten bei lebendigem Leib verbrannt habe, da das Verbrennen von Lebewesen doch im Islam verboten sei? Sofort muss ich wieder an die Horrorbilder dieses Videos denken. Ich schaue mir so was normalerweise nicht an, aber das hatte ich gesehen und werde mich wahrscheinlich für den Rest meines Lebens daran erinnern: Wie er da in seinem Käfig steht, wie die Flammen an seiner mit Benzin getränkten Kleidung hochfahren, wie er als lebende Fackel zusammenbricht.

Ich halte nichts von Kampfjets, Drohnen und Luftangriffen. Sie treffen viel zu oft Zivilisten. So soll es auch im Fall des jordanischen Piloten gewesen sein, der erst seine Bomben abwarf und dann das Pech hatte abzustürzen. Der IS wollte ihn bestrafen. Dass die Art und Weise, wie man ihn bestrafte, verboten war, wurde hinterher heruntergespielt. Es hieß, man habe nur Gleiches mit Gleichem vergolten. Aber dann hätten sie den Piloten in ein Haus setzen müssen und dieses Haus dann mit einem Jet bombardieren müssen. So rein islamisch gesehen.

Die Mädels aus Deutschland finden diese grausame Hinrichtung auch nicht in Ordnung und wollen wissen, wie wir das sehen. Ob das doch irgendwo gerechtfertigt sei? Oder ob wir das ebenfalls falsch fänden? Da melden sich die beiden Frauen aus dem Irak: Ob sie sich nicht schämen würden, für einen Kindermörder in die Bresche zu springen? Der habe genau das bekommen, was er verdient habe! Und dann nennen sie sogar noch weitere Beispiele, wie der IS mit seinen Feinden umspringe, so detailliert, als hätten sie Freude daran: die Hinrichtung von angeblichen irakischen Spionen, die gefesselt und geknebelt in ein Auto gesetzt wurden, auf das mit einer Panzerfaust geschossen wurde, woraufhin es in Flammen aufging und die Männer schreiend verbrannten. Andere hängte man kopfüber gefesselt von einem Holzgerüst und entzündete unter ihren Köpfen ein Feuer, um sie langsam zu Tode zu grillen.

Mich widert das an. Wozu dieses bestialische Quälen? Wozu dieses Zurschaustellen und Schänden der Leichen? Ich finde wieder einmal keine andere Erklärung dafür, als dass es Menschen sein müssen, die wohl selbst als Kinder ständig misshandelt wurden, nie einen Funken Macht über sich und andere hatten – und die jetzt, da ihnen niemand etwas anhaben kann, komplett durchdrehen.

Um den Mädels in Deutschland beizuspringen, schreibe ich, dass ich diese Hinrichtungsinszenierungen auch nicht in Ordnung finde. Die Diskussion schaukelt sich immer weiter hoch, sodass eine der in Deutschland Lebenden die Gruppe verlässt. So ist das oft in unserer Telegram-Gruppe: Wenn jemand mal etwas Kritisches äußert oder auch nur nachhakt, wird sofort ein Streit daraus. Wir als Frauen haben ja nicht viele Möglichkeiten, uns zu treffen und auszutauschen. Da ist das Internet schon ein Segen. Aber entweder geht es in der Gruppe ewig um Schwangerschaften, Schminksachen, Kochrezepte und die immergleiche Frage, wer aus Deutschland was mitbringen könnte, was auch langweilig ist. Oder man hat bei solchen Themen wie den Hinrichtungen das Gefühl, in einer realen Geisterbahn gelandet zu sein.

In unserer Gruppe ist auch eine 13-Jährige aus Deutschland. Ihr Vater kommt aus Palästina oder dem Libanon, und sie will unbedingt herkommen, ist voll und ganz auf dem Kalifats-Trip. Mit 13. Ich denke zurück, was ich getan habe, als ich so alt war. Da war es für mich schon genug an Adrenalin, wenn ich nach Hause kam und vorher noch an der Bushaltestelle geraucht und mich vor Husten fast übergeben hatte, weil wir Lungenzüge geübt hatten. Oder wenn ich bei Familienfeiern heimlich aus den Weingläsern genippt und die Erdbeeren aus der Bowle geklaut habe. Die ganz Schlimmen haben damals im Einkaufszentrum gegenüber der Schule Döner Kebab gegessen, obwohl sie im Unterricht sein sollten.

Und jetzt will dieses Küken hierherkommen. Ich will das nicht und würde sie am liebsten aus der Telegram-Gruppe schmeißen. Aber das darf ich nicht so offen sagen. Erstens könnte ich massiv Ärger bekommen mit den anderen und mit dem Geheimdienst, wenn eine mich da meldet. Zweitens würde es nichts nützen, um diese 13-Jährige vor sich selber zu retten. Denn sie würde überall Kontakte im Netz, auf Facebook finden, die ihr bei den Reiseplänen helfen. Hin- und hergerissen entschließe ich mich, erst einmal nichts zu tun und das Ganze weiter zu beobachten. Sie hat am Anfang so komische Fragen gestellt, dass wir alle misstrauisch waren, ob sie nicht vielleicht eine BKA-Ermittlerin oder eine andere Polizistin sein könnte, die sich bei uns in die Gruppe eingeschleust hat. Nachdem sie allerdings ein Bild von sich geschickt hat, auf dem ihr Fuß zu sehen ist, der ein geschminktes Gesicht aufgemalt hat, glauben wir ihr.

Aber wie soll ich sie davon abhalten herzukommen? Ich habe das Gefühl, ich müsste in die Welt schreien, dass das hier nicht richtig ist, dass es nur nach außen hin islamisch aussieht. Aussehen soll. Aber das wäre in meiner jetzigen Situation glatter Selbstmord. Ich kann also nur vorsichtig versuchen, denjenigen, die kommen wollen, Andeutungen zu machen, ein bisschen von den negativen Dingen hier, den Ungerechtigkeiten und dem Zwang zu erzählen. Aber so, dass es nicht auffällt. Und die in Deutschland es trotzdem mitkriegen. Keine sehr erfolgversprechende Strategie. Aber hätte ich die vorher gehabt, wäre ich nicht hier.

Ich bin so in Gedanken versunken, dass ich erschrecke, als Umm Yasmin wieder hereinkommt, gar nicht gemerkt hatte, dass sie rausgegangen war. Wir machen unsere Betten fertig und reden noch, wie wir Umm Ahmed helfen können, damit sie nicht wieder einen Ausreiseversuch riskiert und erneut im Bunker landet. Aber eine echte Lösung fällt uns nicht ein.

Am nächsten Morgen ist endlich der Schnee weg. Aber es ist immer noch eiskalt, und so springe ich rasch wieder ins Haus, während draußen wieder einmal das Geräusch eines nahenden Jets lauter wird. Umm Yasmin und ich gehen die Liste durch, was mein Mann für sie besorgen soll, draußen wird ein Schusswechsel heftiger, wir ziehen uns an und schauen vom Dach aus, was da los ist. Zu sehen ist nur ab und zu mal eine Rakete oder etwas Ähnliches, aber von irgendwoher wird fortwährend geschossen, außerdem kreisen jetzt auch noch zwei Drohnen über unserem Viertel. Langsam wird mir mulmig. Zum Glück ist mein Mann die nächsten Tage hier. Er sagt, er habe mit seinem Emir gesprochen und die Erlaubnis bekommen, sich um Umm Yasmin zu kümmern. Der Gefechtslärm verebbt irgendwann wieder. Keine Ahnung, was da los war.

Mein Mann bekommt Besuch von zwei Freunden, spontan, und er will gern türkische Linsensuppe. Aber das dauert, sage ich ihm, zum Glück wollen sie vorher noch in die Moschee. Also gibt es Linsensuppe und dazu noch Hähnchenfleisch mit Paprika angebraten, scharf gewürzt und noch ein paar Kartoffeln reingeschnitten. Ich habe Angst, dass es zu wenig Fleisch ist, aber am Ende sind alle satt.

Während die Männer noch mal in die Moschee gehen zum letzten Gebet, bekomme ich plötzlich eine Nachricht von Umm Yasmin: Der Schwager ihrer Schwägerin, irgendein

Tunesier, habe sich gemeldet. Sie muss mit ihnen nach al-Bab kommen, da es in Ra'ei zu unsicher für sie sei und er die Verantwortung für sie während ihrer Trauerzeit habe. Punkt. Ich halte das erst für einen schlechten Scherz, aber sie sagt, dass die schon unterwegs seien, sie abzuholen. Ich schicke Nachricht um Nachricht an meinen Mann, dass er sofort kommen soll, in höchster Eile fahren wir zu Umm Yasmins Wohnung.

Ganz aufgelöst macht sie mir die Tür auf und sagt, dass sie überhaupt nicht mit ihrem Verwandten mitwill, aber auf den hören müsse, weil ihr Mann ihm die Aufgabe hinterlassen habe, sich in der Trauerzeit um sie zu kümmern. Wovon er ihr nur nichts gesagt hatte. Und durch ihre Schwangerschaft dauert diese Zeit bis zur Geburt des Kindes, das heißt, sie muss neun Monate lang dableiben. Wir gehen ins Haus, wo schon alles zusammengepackt ist. Sie drückt mir ihren Schokoladenkuchen in die Hand, meint, dass sie den nicht mitnehme und ja wisse, wie sehr wir den mögen. Dann müssen wir beide heulen, weil sie nicht wegwill, und ich nicht will, dass sie geht. Ich nehme sie in den Arm und sage ihr, sie solle sich keinen Kopf machen, die Lage werde sicher bald ruhiger und dann könne sie zurückkommen. Daran glaube ich aber selber nicht. Eher ans Gegenteil.

Als ich ihre schweren Taschen nach vorn in den Flur trage, kommt sie erneut aus der Küche und gibt mir auch noch eine Pfanne mit Hackfleischbällchen: »Da musst du nur noch Tomaten reinschnibbeln und ein bisschen würzen. Ich kann das nicht mitnehmen.« Mir kommt es vor wie ein Abschied für lange. Aber dass es ein Abschied für immer ist, ahne ich nicht. Ich bin stinksauer auf den Tunesier, dass er mir die beste Freundin wegnimmt, die ich hier habe, obwohl wir uns doch um alles kümmern, mit Erlaubnis des Emirs meines

Mannes, was sie dem Tunesier und seiner Frau auch mehrmals gesagt hat. Vergeblich.

Zu Hause verputzt mein Mann noch zwei Stücke Kuchen, während ich mich traurig in eine Decke rolle und so tue, als ob ich etwas lese, obwohl ich heimlich vor mich hin heule. Ich weiß einfach nicht, wie ich hier wegkomme, und vor allem nicht, wie ich das meinem Mann klarmachen soll. Oder, besser gesagt: ob ich ihn überhaupt einweihen kann. Denn wenn er verhindern will, dass ich gehe, mache ich mir damit jede Fluchtchance kaputt.

KAPITEL 6
Wie komme ich hier weg?

Ich werde durch ein lautes Klopfen an meiner Haustür plötzlich wach, habe vorher schon unruhig geschlafen. Den ganzen Tag und die bisherige Nacht lang waren die Geräusche der Kämpfe in der Umgebung zu hören. Es hieß, die FSA sei nur zehn Kilometer entfernt, aber vom Dach aus sah es noch näher aus. Aufgeschreckt schaue ich auf die Uhr, habe keine Ahnung, wie spät es ist. Drei Uhr nachts. Welcher Freak klopft um drei Uhr nachts?

Schon tagsüber öffne ich nicht mehr die Tür, solange sich niemand telefonisch angemeldet hat oder durch Klopfzeichen oder Rufe identifiziert. Ohne Licht und auf Zehenspitzen gehe ich langsam die erste Treppe hinunter, um zu horchen, ob jemand zu hören ist. Ein Mann sagt etwas auf Türkisch. Dann erneutes Klopfen und eine laute Frauenstimme, die »Schweeeeester« auf Türkisch ruft. Vermutlich jemand von den Aserbaidschanern. Was nichts an der Uhrzeit ändert.

Die Tür bleibt zu, ich gehe wieder hoch, habe keine Ahnung, was ich machen soll. Nachrichten auf dem Handy habe ich keine, auch keine Anrufe. Von draußen klopft es noch ein paar Mal, dann höre ich ein Auto starten. Ich schaue vorsichtig aus dem Fenster, sehe es die Straße entlangfahren, und krabble zurück in mein Bett.

Gegen neun wache ich erneut auf, weil die Haustür laut zugeschlagen wird. Da ich im Tiefschlaf war und mich erschrecke, suche ich erst mal nach meiner Waffe, höre dann aber die Stimme meines Mannes, der hochruft, dass er es sei.

Aber was macht er hier?

Er habe, sagt er, über Funk mitbekommen, dass es rund um Ra'ei unruhiger werde, und deshalb von seinem Emir die Erlaubnis bekommen, zu mir zu kommen. Gut, so bin ich wenigstens nicht alleine im Notfall. Wir haben kein Brot mehr im Haus, aber er hat sowieso Hunger auf ein Falafel-Sandwich und geht zum Imbiss, auch, um jemanden zu finden, der ihm genauer sagen kann, was eigentlich los ist. Draußen ist alles wie immer: Am Kebab-Stand ist der Sohn des Besitzers am Putzen. Passanten erledigen ihre Einkäufe oder unterhalten sich vor den Geschäften miteinander. Solange die Syrer hier ruhig sind, muss ich mir keine Sorgen machen. Die reagieren meistens sehr schnell, wenn es brenzlig wird, laden ihre Autos voll und fliehen. Aber davon ist nichts zu sehen.

Nach einer halben Stunde taucht mein Mann wieder auf. Er habe den Aserbaidschaner getroffen, der nachts mit seiner Frau bei mir geklopft hat. Sie hätten gewusst, dass er nicht da sei, und wollten mich abholen und mit mir ein Dorf tiefer ins Landesinnere fahren, da die FSA vorgerückt sei. Ich sage ihm, dass er ihnen meine Telefonnummer geben soll fürs nächste Mal. Mein Mann meint, wenn ich sehen würde, dass es einer der Aserbaidschaner sei, könne ich schon aufmachen. Aber ich kenne die doch gar nicht persönlich – und schon gar nicht nachts um drei. Die Bomben sind auch nicht so sehr in der Nähe gelandet, dass ich groß besorgt war. Und selbst wenn es hier losginge, würde ich zu Umm Abdulrahman rennen und mit ihr schon einen Weg finden, die Kurve zu kratzen.

Wir essen gemeinsam und überlegen, ob wir heute schon nach Manbij fahren sollen oder ob wir die Nacht und den nächsten Tag noch abwarten wollen. Wir warten ab. Der Tag verläuft ruhig, abends gehen wir aufs Dach, um ein wenig zu beobachten, was los ist. Heute ist es gänzlich ruhig, lediglich in Richtung Doudyan scheint es einige Schusswechsel zu geben. Ein Freund von meinem Mann beobachtet ebenfalls die Lage und meldet sich per SMS: »Ist alles ruhig, gehen wir einfach schlafen.«

Das tun wir auch, aber gegen drei kracht es heftig. Der Strom ist weg und kommt auch nicht mehr wieder. Nach einer halben Stunde ist es wieder ruhig. Aber als mein Mann nach dem Frühstück rausgeht, kommt er nach wenigen Minuten mit ernstem Gesicht zurück: Die FSA stehe bereits vier Kilometer vor Ra'ei. Die Türken hätten oben an der Grenze auf der Hauptstraße in Richtung Bab Limoun schon Panzer zusammengezogen. Er habe einen Freund getroffen, der beim IS einen höheren militärischen Posten habe, der habe nur den Kopf geschüttelt: »Bruder, was machst du überhaupt noch hier? Nimm deine Familie und bring sie weg!«

Ich fange an, alles Wichtige einzupacken, die Handys kommen noch schnell ans Ladekabel, Klamotten, Gasflaschen, Autobatterie, Decken, Matratzen werden verstaut sowie Umm Yasmins kleiner Generator, der noch bei uns steht. Da wir überdies eine aserbaidschanische Familie mitnehmen, ist nicht viel Platz im Auto. Ich packe noch die Katzen in den Wäschekorb. Eine Wohnung hat keiner von uns in Manbij, aber die Stadt ist recht groß, und ich hoffe, dass wir nicht allzu lange warten müssen, bis wir irgendwo unterkommen. Ein letztes Mal schaue ich mich um, für Traurigkeit haben wir keine Zeit.

Wir müssen uns beeilen, sagt mein Mann, da wir ins Büro seiner Gruppe müssen, die hoffentlich eine freie Wohnung für uns hat. Wenn die Lage bleibt, wie sie ist, wollen die Männer noch einmal zurückkommen, den Kühlschrank und die Waschmaschine holen. Die Fahrt dauert 40 Minuten. In Manbij müssen wir kurz warten, dann noch ein Stück weiterfahren, bis wir die Aserbaidschaner rauslassen. Die haben schon eine Wohnung. Deren Militärgruppe verfügt über einen eigenen

Wohnungsbeauftragten, damit die Männer nicht zu lange von der Arbeit wegbleiben müssen, um Wohnungen zu suchen oder sich um ihre Frauen zu kümmern.

Ein paar Minuten später haben wir auch eine Bleibe, nur ein Zimmer, aber mehr brauchen wir ohne Kind ja sowieso nicht. Ein tschetschenisches Ehepaar habe hier gewohnt, dann kam der Mann ums Leben und die Witwe wurde ins Frauenhaus gebracht. Die Wohnung wurde erst gestern frei. Gut für uns, nur die Frau tut mir leid, die jetzt in einem dieser fürchterlichen Frauenhäuser hocken muss, während sie um ihren Mann trauert.

Zusammen mit Usama, dem Aserbaidschaner, fährt mein Mann zurück nach Ra'ei, um die Waschmaschine zu holen. Er soll auch noch einen Kühlschrank aus Umm Yasmins Wohnung mitbringen. Sie hatte uns gebeten, von ihren Sachen im Notfall mitzunehmen, was wir transportieren können. Ich stehe mit den Koffern im Zimmer und fange an, uns einzurichten. Alles, was hier an Teppichen, Decken und so da ist, gehört nun uns, heißt es. Allerdings sollen wir Sachen, die in Schubladen sind, zusammenräumen und aufheben. Eventuell käme die Frau noch, um sie abzuholen.

Es gibt hier vier Stunden Strom am Tag von der Regierungsseite, also ohne Ampère-Begrenzung. In dieser Zeit kann man staubsaugen, Wasser heiß machen, Wäsche auch über 30 Grad waschen, also alles, was einem sonst innerhalb von Sekunden die Sicherungen rausfliegen lässt. Ansonsten läuft ein Generator, und wir haben zwei Ampère, insgesamt für 20, 21 Stunden Strom am Tag. Die Wohnung ist komplett geputzt hinterlassen worden, und so muss ich kaum etwas machen, außer mich häuslich einzurichten. Ich mag Manbij eigentlich sehr, nur leider ist die Stadt zu weit weg von der türkischen Grenze, weshalb es nur am nördlichen Rand Handyempfang gibt.

Da die Nacht so unruhig war, lege ich mich hin. Kaum bin ich eingedöst, klingelt und klopft es an der Tür. Mein Mann hat Waschmaschine und Kühlschrank gebracht, dann auch noch eine Gruppe Frauen aus einem Nachbardorf abgeholt und nach al-Bab gefahren, die zuvor offensichtlich vergessen worden waren. Er erzählt, dass sie gerade mit dem Packen fertig geworden und in Ra'ei losgefahren seien, als ein Flugzeug kam und bombardierte. Wenn wir noch mal fliehen müssen, sollte er besser nicht wegen einer Waschmaschine zurückfahren.

In der neuen Wohnung passen noch nicht mal die Anschlüsse von der Waschmaschine. Aber mein Mann verspricht, dass fürs Anschließen die Tage ein Freund von ihm kommen werde. Mit der Hand zu waschen ist eigentlich kein Problem. Aber bei den niedrigen Temperaturen im Moment trocknet alles viel zu langsam, und es könnte sein, dass die Wäsche dann komisch riecht. Da habe ich irgendwie einen Fimmel, bin süchtig nach dem Geruch von frisch gewaschener Wäsche.

Bis auf die Tatsache, dass ich keinen Handyempfang mehr habe, fühle ich mich in der Wohnung wohl. Nur für meine Fluchtpläne ist das suboptimal. Am Fenster reicht der Empfang, um SMS zu bekommen und abzuschicken, wenn man das Handy ein paar Minuten direkt oben am Fenster auf einem Kleiderhaken liegen lässt. Wenn mein Mann weg ist, will ich aufs Dach steigen und schauen, ob es dort besser geht. Denn seit dem Tod von Umm Yasmins Mann habe ich gemerkt, dass ich aufhören muss, alles Furchtbare hier zu verdrängen und meine Entscheidung aufzuschieben. Ich muss, will hier weg. Nur, dass es gleichzeitig immer schwieriger wird, eine Flucht zu planen, wenn wir andauernd vor denen fliehen müssen, zu denen ich doch fliehen will.

Noch in Ra'ei habe ich vorsichtig online recherchiert, wie sich Kontakt aufnehmen lässt zu Menschen, die mir bei meiner

Flucht helfen könnten. Und ich habe versucht herauszufinden, was mir danach in Deutschland bevorsteht, wenn ich vor Gericht lande, weil ich hier war. Ich habe mir extra einen neuen Facebook-Account angelegt, über den ich nach Informationen suche. Auf Facebook wurde ein Beitrag von einem Anwalt geteilt, der schrieb, dass er einen Rückkehrer vertrete. Da habe ich den angeschrieben, ob er mir auch helfen könnte, wenn ich es nach Deutschland zurückschaffe.

Er hat sogar geantwortet: Ich solle ihm meine Lage schildern, dann könne er mir sagen, ob er etwas ausrichten kann. Diesen Anwalt in Deutschland habe ich jetzt per SMS informiert, dass ich nun in Manbij sei und versuchen werde, abends online zu sein.

In Gedanken darüber versunken, bleibt mein Blick an meinem Mann hängen, der Nüsse essend liest. Ich habe wieder dieses Gefühl, als ob sich mein Herz und mein Magen zusammenziehen. Wie es weitergeht, weiß ich nicht. Wenn ich wenigstens wüsste, dass er auch gehen will ... aber das weiß ich nicht. Er sagt immer, wir müssten Geduld haben und dass eine schwere Zeit kommen werde, aber man standhaft bleiben müsse, auch wenn viel Ungerechtigkeit herrsche.

Doch es ist nicht einfach nur die Ungerechtigkeit, die mich zum Gehen bewegt. Es sind diese Grausamkeiten: Journalisten vor laufender Kamera zu köpfen, einen Piloten in einen Käfig zu stecken und zu verbrennen, Spione (ob sie nun welche sind oder nicht) an Balken zu hängen und unter ihnen Feuer zu legen. An Stränden Amok zu laufen und alles zu erschießen oder niederzuhacken, was sich bewegt. Wären diese Dinge nicht, und müsste ich keine Angst haben, dass mir so etwas Ähnliches passiert, nur weil ich eben Dinge kritisiere und die Falschen das hören: dann könnte ich vielleicht noch versuchen, einfach vor mich hinzuleben.

Von den hingerichteten japanischen Journalisten kursieren gerade »Anime Comics«. Zwei in oranger Kluft gekleidete Japaner knien auf dem Boden, hinter ihnen »Jihadi John« mit seinem riesigen Messer. Muss so etwas sein? Muss man so was nach dem Tod der beiden auch noch machen? Die haben Familie, Mütter, die das ansehen. Ich kann mich mit Krieg abfinden. Aber ich kann hier nicht bleiben, wenn so etwas geschieht. Und vor allem kann ich nichts mit Menschen anfangen, die das noch witzig oder in Ordnung finden. Wobei ich noch nicht einmal weiß, ob die das wirklich okay finden oder nur aus Angst so tun, damit niemand sie beim Geheimdienst anschwärzt.

Um mich abzulenken, gehe ich in die Küche, ein paar Teigtaschen vorzubereiten. Ich frage meinen Mann, ob wir kurz ins Internet können oder er mir einen Zugangscode fürs Netz hier holt. Nach dem Essen, meint er.

Doch daraus wird nichts: Es gibt einen neuen Befehl, dass man zu Hause kein Internet mehr benutzen darf. Auch alle Internetcafés müssen schließen. Die Paranoia (oder wohl auch die begründete Furcht) steigt, dass immer öfter die Aufenthaltsorte und Bewegungen von IS-Einheiten von Informanten an die Amerikaner, Kurden oder andere Feinde weitergegeben werden. Am liebsten würde ich anfangen zu heulen. Wir fahren alle Internetcafés der Umgebung ab, aber sie haben schon dichtgemacht. Ein Freund meines Mannes meint, einige Cafés würden in den kommenden Tagen bestimmt wieder öffnen. Aber dort dürfe man nicht im Auto vor dem Laden im Internet surfen, sondern müsse im Laden sein, damit man überwacht werden und nicht abhauen kann. Und zu Hause bleibt es strengstens verboten, das Internet zu nutzen. Wer erwischt wird, muss für drei Tage ins Gefängnis. Beim ersten Mal.

Vor einigen Cafés stehen größere Menschengruppen und

wirken irgendwie verloren und gleichzeitig aufgebracht. Niemand will sich zu laut beschweren, aber man merkt, dass es den meisten einfach zu weit geht. Viele der Syrer haben Familie im Ausland, andere in den Gebieten der Regierung, der kurdischen YPG oder der Nusra-Front. Alle wollen wissen, wie es ihren Verwandten und Freunden geht, ob etwas passiert ist.

Zuhause angekommen, geht die Wohnungstür unserer Nachbarn auf. Der Mann scheint meinen Mann zu kennen, sie quatschen eine Weile auf dem Flur. Unser Nachbar heißt Abu Mussab al-Ansari, ein Syrer, der auch mal in Ra'ei gelebt hat. Bei den Kämpfen um den Flughafen von Tabqa ist er so schwer an den Augen verletzt worden, dass er nur noch vage Schatten und Umrisse erkennen kann. Verheiratet ist er mit einer Syrerin, die beiden haben vor einigen Monaten ihr erstes Kind bekommen, einen Sohn namens Mussab. Blind mit Frau und Kind im Krieg, das stelle ich mir schwer vor. Und so ist es auch. In den nächsten Tagen, wenn wir nach Hause kommen und ihn im Hauseingang stehen sehen, horcht er stets auf und wirkt ein wenig ängstlich, wie er da so steht und aufblickt, obwohl er fast nichts erkennen kann.

Im Internet, das ich verbotenerweise über den türkischen Handyempfang benutze, sehe ich eine Antwort von der Gruppe, die ich um Hilfe zur Flucht gebeten habe. Über Facebook hatte ich eine Seite kontaktiert, die aus dem IS-Gebiet über Luftangriffe und andere Kämpfe berichtet. Da sich Mitglieder dieser Gruppe kritisch über den IS äußern, hoffe ich, durch sie Hilfe zu bekommen. Sicher sein kann man sich allerdings nicht, ob dahinter wirklich jemand steckt, der den IS nicht mag. Es könnte ebenso gut der IS-eigene Geheimdienst sein, der auf diesem Weg Leute anlockt, die abhauen oder spionieren wollen. Ich habe nun eine Fifty-fifty-Chance, dass die Unbekannten mir wirklich helfen werden und mich nicht verraten. Nun schreiben sie, ich solle ihnen meine Nummer oder meinen Telegram-Nutzernamen zukommen lassen, dann werde mich jemand kontaktieren. Ein wenig mulmig ist mir jetzt schon, da es nun ernst wird. Anfangs weiß ich wenig über die Gruppe, werde aber die Einzelnen nach und nach kennenlernen, unter ihnen ein Deutscher und ein Syrer, der fließend Englisch spricht.

Ich bereite das Essen vor und unterhalte mich mit meinem Mann über die Netz-Situation. Was sollen wir Frauen denn den ganzen Tag zu Hause machen? Außerdem hat doch der Großteil der IS-Kämpfer Familien im Ausland. Wie können wir uns bei ihnen melden, wie sollen wir Frauen nun untereinander Kontakt halten?

Und wie komme ich hier weg?

Aber das sage ich nicht.

Bombardiert wird genauso viel wie vorher, und wo militärische Einrichtungen sind, Pick-ups vor Wohnhäusern stehen oder sich Gruppen von Kämpfern regelmäßig treffen, können auch die Kamera-Drohnen aufnehmen. Wozu also das Verbot? Mein Mann sagt mir, dass es sich auch nicht verändern wird, wenn ich mich aufrege.

Am nächsten Tag taucht der Mann auf, der unsere Waschmaschine anschließt. Mich freut das total, denn nun kann ich endlich wieder die Wohnung in den Geruch von Weichspüler einhüllen und jedes Mal tief einatmen, wenn ich durch den Flur muss!

Zum Glück erfahre ich, dass das Internetcafé wieder geöffnet hat. Sobald mein Mann zum Ribat muss, werde ich dahinfahren, beschließe ich. Gegen Nachmittag kommt er nach Hause und meint, dass seine ganze Einheit in zwei Tagen Richtung Tadmor ausrücken werde. Mir entgleiten die

Gesichtszüge. Tadmor ist Palmyra, wo die römischen Ruinen vom IS zerstört wurden. Und wo sonst nur die syrische Armee und die Russen kämpfen, mit Hubschraubern und Jets angreifen. Mit dem Einsatz wird er sich in große Gefahr begeben. Aber das sind halt die Konsequenzen unserer Entscheidung, überhaupt hierherzukommen.

Wir haben gerade begonnen zu essen, als es klingelt. Es ist Abu Mussab, unser blinder Nachbar. Mein Mann und er unterhalten sich eine Weile an der Tür, dann kommt mein Mann mit einem Baby auf dem Arm zurück. Ich muss kurz lachen, bevor ich ihn frage, ob ich etwas verpasst hätte und er mittlerweile Vater ist, ohne dass ich etwas von der Zweitfrau wüsste. Aber Abu Mussabs Frau musste ins Krankenhaus. Ob es okay sei, dass der Kleine solange bei uns bleibt?

Da ich Babys mehr liebe als mein eigenes Leben und sowieso kaum etwas zu tun habe, ist es selbstverständlich, dass wir ihn zu uns nehmen. Also marschiert mein Mann wieder rüber, kommt mit Pampers, Wechselklamotten und Milchpulver zurück. Zwei Stunden später klopft es erneut. Seine Frau müsse im Krankenhaus bleiben. Ob es okay wäre, wenn Mussab bei uns übernachtet? Ich bin ziemlich erstaunt über sein Vertrauen. Aber die beiden haben hier keine Familie und wohl einfach keine andere Wahl. Ein wenig später wird mein kleiner Besucher hungrig. Als er anfängt zu schreien, springen die Katzen sofort in die andere Ecke des Zimmers. Als er endlich sein Fläschchen im Mund hat, verstummt er sofort, und nach einer halben Stunde ist er auf meinem Arm eingeschlafen. Aber es wird eine eher kurze Nacht. Am nächsten Vormittag holt ihn seine Mutter wieder ab und bedankt sich zig Mal.

Als ich tags darauf die Tasche für meinen Mann packe, tue ich das mit einem traurigen Gefühl. Klar will ich hier weg, aber das liegt nicht daran, dass ich meinen Mann hasse oder mit ihm nicht klarkomme. Im Gegenteil, wir verstehen uns sehr gut und haben auch dieselbe Art von Humor. Doch ich muss ihm täglich vorspielen, dass ich mit unserem Leben hier einverstanden bin, und komme mir dabei vor wie der letzte Dreck.

Diesmal fällt mir der Abschied noch schwerer als sonst, weil er nach Palmyra muss und ich weiß, dass es dort heftig kracht und Assads Regime die Stadt nicht aufgeben will. Und weil ich gerade dabei bin, ihn im Stich zu lassen. Selbst der Gedanke an die Freiheit, nun zum Internetcafé gehen zu können, ohne aufpassen zu müssen, dass er mir nicht aufs Display schaut, ist keine Erleichterung. Wir haben es uns nun mal so ausgesucht hierherzukommen, auch wenn ich eher nur als Anhängsel mitgekommen bin, um nicht nach einem Jahr Ehe schon wieder geschieden und allein zu sein.

Unser Auto steht vor der Tür, aber es ist um einiges größer als das, mit dem ich damals in Doudyan fahren gelernt habe. Ich traue mich nicht, damit zum Internetcafé zu fahren. Also zu Fuß, mehrere Kilometer die Hauptstraße entlang, wo nicht ein Fitzelchen Schatten ist, und das in voller Montur mit Niqab, Khimar und schwarzen Handschuhen. Es ist erst Frühsommer, aber schon wieder brennend heiß tagsüber. Das Café ist voll, in beiden Räumen sitzen Frauen beim Schreiben oder brüllen in ihre Handys. Ich hole mir einen Zugangscode und logge mich ein, während ich die Frauen um mich herum mustere. Es scheint keine Deutsche dabei zu sein. Ein paar Ausländerinnen erkenne ich, aber die sprechen Russisch.

Auf Telegram habe ich eine Nachricht von einem Nutzer bekommen, dessen Name ich nicht kenne. Ich antworte kurz mit »Wer bist du?« und warte. Die Antwort kommt sofort: »Du weißt, worum es geht.«

Was soll das denn? Schreibt mich an und erwartet, dass ich

riechen kann, wer das ist? Genervt von der Hitze und dem Geschrei der anderen antworte ich, dass ich nicht an einer Quizshow interessiert sei. Daraufhin schreibt die unbekannte Person, dass sie gehört habe, ich wolle meinen Wohnort wechseln, da der ziemlich gefährlich sei.

Ich frage zurück, ob ihm meine Nummer weitergeleitet wurde. Es kommt ein »Ja« zurück. Mein Schmuggelhelfer. Nun geht es wirklich los.

Ich schreibe ihm, dass ich nicht lange online bleiben kann, da ich den langen Weg wieder zurücklaufen muss, und wir vereinbaren, dass ich am nächsten Mittag kurz aufs Dach gehen werde, damit wir telefonieren können. Er hat die Aufgabe, meine Identität zu prüfen, ob ich wirklich die bin, die ich sage, um auszuschließen, dass ich nur um Hilfe bitte, um die Schmuggler zu verraten. Mir ist unfassbar heiß. Ich hole mir aus dem Supermarkt eine Flasche kalten Multivitaminsaft und muss mich zusammenreißen, um sie nicht schon auf offener Straße in einem Zug zu leeren.

Auf dem Weg nach Hause frage ich mich, was aus den anderen Deutschen geworden ist, die in Ra'ei gewohnt haben. Das Letzte, was ich von Emily, Umm Ibrahim, der jungen Deutsch-Ghanaerin aus Franken, gehört hatte, war, dass ihr Mann zurück nach Deutschland wollte. Allerdings ganz offiziell: als Attentäter, um sich dort in die Luft zu sprengen.

Um dafür aber die Erlaubnis des IS zu bekommen, muss man beim Emni, dem Geheimdienst Amniyat, einen Antrag einreichen, was genau man in Deutschland oder anderswo in Europa vorhabe: was für einen Anschlag man wo, wann und wie verüben wolle. Wie ein Projektantrag. Das ist absurd bürokratisch geregelt. Dann wird der Antrag zur Verübung eines Terroranschlags geprüft, werden die Personen durchleuchtet: Kann der das? Inwieweit könnte er den dortigen Behörden schon bekannt sein? Wie sieht er aus? Der IS kann zwar falsche syrische Pässe ausstellen, aber keine deutschen.

Emilys Mann, einem Dortmunder, sieht man einfach an, dass er kein Syrer ist. Dem konnte man ja keinen Flüchtlingspass geben. Außerdem war er bei seinem ersten Aufenthalt in Syrien schon bei Junud al-Scham gewesen und vermutlich in Deutschland aktenkundig geworden. Sein Antrag, so viel erfahre ich noch, sei sofort abgelehnt worden. Vielleicht wollte er auch einfach nur bequem abhauen, mit falschem Pass und Geld vom IS ausgestattet, und die haben Lunte gerochen. Kontakt zu seiner Frau habe ich keinen mehr. Je weniger Menschen mit mir in Kontakt sind, desto weniger können mir und meiner Flucht gefährlich werden.

Wieder zuhause, gehe ich hoch aufs Dach und versuche, Handyempfang zu bekommen, laufe ein wenig hin und her, aber höre plötzlich Schritte. Da es ja verboten ist, zu Hause Internet zu nutzen oder zu telefonieren, mache ich mein Handy schnell aus. Aber da kommt schon eine Frau auf mich zugerannt und blendet mich mit ihrer Taschenlampe. Ich mache ein paar Schritte zurück, sie strahlt mich weiter mit dieser dämlichen Lampe an, bis ich auf Türkisch brülle, sie solle das Licht ausmachen. In unserem Haus wohnen sonst nur russischsprachige Familien, Tschetschenen und Usbeken, von denen einige auch Türkisch sprechen, eine arabische Familie und dann noch ein Deutsch-Tunesier, der mit einer Syrerin verheiratet ist. Vor dem muss ich am meisten auf der Hut sein.

In so einem Haus voller Tschetschenen und Usbeken sollte man sich grundsätzlich nicht verdächtig machen, denn die sind bekannt als Hardliner. Viele von denen sind auch schon im Knast gelandet, weil sie gemeldet wurden. Schon schräg, dass die Übertreiber die Übertreiber einsperren. Da ich eh kein Netz bekomme, verschwinde ich wieder im Haus, aber renne ganz nach unten und im anderen Hauseingang wieder hoch, falls die Frau kontrollieren will, wo ich hingehe. Sicher ist sicher.

Ich komme mir langsam vor, als würde ich in einem Stasi-Staat leben. Kein Internet zu Hause, alles wird überwacht, alle sind paranoid und misstrauen einander, jeder sucht nach den Fehlern des anderen, und man muss höllisch aufpassen, dass die Nachbarn nichts hören, wenn man irgendetwas über den IS sagt. Selbst wenn es nur Kritik vom Gewicht eines Wattebauschs ist. Ich habe mir angewöhnt, bei gefährlichen Gesprächen über islamische Dinge, darüber etwa, wie das Urteil der Gelehrten über die FSA ausfällt, die uns ja mithilfe der Amerikaner und Türken bekämpfen, automatisch ab und zu einen zustimmenden Kommentar abzugeben und ansonsten die Ohren auf Durchzug zu stellen.

Morgen Mittag aber muss ich hoch aufs Dach, um mit dem Schmuggelhelfer zu telefonieren. Da wir zur Zeit des Freitagsgebets telefonieren wollen, müssten dann alle Männer aus dem Haus sein. Niemand wird da sein, der Deutsch versteht. Ich muss nur aufpassen, dass mich die Tante mit der grellen Taschenlampe nicht wieder erwischt. Ich gehe eine Viertelstunde vor dem Anruftermin hoch. Alles scheint ruhig zu sein.

Ganz nach deutscher Manier ist er pünktlich auf die Minute. Er sagt, dass er meine Daten über die Behörden prüfen lassen muss, um zu wissen, ob ich wirklich existiere und ob etwas über meine Ausreise nach Syrien bekannt sei. Ich finde es schon krass, meine Daten nennen zu müssen. Andererseits kann ich verstehen, dass er sich so gut wie möglich absichern möchte. Jeder Schmuggler, der mir zur Flucht verhilft und dabei erwischt wird, kann mit seiner Hinrichtung rechnen. Die Schmuggler, die es ja auch früher schon gab, dürfen nur dann ihren Job behalten, wenn sie für den IS arbeiten. Sollten sie dabei erwischt werden, wie sie auf eigene Rechnung oder gegen die Interessen des IS Menschen entkommen lassen, ist das ihr Todesurteil. Der Helfer sagt, ich solle es mir durch den Kopf gehen lassen, ob ich auf diese Bedingungen eingehe, und ihm Bescheid geben. Wir verbleiben, dass ich übermorgen online gehe und ihm dann meine Entscheidung mitteile.

Aber noch mal ins Internetcafé laufen will ich nicht. Der Weg ist einfach zu weit und zu heiß. Also warte ich am übernächsten Morgen, bis der Gebetsruf ertönt, packe Geld und Schlüssel ein und lausche, bis es im Haus leiser wird. Als alle zur Moschee gegangen sind, setze ich mich hinter das Steuer des ungewohnt großen Autos. Theoretisch habe ich schon in Deutschland fahren gelernt, aber praktisch hapert es. In Doudyan, am Anfang meiner Zeit im Kalifat, hat mein Mann mir zwar Fahrstunden gegeben, aber es war ein neuer Kleinwagen, das Getriebe kinderleicht zu bedienen und die Servolenkung bequem. Dieses Auto hier ist anders. Aber irgendwie schaffe ich es, ohne aufzufallen, bis zum Cafe. Meine Entscheidung steht fest, ich will hier weg!

Mein Schmuggelhelfer reagiert schnell, ich teile ihm meine Daten mit, damit er überprüfen kann, ob ich nun existiere oder nicht. Und ich habe ihm erklärt, dass ich meine zwei Katzen mitnehmen werde, koste es, was es wolle. Nicht ohne meine Pfötchenfreunde! Zwischendurch schaue ich in meine anderen Postfächer. Umm Yasmin hat mir geschrieben. Sie ist nun in Raqqa, damit die vom Märtyrerbüro sie nicht hier ins Frauenhaus stecken. Ihren Generator sollen wir vorerst behalten. Ich hoffe sehr, dass ich sie noch einmal sehen kann, falls und bevor ich von hier verschwinde!

In unserer alten Telegram-Gruppe tut sich nichts mehr, da niemand mehr Internet zu Hause hat. Und wenn man mal im Café ist, hat man Wichtigeres zu tun, etwa der Familie zu schreiben. Somit ist nun auch Schluss mit der Zickerei und der ewigen Streiterei. Aber neugierig bin ich doch, was aus den anderen geworden ist. Ich schreibe kurz eine Nachricht an alle und google anschließend die Nachrichten über Syrien. Es sieht nicht gut aus für den IS. Die Kurdenmiliz SDF rückt immer näher an Manbij heran. Ich sollte mich sputen, wenn ich hier noch rauskommen will. Denn wenn die Lage sich zuspitzt, werden die Frauen alle nach Raqqa gebracht. Von dort wird es noch schwieriger sein wegzukommen.

Mit meinem Schmuggelhelfer ist so weit alles geklärt, er will rasch die Daten überprüfen und sich dann mit den anderen Helfern absprechen. Der Weg zurück nach Hause endet fast in einer Katastrophe. Erst überfahre ich fast ein Ehepaar, das bei uns im Haus wohnt, und vergesse dann, den zweiten Kreisel zu nehmen, um den Wagen so zu parken, wie mein Mann ihn geparkt hatte. Er steht schließlich andersherum, und der bescheuerte Rückwärtsgang klemmt. Ich hoffe, keiner merkt etwas. Ohne Rückwärtsgang müsste ich durch die halbe Stadt fahren, um den Wagen so herum zu parken, wie mein Mann ihn stehen gelassen hatte. Wenn er etwas merkt, werde ich ihm sagen, dass ich wegen Umm Yasmin im Internetcafé war.

In der Wohnung angekommen, muss ich daran denken, dass gerade irgendwo in Deutschland meine persönlichen Daten überprüft werden. Besonders wohl ist mir dabei nicht, aber wenn ich mich nicht darauf eingelassen hätte, würde ich hier ja nie mehr rauskommen. Ich kann nur hoffen, dass niemand aus dem Dunstkreis des IS davon etwas mitbekommt.

Mitbekommen allerdings hat zumindest mein Nachbar etwas: Als mein Mann aus Palmyra nach Hause kommt, sieht er etwas verwirrt aus und meint, unser Nachbar habe ihn angesprochen, weil unser Auto »sich umgedreht« habe. Ich erzähle ihm, dass ich mit dem Wagen zum Internetcafé gefahren bin, weil es mir zu heiß war, dort ein zweites Mal durch die pralle Sonne hinzulaufen. Keine kluge Antwort.

»Du warst zweimal im Internet? Und bist alleine mit dem großen Auto dahin?«

»Ähm. Ja.«

»Du bist doch vorher nie mit dem gefahren?«

»Ja, ich weiß. Geht aber, wenn nur nicht der Rückwärtsgang kaputt wäre.«

»Du wirst nie wieder alleine mit dem Wagen fahren, bis du das sicher kannst! Und dann auch nur in Notfällen und nicht wegen Internet. Da hätte sonst was passieren können! Bis du völlig verrückt geworden?!«

Dass ich auch noch beinahe unsere Nachbarn überfahren hätte, behalte ich vorerst für mich.

Mein Mann erzählt, dass sich sein Truppenverband aus Palmyra früher als geplant zurückziehen musste, da sie dort fortwährend bombardiert wurden und es kaum möglich war, sich unbemerkt zu bewegen. Er ist bei »Jayish al-Khilafa«, der »Armee des Kalifats«, wie einer der großen Truppenverbände heißt. Von sich aus erzählt er meist nicht viel, ich weiß wenig. Aber im Grunde will ich auch gar nicht wissen, was er tut, wenn er im Kampfeinsatz unterwegs ist, ob er schießt, auf wen er schießt. Ob er jemanden trifft.

Doch so viel wird klar: Tadmor muss die Hölle gewesen sein. Dort hatten sie einen saudischen Emir, der einmal einen Teil ihrer Einheit in drei Wagen direkt hintereinanderfahren ließ. Die wurden sofort aus der Luft entdeckt und bombardiert, 15 Männer starben, mein Mann saß zum Glück nicht in diesem Konvoi. Ein anderes Mal campierten sie nachts in der Wüste vor einer Höhle. Da wollte der Emir partout, dass ein Lagerfeuer gemacht wird. Er wolle jetzt Tee trinken. Da kam dann auch gleich eine Drohne, und sie mussten sofort abhauen. Mein Mann hat Glück gehabt, von diesem Einsatz lebend zurückzukommen.

Auch um Manbij herum soll die Lage schlechter werden, aber noch nicht ganz so dramatisch. Ich hoffe, dass Ra'ei wieder zurückerobert wird, wenigstens für eine Weile, aus ganz egoistischen Gründen. Denn dann können wir dorthin zurück und zur Grenze, wo man wenigstens das Handy zu Hause nutzen kann, ohne jedes Mal Angst haben zu müssen.

Meinen Mann scheint es aber nachhaltig zu beschäftigen, dass ich das große Auto alleine bewegt habe, denn er schlägt vor, abends ein bisschen spazieren zu fahren. Leider nicht zum Internetcafé. Der Strom ist ausgefallen, die Stadt ist dunkel. Durch den feinen Staub dringen die Scheinwerfer kaum durch, sie sind alles andere als hell. Wir fahren aus Manbij raus und tauschen die Plätze. Das mit dem Kupplung-langsam-kommen-Lassen klappt ganz gut, aber ich fahre meinem Mann zu langsam. Meinetwegen geht es also im dritten Gang weiter. Nur sehe ich nicht viel, bleibe auf dem Gas, bis mein Mann aufschreit, ich solle endlich runterschalten, vor uns komme ein Kreisel. Der größte Kreisel der Stadt.

Da er so laut redet und ich nervös werde, gebe ich Gas, anstatt runterzuschalten, und halte voll auf den Kreisel zu. Hinter uns klebt ein anderes Auto so dicht an uns, dass ich eh nicht bremsen kann, sondern mit Vollgas in den Kreisel brettere, während wir beide schreien. Bevor ich endlich geradeaus weiterkann, bremst der Idiot vor uns, und mein Mann zieht gerade noch rechtzeitig am Lenkrad den Wagen nach rechts, wo wir schließlich am Straßenrand zum Stehen kommen.

Ich will nicht mehr weiterfahren. Er sagt, ich soll aber. Ganz der Fahrlehrer. Sehr langsam tuckere ich schließlich nach Hause.

In den kommenden Wochen verschlechtert sich die Lage um Manbij zusehends. Der IS ist immer mehr in der Defensive, die Kämpfer sind durch die hohen Verluste, die der IS erleidet, und die Zwänge, unter denen sie in ihren Truppenverbänden stehen, nicht mehr motiviert. Viele sitzen einfach nur zu Hause und gehen nicht einmal mehr zu ihrem Ribat-Stützpunkt. Die waren alle mal voll motiviert, nachdem sie 2014 erst al-Bab erobert hatten, dann Ra'ei, dann die Dörfer entlang der Grenze, und das alles in wenigen Wochen. Doch das Blatt hat sich gewendet, erst langsam, dann immer schneller.

Immer wieder hört man, dass die Frauen und Familien der Kämpfer nach Raqqa gebracht werden sollen – in die Hauptstadt des »Islamischen Staates« auf syrischer Seite. Mir graut davor, dorthin zu müssen. Da gibt es zwar mehr Läden, Restaurants und ziemlich viele Ausländer – aber eben auch mehr Kontrolle, außerdem ist Raqqa viel weiter weg von der Grenze. Es wäre das Aus für meine Fluchtpläne, außerdem werden sich die Kurden und Amerikaner früher oder später auf Raqqa konzentrieren und auch diese Stadt unter Beschuss nehmen. Und dann müssten alle Familien in den Irak. Nicht mit mir. Ich habe keine Lust, am Ende in einer umzingelten Stadt festzusitzen, die auch noch aus der Luft bombardiert wird.

Von den anderen Deutschen, die ich angeschrieben hatte, hat sich keine gemeldet, auch nicht auf eine zweite Rundmail. Einige sind wohl schon nach Raqqa gegangen, denn wenn es in Manbij losgeht, werden die Wohnungen dort noch knapper werden.

Mit meinem Schmuggelhelfer habe ich bereits überlegt, ob und wie ich in Manbij abgeholt werden könnte. Ganz leicht wird es nicht, da immer mehr Checkpoints an den Straßen errichtet werden, vor allem mobile: Eine Stunde lang wird dann jedes Auto kontrolliert, gleichzeitig auch in den Seitenstraßen, falls jemand vorher abgebogen ist und abhauen will. Wir sind bereits beim Einkaufen zweimal angehalten worden.

Am nächsten Tag bin ich gerade wieder einmal dabei, Handyempfang zu suchen, als es zweimal donnernd knallt. Ich habe zwar vorher ein Flugzeug gehört, aber nicht sonderlich laut. Doch jetzt hat dieses Flugzeug offenbar in der Nähe Bomben abgeworfen. Ich mache erst mal die Fenster auf, damit die Druckwelle der nächsten Explosion mir nicht die Scheiben rausssprengt. Der Kampfjet ist nicht mehr zu hören, aber in Richtung Innenstadt breitet sich eine große Rauchwolke aus, erst grau, dann schwarz, als ob durch die Bombe Diesel oder Benzin in Brand gesetzt wurde. Viel kann ich nicht sehen, also muss ich erst warten, bis mein Mann zurück ist, um genauer zu erfahren, was passiert ist.

Als er nach Hause kommt, erzählt er, dass am großen Kreisel Wohnhäuser und der Supermarkt getroffen wurden. Die Ehefrau eines tschetschenischen Kämpfers sei dabei ums Leben gekommen. Am Abend fahren wir an der Stelle vorbei und sehen riesige Krater in der Straße. Die Syrer sind an so etwas schon gewöhnt und arbeiten rasch und routiniert wie eine Ameisenschar daran, die Schäden zu beheben.

Knapp eine Woche später kommt mein Mann vom Einkaufen und erzählt mir, dass alle Ehefrauen von den Männern seines Truppenverbands in Bussen nach Tabqa gefahren werden sollen, da die Amerikaner und die Kurdenmiliz SDF bekannt gegeben hätten, Manbij nun bald zu stürmen. Ich schaue ihn entsetzt an, fürchte, dass er mich auch nach Tabqa schicken wird. Ich will da nicht hin, sage ihm, dort seien die Luftangriffe doch genauso schlimm wie hier.

Mein letzter Hoffnungsschimmer ist, dass ausgerechnet Ra'ei abermals vom IS zurückerobert worden ist – was sich allerdings genauso schnell auch wieder ändern kann. Für mich wäre es perfekt, dorthin zurückzukehren. Mein Mann schwankt. Einerseits hat er nun mehrmals erlebt, dass man sich nicht vernünftig um die Sicherheit der Frauen kümmert, wenn die Lage wirklich brenzlig wird. Andererseits weiß er, dass er auch los muss ins Gefecht, wenn es hier in Manbij kracht. Wir kommen zu keiner Entscheidung, aber ich packe schon mal unsere Klamotten in die Koffer und Taschen. So sind wir im Notfall wenigstens schnell weg. Die anderen Frauen kommen nun alle in Frauenhäuser. Zwei Jahre lang habe ich mich dagegen gewehrt, in so einen Hühnerkäfig gesperrt zu werden, und ich hoffe inständig, dass es mir auch diesmal erspart bleiben wird. Dort darf man meistens nicht einmal aus dem Haus, um ins Internetcafé zu gehen.

Mein Mann fährt noch mal los, um mehr Informationen zu sammeln. Die bekommt er auch – und sie sind nicht gut. Die SDF hat bereits die Hälfte der Stadt eingekesselt. Wenn sie noch ein Stück vorankommen, können sie die wichtigste Route nach al-Bab abschneiden. Mein Mann fährt zu Usama, seinem aserbaidschanischen Freund, der uns schon auf der Flucht von Ra'ei nach Manbij begleitet hat, um sich mit ihm zu beraten, was wir nun machen sollen. Doch Usama ist nicht da. Niemand öffnet die Tür.

Also packen wir alles ins Auto und rollen durch Manbij. Die Stimmung ist angespannt, die meisten Leute schließen ihre Läden. Alles Mögliche wird hier andauernd von den Lautsprechern der Moscheen ausgerufen. Aber dass wir seit Tagen in einer halb umzingelten Stadt sitzen, erzählt einem keiner. Ich bin wütend, dass uns nun schon zum zweiten Mal niemand etwas sagt. Wir entschließen uns, erst mal nach al-Bab zu fahren und dann zu entscheiden, ob wir uns nach Ra'ei durchschlagen wollen – oder wohin auch immer.

Am Stadtausgang ist ein Checkpoint. Etwa zehn Männer

vom Geheimdienst stehen da rum, ein paar mit Masken, ein paar ohne. Sie halten die Autos an, kontrollieren Papiere, gucken in den Kofferraum. Auch wir werden angehalten, und der Mann fragt nach dem Ausweis meines Mannes. Es sei der Befehl des Wali, des Gouverneurs der Provinz, dass niemand mehr die Stadt verlassen dürfe. Ich fasse es nicht. Mein Mann wendet ein, dass keiner das verbieten kann. Die Frauen und Familien müssten weg aus der Stadt, und das lasse er sich auch nicht von einem Befehl des Wali verbieten. So viel Widerspruch bin ich gar nicht gewohnt von ihm.

Doch dann bin ich abgelenkt von der Szene neben uns. Ein etwas älterer Syrer bettelt den Geheimdienstmann unter Tränen an, ihn weiterfahren zu lassen. Im Auto sitzen vier Frauen und ein Haufen Kinder. Kopfschütteln der Maskierten. Er soll seinen Kofferraum aufmachen, aber darf nicht weiterfahren. Der Mann tut mir unbeschreiblich leid. Es sollen ernsthaft alle Zivilisten in der Stadt festgehalten werden, um als Schutzschild gegen Luftangriffe zu dienen.

Mein Mann diskutiert immer noch über unsere Weiterfahrt, und ich würde dem Geheimdiensttypen am liebsten sagen, dass er sich doch mit seiner eigenen Familie auf der Straße anketten soll. Aber bevor ich mich traue, den Mund aufzumachen, sagt er plötzlich, dass wir doch weiterfahren dürften. Und wir sollten es nicht persönlich nehmen, er mache hier nur seine Arbeit, und so laute halt der Befehl.

Im Außenspiegel sehe ich das Auto des Syrers kleiner werden, der vergebens gefleht hat, auch fliehen zu dürfen. Mich bringt das gänzlich aus der Fassung, einen erwachsenen Mann weinen zu sehen, der ja auch schon seit fünf Jahren im Krieg lebt. Und nun ist er womöglich dazu gezwungen, mit seiner Familie zurück in den Tod zu fahren. Ich weiß nicht, wie man solch einen Befehl in irgendeiner Weise islamisch rechtfertigen könnte. Für eine Weile sagen weder mein Mann noch ich etwas.

Später frage ich ihn, ob er den Kerl kannte, der uns erst nicht durchlassen wollte. Ja, tut er. Zwar nur vom Sehen, aber sie haben sich beide wiedererkannt. Was vielleicht unsere Rettung war. Der arme Syrer mit seiner Familie hatte nicht so viel Glück.

In al-Bab müssen wir tanken, und mein Mann trifft zufällig einen alten Bekannten aus einem Dorf in der Nähe, der auch aus Manbij geflohen ist und nun sehen muss, wie er weiter in sein Dorf kommt. Unser Auto ist komplett voll, aber mein Mann sagt, wir könnten umräumen und ihn mitnehmen. Doch er lehnt ab und bietet uns im Gegenzug an, zu ihm und seiner Familie zu kommen, wenn wir nicht mehr wüssten, wohin. Auf dem Dorf gäbe es sicher freie Häuser.

Wir aber wollen erst mal nach Ra'ei zurück. Vielleicht liegt unser altes Haus ja noch nicht in Schutt und Asche, und falls doch, können wir Umm Yasmins Haus nutzen. Die beiden tauschen noch rasch Telefonnummern aus, dann fahren wir weiter. Meine Lieblingsstrecke, die Landstraße von al-Bab nach Ra'ei. Aber diesmal kann ich die Fahrt nicht genießen.

KAPITEL 7
Gewissensbisse

Ich bin zurück zu Hause, wenn es so etwas für mich in Syrien gibt: Ra'ei, der bunte, quirlige Ameisenhaufen, den ich in Erinnerung hatte, ist ein trauriger Schutthaufen geworden. Schon als wir in die Stadt hineinfahren, merken wir, dass es ganz anders ist als vorher. Man sieht keine Menschengrüppchen mehr auf den Straßen, wo sonst immer Leute stehen blieben, um sich zu unterhalten. Auch ausländische Kämpfer erkenne ich keine. Dabei nannten wir Ra'ei mal das »Rhein-Main-Gebiet des IS«, weil sich hier alle Deutschen aus Hessen und Nordrhein-Westfalen drängten.

Die alte Internetbude ist zwar noch da, aber zur Hälfte eingestürzt. Genauso ist es mit vielen Häusern. Dächer sind kollabiert, Wände fehlen, man schaut von außen direkt aufs ramponierte Mobiliar in den Zimmern. Auch der Markt wurde schwer in Mitleidenschaft gezogen. Wir fahren zuerst zur Moschee, weil mein Mann da schauen will, ob wir einen der Aserbaidschaner finden, die er in Ra'ei kennt.

Niemand ist da. Also weiter zu unserem alten Haus. Dort ist die Tür kaputt, das Küchenfenster zerbrochen und im Inneren alles total dreckig und zugestaubt durch die Luftangriffe. Die Stromleitung ist auch kaputt. Und diese dicken Kabel sind elend teuer. Es würde uns wohl ein, zwei Tage Arbeit kosten, wieder einziehen zu können. Aber das lohnt sich nicht. Dafür ist die FSA noch viel zu nah.

Wir suchen den Mann, der in Ra'ei die Wohnungen des IS für die Ausländer verwaltet. Er ist immerhin da und fährt uns von einem Dreckloch zum nächsten. Mein Mann ist mit den Nerven am Ende und wird lauter. Er müsse sofort zurück nach Manbij und könne seine Frau doch nicht in einem Haus lassen, wo es reinregnet, wo Schnecken herumkriechen oder alle Türen und Fenster kaputt sind. Der Mann entgegnet ihm, dass es einen Befehl gebe: Keine Ausländer dürfen mehr hier in Ra'ei oder in anderen Orten direkt an der Grenze wohnen. Der Grund: Zu viele seien abgehauen oder seien beim Fluchtversuch erwischt worden. Wenn die wüssten ... Aus diesem Grund also dürften nur noch Syrer und Saudis hier in der Grenzregion wohnen. Warum ausgerechnet Saudis, ist mir schleierhaft, vielleicht sind die einfach radikaler – oder können in der Türkei nicht so einfach untertauchen wie Europäer.

Aber da wir ja aus Manbij fliehen mussten, fährt der Wohnungsverwalter fort, wäre das eine Ausnahme. Ich hätte ihm gerne erzählt, dass selbst aus Mosul, Deir Hafa und Raqqa Leute abhauen und dass dieser Befehl gar nichts bringen wird. Aber ich schweige lieber wieder, um meine eigenen Fluchtpläne nicht zu gefährden.

Wir fahren also weiter durch die traurige Stadt und gucken, wo es leere Häuser gibt, die man auch bewohnen könnte. Gegenüber der zweiten Moschee finden wir endlich eines: Einige Fenster sind kaputt, und das Glas der Haustür fehlt auch. Aber es hat einen Innenhof, auf dem man das Auto parken kann. Und dadurch, dass niemand direkt auf den Hof kommt, ist es wenigstens halbwegs sicher. Ich bleibe mit den Katzen und kehre erst einmal mit einem kaputten Abzieher den ganzen Schutt zusammen. Dann sitze ich herum, allein, und widme mich dem Wichtigsten, das auch ein halb zerstörtes Ra'ei zu bieten hat: dem Handyempfang! Ich komme sofort ins Netz und schaue, wo die anderen deutschen Frauen wohl abgeblieben sind.

Umm Yasmin, meine alte Freundin, deren Mann im Winter

umgekommen ist, hat mir geschrieben: Sie habe das mit Manbij gehört, und wo wir denn nun seien? Wieder in Ra'ei, schreibe ich ihr zurück und frage sie, ob es okay wäre, erst einmal in ihr Haus zu ziehen, bis wir etwas anderes gefunden haben. Klar, das sei okay, textet sie. Doch als mein Mann zurückkommt, meint er gleich, dass in ihrem Haus bereits jemand wohne. Ihre Sachen seien von einem Tunesier abgeholt worden. Wer das sei? Keine Ahnung. Umm Yasmin wird ausrasten, wenn ich ihr das erzähle.

Wenigstens ist es Sommer. Im Winter hätten wir hier nun ein echtes Problem angesichts der kaputten Türen und Fenster, abgesehen von zugefrorenen Wassertanks und all den anderen Misslichkeiten, die einem in Deutschland nicht passieren. Wir suchen noch eine ganze Weile weiter, ob nicht noch ein anderes Haus leer steht, für das wir nicht Tage bräuchten, um es bewohnbar zu machen, aber ohne Erfolg. Der Wohnungsmensch verspricht wiederzukommen, wenn er etwas hört. Also kehren wir den Hof, legen die Matratzen aus und versuchen zu schlafen.

So hatte ich mir meine Rückkehr nicht unbedingt vorgestellt. Gut, ich habe Handyempfang und kann besser meine Fluchtsachen regeln. Aber das von einem Innenhof aus zu machen, wo mir jeder zuhören kann, den ich nicht einmal sehe, ist riskant.

Am nächsten Tag taucht der Wohnungszuständige tatsächlich wieder auf und sagt meinem Mann, dass in derselben Straße eine Wohnung frei sei. Ob durch Tod oder Wegzug, weiß er auch nicht, aber egal. Und da die Wohnung in Ordnung zu sein scheint, nehmen wir sie. Kaum bin ich mit den Koffern und Taschen angekommen, fährt mein Mann schon mit seinem aserbaidschanischen Kumpel Usama zurück nach Manbij, um den Kühlschrank und die Waschmaschine zu holen. Die beiden Geräte, bei deren Abtransport aus Ra'ei er im Jahr zuvor beinahe bombardiert worden wäre. Ich finde es grotesk, sein Leben für Haushaltsgeräte zu riskieren. Aber die beiden Männer wollen es so.

Als sie nach knapp drei Stunden zurück sind, erzählt mein Mann, dass es in Manbij bereits heftig krache. Flieger würden ständig die Stadt bombardieren, auf dem Rückweg haben sie hinter dem Ortsausgang ein brennendes Auto gesehen, das kurz zuvor getroffen worden war. Der Fahrer lag tot neben dem Wagen, ob noch mehr Menschen darin gewesen waren, konnte er nicht erkennen. Usama hatte seine Militärkluft an, keine besonders schlaue Idee, so musste er beim Abholen des Kühlschranks und der Waschmaschine im Auto bleiben, um nicht von den Drohnen entdeckt und ebenfalls bombardiert zu werden. All das für eine Waschmaschine und einen Kühlschrank.

Nach nun zwei Jahren im IS-Land kommen mir solche Geschehnisse immer noch so irreal vor. Ich bin mittendrin im Krieg, und dennoch stehe ich irgendwie unbeteiligt davor, als ob es ein Film wäre. Das war auch so, als die ganzen Toten der FSA ganz am Anfang in Ra'ei mitten auf dem Markt aufgestapelt lagen oder als in al-Bab die Leiche eines angeblichen Spions auf ein überlebensgroßes Kreuz gebunden hing. Ich wusste, diese toten Menschen sind echt, aber gerade diese Momente fühlten sich an, als fänden sie hinter einer Glasscheibe statt. Komisch, aber vielleicht war das ein Schutzmechanismus, um hier nicht komplett irre zu werden.

Mein Mann und Usama haben nun das Problem, dass das Büro ihres Truppenverbands zuletzt in Manbij war. Aber jetzt sind die Zuständigen nicht mehr auffindbar, also müssen sie morgen nach al-Bab, um sich dort zu melden und nachzufragen. Sonst wird es nicht lange dauern, bis die beiden vermisst und gesucht werden. Da funktioniert der IS-Geheimdienst »Amniyat«, wörtlich »Sicherheit«, oder »Emni«, wie wir ihn nennen, leider immer noch ziemlich gut. Wenn die beiden ihre Einheit wiederfinden, kann es sein, dass mein Mann gleich nach Manbij muss, um dort gegen die Kurden der SDF zu kämpfen.

Mirzada, Umm Muwahid, schreibt mir, fragt, wo ich denn nun sei? Sie und die anderen seien alle nach Raqqa gebracht und die Männer nach Manbij und die umliegenden Dörfer geschickt worden, um dort zu kämpfen. Meinem Schmuggelhelfer gebe ich Bescheid, dass ich nun wieder in Ra'ei sei, aber nicht wüsste, wie lange. Wir sollten versuchen, schreibe ich, schnell etwas zu arrangieren.

Mein Mann will morgen nach al-Bab: die Waschmaschine verkaufen. Es sei zu viel Arbeit, außerdem ja erwiesenermaßen lebensgefährlich, sie jedes Mal mitzunehmen. Man könne doch eine neue kaufen, wenn sich die Lage beruhigt hat. Seine Einheit hat er immer noch nicht wiedergefunden und weiß deswegen nicht, wie es weitergeht, ob er irgendwo hingeschickt werden soll. Fürs Erste bleiben wir also in Ra'ei.

In der Wohnung ist es heiß, im Wassertank sind Einschusslöcher, weshalb er sich jedes Mal nur knapp bis zur Hälfte füllt und selbst das nur, wenn Strom da ist. Vorläufig ist mein Mann abends damit beschäftigt, aus den Tanks der leeren Häuser der Nachbarschaft Wasser zu holen, das wir dann in Kanistern im Bad lagern. Neben uns wohnt eine syrische Witwe, deren Klagescheie mir den letzten Nerv rauben. Aber was für mich in der neuen Wohnung am unangenehmsten ist, sind die Nacktschnecken, die irgendwie aus dem Bad kommen. Sobald es dunkel wird, kriechen mindestens vier große Schnecken über den Boden.

Ich bin immer stärker hin- und hergerissen. Am liebsten würde ich meinem Mann sagen, dass ich einen Weg gefunden habe, von hier zu verschwinden. Will ihn bitten, dass er einfach mitkommen soll, wir bekämen das schon alles irgendwie hin. Aber das würde er wahrscheinlich nicht tun. Die ganz wenigen, mit denen ich mich über meine Pläne austausche, sagen alle, ich solle zuerst einmal mich in Sicherheit bringen. Dann könne ich ihn immer noch nachholen, wenn er denn wirklich wegwill. Was allerdings nicht einfacher werden dürfte, sobald der Geheimdienst spitzgekriegt hat, dass ich bereits verschwunden bin.

Der Schmuggelhelfer meldet sich kurz: Ich soll Bescheid geben, wenn mein Mann über Nacht wegbleibt, am besten für zwei Nächte oder länger. Diese Gelegenheit wird sich bald ergeben. Da mein Mann und Usama auch in al-Bab niemanden finden konnten, der ihnen sagt, wo sie nun hinmüssen, beschließen sie, nach Tabqa zu fahren. Dorthin sind die Frauen und Kinder gebracht worden, da müsse doch irgendein Zuständiger sein, hoffen sie. Wie es aussieht, werden sie auch über Nacht dortbleiben. Zwei verlorene Kämpfer des Kalifats auf der Suche nach irgendwem, der ihnen sagt, wo sie sich über den Haufen schießen lassen sollen.

Ich gebe die Info weiter an den Helfer. Eine Nacht sei ziemlich kurz, kommt die Antwort, aber er werde sehen, was sich machen lässt. An dem Tag, als sie schließlich fahren, sitze ich mit den sowieso schon gepackten Koffern im Wohnzimmer und weiß nicht, ob ich mich freuen oder heulen soll. Sollte es heute mit meiner Flucht klappen, wird mein Mann morgen nach Hause kommen und ein leeres Haus vorfinden, ohne seine Frau und die Katzen. Aber am frühen Abend schreibt er, dass sie auch in Tabqa niemanden finden konnten, der für sie zuständig sei, und sie deshalb heute Abend noch zurückkämen. Eilig sage ich dem Schmuggelhelfer ab. Das Leben in Ra'ei geht erst mal weiter.

Eine Woche später habe ich eine verzweifelte Umm Muwahid im Chat. Sie habe schon seit zwei Wochen nichts mehr von ihrem Mann gehört, der in Manbij kämpfe. Niemand könne ihr sagen, ob er noch lebe. Sie bittet mich, meinen Mann zu fragen, ob er sich umhören könne. Später kommen Usama und seine Frau zum Fastenbrechen, es ist ja Ramadan. Aber sie bleiben nicht lange. Abends gibt es meistens Regierungsstrom, den muss man nutzen für die Waschmaschine.

Die Stimmung bei allen ist schlecht. Niemand weiß, was als Nächstes passiert, aber alle ahnen, dass bald etwas passieren wird. Der IS verliert Stadt um Stadt, dass ausgerechnet Ra'ei zurückerobert wurde, ist ein ziemlich bizarrer Umstand: Nirgendwo sitzen wir mehr auf dem Präsentierteller als hier, wo die türkische Armee in ein paar Minuten zu Fuß einmarschieren könnte. Seit über einer Woche warten wir auf den Klempner, der vorbeikommen soll, um die Einschusslöcher im Wassertank zuzuschweißen. Denn wenn mein Mann mal weg muss, kann ich schlecht jeden Tag durch Ra'ei rennen und eimerweise Wasser aus den leeren Häusern schleppen. Als Frau. Mein Mann ist total schlecht gelaunt deswegen, er will, dass ich wenigstens alles Nötige zu Hause habe, wenn er weg ist.

Doch im Moment wären noch nicht einmal Menschen in der Nähe, auf die ich mich im Notfall verlassen könnte. Die sind ja alle weg. Auch Usama ist abgefahren, ohne Bescheid zu sagen. Wir haben zwar ein Auto hier, aber dass das auch mal kaputtgehen könnte, ist ihm nicht in den Sinn gekommen. Wenn mein Mann also weg muss, bleibt das Auto bei mir! Wir hoffen, dass ich es im Notfall alleine wenigstens bis al-Bab schaffe und dort jemanden finde, der mich dann in ein Frauenhaus lotst oder sonst wohin.

Mittlerweile vergeht kein Tag, an dem Mirzada, Umm Muwahid, nicht online ist. Die Arme hat immer noch keine

Nachricht von ihrem Mann. Währenddessen ist ein anderer Kämpfer gerade in Manbij bei den Gefechten umgekommen, seine Frau ist nun mit dem Baby im Frauenhaus gelandet. Die Familie hat in Ra'ei früher bei uns um die Ecke gewohnt, unsere Männer haben sich gut verstanden, obwohl der Mann Probleme mit Waliullah hatte, mit dem ja wiederum mein Mann eng befreundet war. Und nun ist der Mann tot, und die Frau sitzt alleine mit dem Baby im Frauenhaus. Das war nicht der Plan. Falls sie je einen hatten.

Wider Erwarten bleibt es vorläufig ruhig in Ra'ei. Die Tage vergehen, ich habe kaum etwas zu tun außer dem Haushalt, schubse ab und an ein paar Schnecken zurück ins Klo, weil ich keinen Schimmer habe, wie ich die Viecher loswerden soll. Insektenpulver will ich nicht ausstreuen wegen der Katzen. Also muss ich mit diesen Ekeltieren leben.

Für meine Flucht ist alles vorbereitet. Ich sollte meinen Schmugglern alle Risiken nennen, die es in meinem Umfeld geben könnte, ob Nachbarn dem IS angehören, ob Freunde meines Mannes in der Nähe wohnen und so fort. Jetzt könnten wir eigentlich loslegen, aber das geht nicht, solange mein Mann noch in der Stadt ist. Das Warten zieht sich hin.

Einige Wochen später sitzen wir vormittags im Wohnzimmer, ausnahmsweise läuft der Strom sogar ohne stundenlange Ausfälle, als es plötzlich knallt. Mehrmals. Mein Mann hält das erst nur für Minen, die am Grenzstreifen hochgehen. Allerdings wird das Knallen immer lauter, und ein paar Mal kracht es direkt hinter unserem Haus. Das sind keine Minen. Das sind Mörsergranaten oder sonst etwas, nur ein Fluggeräusch haben wir nicht gehört. In der Richtung der Einschläge steht ein Verwaltungsgebäude des IS. Hätten sie ein bisschen weiter rechts getroffen, wäre das nun platt.

KAPITEL 8
Auf dem Dorf und unter Beschuss

Ich sitze im Wohnzimmer und überlege, was ich heute kochen könnte. Draußen sind vereinzelt Explosionen zu hören, was mich aber nicht allzu sehr beunruhigt, da am Grenzstreifen öfter Minen explodieren. Es ist brütend heiß, seit zwei Tagen gibt es nur minutenweise Strom. Mein Mann kommt kurz nach Hause, ich soll ihm eine Einkaufsliste machen. Ich weiß immer noch nicht, was ich kochen soll. Ihn beunruhigt, dass draußen nun auch immer mehr Autos und Motorräder zu hören sind, außerdem kommt das Dröhnen der Explosionen näher. Er geht raus, um nachzuschauen, was da los ist.

Nach fünf Minuten kommt er zurückgerannt: Die Türken greifen an! Sie seien schon dabei, mit Panzern und Truppen über die Grenze zu kommen, außerdem greife die FSA aus der anderen Richtung an. Die Explosionen waren also keine Minen. Sondern Mörsergranaten oder Ähnliches.

Das ist nun unsere dritte Flucht innerhalb eines halben Jahres. Ich fühle mich wie ein Roboter: die Katzen in den großen Wäschekorb packen, damit sie nicht wegrennen. Wasserflaschen, die ohnehin gepackten Koffer und die kostbare Gasflasche ins Auto wuchten. Würde uns mit der Flasche im Auto auch nur eine Salve treffen, flögen wir alle in die Luft. So unruhig, wie die Lage in den letzten Wochen war, haben wir sowieso nur aus dem Koffer gelebt, nicht einmal richtig ausgepackt. Das ist jetzt praktisch.

Innerhalb von zehn Minuten sind wir fertig und auf der Straße. Die ganze Stadt ist auf der Flucht, und mein Mann ist sauer, dass ihm sein aserbaidschanischer Freund Usama nicht

Bescheid gegeben hat. Er hat nicht einmal auf uns gewartet, sondern ist tatsächlich weg, als wir bei ihm vorbeifahren und nachschauen. Dabei hatten wir auf der letzten Flucht aus Ra'ei ihn, seine Familie und auch noch die Schwägerin bei uns im Auto mitgenommen. Und diesmal haben sie nicht einmal gefragt, ob wir Hilfe bräuchten.

Wir haben nun zwei Optionen: nach al-Bab in die größere Stadt fahren und beim zuständigen Büro nach einer Wohnung fragen. Oder weiter ins Dorf Qasr al-Brij zu den anderen Aserbaidschanern, wo wir eher ein Quartier und Hilfe finden dürften, aber weitestgehend von Informationen abgeschnitten sind und kaum erfahren werden, was im IS-Gebiet los ist. Wir entscheiden uns erst mal für al-Bab, auch damit mein Mann seine Einheit wiederfinden oder sich zumindest bei der IS-Verwaltung melden kann. Sonst denken die noch, er sei abgehauen. Hinter uns nehmen die Einschläge zu, nur raus aus Ra'ei, Richtung Süden! Bis al-Bab sind es 25 Kilometer Landstraße, auf der Strecke bleibt es ruhig, nur die Klimaanlage des Wagens ist leider kaputt.

Vor dem Büro in al-Bab, das freie Wohnungen vermittelt, muss ich eine geschlagene Stunde in voller Montur im Auto warten. Meine Katzen sitzen auf meinem Schoß, und in der Gluthitze mir wird langsam schlecht. Ich muss mich sehr konzentrieren, nicht aufs Armaturenbrett zu kotzen. Ziemlich wütend kommt mein Mann zurück: nichts. Der Zuständige habe ihm trotz allen Drängens und unserer Notlage gesagt, es sei keine Wohnung frei. Das ist seltsam, denn gerade von den Familien des IS sind viele in den letzten Wochen schon nach Raqqa gezogen.

Also doch weiter ins Dorf. Der Weg dahin führt durch zwei völlig unbewohnbare, leere Dörfer, die wohl von syrischen oder russischen Luftangriffen komplett verwüstet worden sind. Das erste Dorf, durch das wir kommen, sieht aus wie die Kulisse eines Wildwestfilms, Ruinen mit offen stehenden Türen, verlassene Ställe und nur ein Mensch weit und breit. Der hält Wache am Checkpoint. In Flipflops sitzt er auf einem weißen Campingstuhl, seine Kalaschnikow liegt auf dem Boden herum, und er winkt ab und zu den Kämpfern, die an ihm vorbeifahren. Wenn man bedenkt, dass Assads Truppen nicht weit weg sind, am Militärflughafen Kweres und in Safira, wirkt er in seiner sorglosen Art irgendwie belustigend. Mein Mann hält kurz an und fragt ihn nach dem Weg. Er meint, es gebe zwei, aber eine Straße sei schon zu sehr beschädigt durch die Luftangriffe, wir sollten die kleinere Landstraße nehmen. Ein Umweg, aber er führt durch idyllische Landschaft, die ich hier in Syrien so liebe. Ich schaue aus dem Fenster, alles wirkt ganz ruhig.

Nur in meinem Kopf arbeitet es. Ich frage mich, wie ich es schaffen soll, aus Qasr al-Brij, einem Kaff im Nirgendwo abzuhauen. In Ra'ei war ich direkt an der türkischen Grenze, von dort hätten mich Schmuggler vergleichsweise unproblematisch einsammeln können. Aber hier? Immer tiefer fahren wir hinein ins Land. Auf dem Weg liegen Checkpoints. Meist wird da zwar nur der Fahrer befragt, wo er herkommt, wo er hin will. Aber manchmal fragen sie eben auch die Frau oder verlangen, Ausweise zu sehen. Wenn mir das auf der Flucht passiert, säße ich in der Falle.

Kaum sind wir im Dorf angekommen, rennen uns die Kinder der ganzen aserbaidschanischen Nachbarschaft entgegen. Sie wissen schon, dass ich immer die Katzen dabeihabe, und wollen sie sehen. Aber mir veranstalten die Kinder zu viel Trubel, mir ist immer noch übel von der Hitze, ich habe Durst und will meine Ruhe haben. Nach einem Schrei verschwinden die kleinen Monster endlich. Nun muss ich nur noch warten, wieder einmal, bis mein Mann zurückkommt, der sich auf die Suche nach Usama gemacht hat. Nach einer Weile hat er ihn auch gefunden, beide kommen langsam angelaufen, mein Mann hat noch schlechtere Laune als zuvor. Es gibt auch hier kein freies Haus. Wir müssen vorläufig bei Usama wohnen, wo allerdings auch schon dessen Schwägerin und ihr Mann untergekommen sind.

Außerdem ist er sauer, dass Usama einfach abgehauen ist. Der redet sich achselzuckend raus, dass alles so schnell gegangen sei und er ja wusste, dass wir auch ein Auto haben. Ich winke ab, will einen Ventilator und keine Minute länger voll in Schwarz gehüllt im Hochsommer in Syrien in einem Auto sitzen. Die Männer holen die Taschen und Koffer aus dem Wagen, ich trage den Wäschekorb mit den Katzen ins Zimmer, wo die beiden erst einmal alles kritisch begutachten, bevor sie sich vor den Ventilator legen und schlafen.

Ich schaue aus dem Fenster. Es ist wunderschön hier: ein riesiger Garte mit Olivenbäumen, Granatapfelbüschen und Feigenbäumen. Das Haus ist auf einer winzigen Anhöhe gebaut, so kann man weit gucken, und es ist angenehm windig. Das Geräusch des Ventilators ist einschläfernd, ich dämmere weg, wache erst wieder auf, als die beiden syrischen Schwestern mich wecken. Sie haben beide Aserbaidschaner geheiratet und fragen mich nun auf Türkisch, ob ich hungrig sei. Aber mir ist im Moment nicht nach Essen. Ich brauche dringend Internetzugang. Vom Tablet aus starte ich das W-Lan und suche nach einem offenen Netz. Meiner Kontaktperson hatte ich bereits eine Nachricht getippt, dass wir nun in einem Dorf nahe Kweres seien und ich meist kein Internet habe.

Langsam zerbröselt mein ursprünglicher Fluchtplan. Nach Ra'ei kommen wir nicht mehr zurück, und auch al-Bab wird wohl kaum noch lange unter IS-Herrschaft bleiben. Sollten wir nochmals fliehen müssen, würde ich diesmal wohl unweigerlich in Raqqa oder gar im Irak landen. Von dort aus wäre alles noch viel schwieriger – oder schlicht unmöglich, denn dann müsste ich nicht nur wenige Dutzend, sondern Hunderte Kilometer weit durchs IS-Land geschmuggelt werden. Weder ich noch meine Fluchthelfer wissen, wie das gehen sollte, außerdem haben sie im Irak keine verlässlichen Verbindungsmänner. Wir können die Flucht also nur von Syrien aus wagen. Das W-Lan der Syrerin ist passwortgeschützt, offensichtlich traut sie mir nicht. Somit habe ich keine Möglichkeit mehr zu fragen, wie es weitergehen könnte.

Am nächsten Morgen hören wir Usama und seine Frau streiten: Sie will das Haus für sich und ihren Mann alleine haben oder zumindest nicht so voll, wie es jetzt ist. Sie diskutiert immer lauter mit ihm, fragt wütend, wie lange wir denn hier bleiben würden. Er brüllt sie an, dass sie sich benehmen soll und er sicher niemanden ihretwegen rauswerfen würde.

Mein Mann macht sich bereit, mit einem anderen Aserbaidschaner auf Wohnungssuche zu gehen. Denn außer dem Gebrüll zwischen Usama und seiner Frau streiten sich die Syrerinnen auch dauernd untereinander. Wafa, die jüngere, ist Erstfrau, aber die ältere, Fatma, nur die Zweitfrau eines anderen Aserbaidschaners, der immer nur für ein, zwei Tage in der Woche vorbeikommt und sich um nichts kümmert. Im Gegenzug terrorisiert Fatma ihre kleine Schwester, die ständig weint, weil sie alleine putzen und kochen soll, obwohl sie doch ein Kind hat, während sich Fatma um nichts kümmert.

Und ich: habe weiterhin kein Internet, dafür aber nun ziemliche Magenprobleme. Das Essen gestern Abend war wohl schlecht, es fühlt sich an, als würde mein Magen gegen den ganzen Mist hier protestieren. Ich krame alle möglichen Tabletten aus meiner Tasche, werfe zur Sicherheit ein

Antibiotikum und etwas zur Beruhigung des Magens ein. Ich habe keine Lust, alle fünf Minuten zur Toilette rennen zu müssen, während all die Männer zu Hause sind. Einziger Lichtblick: Mein Mann will mit mir am Abend ins Nachbardorf fahren, dort soll es eine Wifi-Bude geben, bei der man einen Zugangscode und 20 Megabyte Guthaben bekommt.

Nach einer gefühlten Ewigkeit kommt er von der Wohnungssuche zurück, und seine Miene verrät schon das Ergebnis. Das einzige freie Haus, das sie gefunden haben, hat keine Mauer drumherum, sondern nur einen offenen Hof, von dem die einzelnen Zimmer abgehen. Die Türen haben keine Schlösser, es gibt keinen Stromanschluss, und der Wassertank ist auch leer. Da das Haus flach in der Landschaft steht, ist es darin außerdem noch heißer als in unserem jetzigen Quartier. Weil mich in dem offenen Hof ja ein fremder Mann sehen könnte, der am Haus vorbeigeht, könnte ich draußen nur verhüllt, also mit Kopftuch und Abaya, sitzen. Aber alles besser, als hier das Gefühl zu haben, mühsam geduldet zu sein. Also werden wir morgen mal wieder umziehen. Bis auf die Klamotten zum Schlafen und die Duschsachen habe ich eh kaum etwas ausgepackt.

Als es dunkel wird, fahren wir endlich zum Internetcafé. Ich habe vorher mein Tablet aufgeladen, und sobald mein Mann mit seinen WhatsApp-Kontakten beschäftigt ist, kann ich weiter meine Flucht planen. Die Helfer sind alles andere als begeistert über meinen erneuten Ortswechsel. Falls wir noch einmal fliehen müssen, soll ich versuchen, wieder näher in Richtung Grenze zu kommen. In jedem Fall soll ich sofort Bescheid geben, wenn mein Mann plant, für ein, zwei Tage nicht zu Hause zu sein. Und ich möge doch herausfinden, wo genau ich überhaupt bin. Das ist etwas schwierig, da alle um uns herum Aserbaidschaner sind, die den Namen des Dorfes falsch aussprechen. Zu versuchen, den Standort über WhatsApp zu schicken, bringt in den Internetcafés auch nichts, da die alle sogenannte IP-Changer aktiviert haben, die als Standort dann Mauretanien oder sonst was anzeigen. Hätte ich eine eigene Sim-Karte, wäre alles leichter. Aber meine türkische ist leer, außerdem sind wir zu weit weg von der Grenze, sodass ich wahrscheinlich eh keinen Empfang hätte. Ich bräuchte Zugang zum syrischen Netz.

Ein paar der anderen deutschen Frauen haben mir Nachrichten geschickt und fragen, wo ich denn abgeblieben sei. Sie wurden fast alle nach Raqqa gebracht. Umm Muwahid, Mirzada, die schüchterne kleine Bosnierin, bei der ich am Anfang gewohnt habe, hat mir täglich geschrieben. Seit zwei Wochen weiß sie nichts über den Verbleib ihres Mannes, und langsam geht ihr Geld für sich und die Kinder zu Neige.

Aber ich will gar nicht, dass alle Welt weiß, wo wir nun sind, und antworte niemandem. Stattdessen tippe ich eine Nachricht an meine Mutter, um ihr zu sagen, dass ich nun eher selten online sein werde, sie sich aber keine Sorgen machen möge. Sie glaubte zu dem Zeitpunkt immer noch, dass wir in der Türkei seien. Und dort hat man ja eigentlich immer und überall Internetzugang.

Zurück im Haus der Aserbaidschaner rebelliert mein Magen zunehmend energischer gegen mich. Tabletten helfen nicht, auch Bananen, Salzstangen oder geriebener Apfel machen es nicht besser. Mit Magenkrämpfen sitze ich auf dem Balkon und beobachte am Himmel die hin und her fliegenden Lichtstreifen der Raketen, Granaten, oder was auch immer da zwischen dem IS und Assads Truppen verschossen wird. Nach wie vor habe ich keinen Schimmer, wie ich meinem Mann erklären soll, dass ich hier wegwill. Ob ich das Risiko überhaupt eingehen sollte, ihm etwas zu sagen? Für Außenstehende ist das vermutlich kaum zu begreifen, nicht sofort von hier weg zu wollen. Aber für ihn ist es eher umgekehrt: Je schlechter die Lage wird, je wütender er die Einzelnen kritisiert – die korrupten Verantwortlichen bei der Wohnungsvergabe, die egoistischen Aserbaidschaner –, desto hartnäckiger verteidigt er seinen Standpunkt: Man dürfe doch jetzt nicht aufgeben! Das wäre Verrat, Feigheit, all das, was eben die anderen tun. Er nicht.

Dass es vielleicht einfach vernünftig wäre zu gehen, darüber können wir nicht reden. Aber da wir sonst wirklich ein gutes Verhältnis zueinander haben, fällt es mir schwer, ihn dermaßen anzulügen und ihn in dem Glauben zu lassen, dass ich hierbleiben möchte. Oder zumindest bereit bin, dieses Dasein weiter hinzunehmen, aus Loyalität zu ihm, zur Sache. Er fände Letzteres wahrscheinlich besser, dass ich nicht nur wegen ihm, sondern auch für den Glauben und den Kampf hierbliebe. Aber er fragt nicht nach, will nicht wissen, wie es mir geht und was ich denke, als wolle er sich eine Antwort ersparen, die ihn nur deprimieren würde. Aus einiger Entfernung hört man das Rauschen eines Kampfjets und kurz darauf die Einschläge von Bomben. Aber es ist weit weg. Ich gehe ins Zimmer und lege mich hin, falle aber wegen der Magenkrämpfe nur in einen unruhigen Schlaf.

Als wir gegen zehn am Morgen unsere Koffer die paar Hundert Meter ins andere Haus tragen, ist es dort schon unerträglich heiß. Wenigstens verlegt mein Mann rasch ein Kabel, damit wir zumindest drei Stunden am Tag Strom haben. Auch der Wassertank soll am nächsten Tag gefüllt werden, und ich beginne, das kühlste Zimmer etwas herzurichten.

Kaum bin ich damit fertig, macht mein Mann sich schon wieder Sorgen, wo wohl nun das zuständige Büro seiner Einheit sei. Denn die würden sicher schon nach ihm suchen, meint er. Es ist egal, dass wir plötzlich aus Ra'ei fliehen mussten, keiner uns gewarnt hat und niemand Bescheid wusste – für das Chaos ist immer der Einzelne verantwortlich, nie der IS. Dass mein Mann nicht weiß, wo er seine Gruppe wiederfindet, ist seine Schuld. Und wenn er zu lange wegbleibt, landet er rasch auf der Vermisstenliste, was bedeutet, dass ihn jeder Kontrollposten festnehmen und der Militärpolizei überstellen müsste. Denn er könnte ja abhauen wollen. Glauben die. Auch wenn er das ja leider gar nicht vorhat.

Am nächsten Morgen will er nach al-Bab fahren. Ich habe kein gutes Gefühl dabei, aber er muss auch deswegen dorthin, um Geld zu holen. Wobei auch unklar ist, wo sich nun die Auszahlungsstelle für seinen Sold befindet. Wir sind wie zwei kleine, rotierende Planeten unterwegs auf entgegengesetzten Umlaufbahnen: Er sucht verzweifelt nach seiner Einheit und findet keine IS-Abteilung, die für ihn zuständig ist. Ich will genauso verzweifelt weg vom IS und finde keinen Ausweg. Bislang jedenfalls nicht.

Außerdem haben wir durch das Chaos der ganzen Fluchten, bei denen wir auch Sachen für andere vorläufig in Sicherheit bringen sollten, nun zwei Kühlschränke und zwei Autobatterien. Deren Besitzer sind in den Irak gegangen oder tot. Einen Kühlschrank und eine Batterie will mein Mann in al-Bab verkaufen, wir brauchen die Sachen nicht, und auf der nächsten Flucht sind sie nur hinderlich.

Abends schlafen wir auf dem Hof, im Haus ist es brütend warm. Draußen wiederum ist die Nacht gegen halb vier zu Ende, denn sobald es hell wird, ist es einfach überall zu heiß zum Schlafen.

Nachdem mein Mann mit Usama am nächsten Morgen weggefahren ist, wandere ich durch den Garten, um irgendwo vielleicht ein schwaches W-Lan-Signal aufzufangen. Sähe mich jemand, wie ich ganz in Schwarz gekleidet mit dem Tablet in der Hand langsam durch das verdorrte Gras schreite, würde er sich vermutlich wundern. Aber weit und breit ist niemand. Und, wie ich schließlich merke, auch nirgendwo das kleinste Signal. Also zurück ins Haus, auf der Suche nach einem halbwegs kühlen Plätzchen, stets gefolgt von meinen beiden Katzen, die sogar vor der Toilettentür hocken, bis ich wieder herauskomme.

Um die Zeit totzuschlagen, spiele ich Candy Crush und irgendein seltsames Schlumpf-Spiel auf dem Tablet, lerne ein wenig Arabisch und dämmere irgendwann ein, bis schließlich der Strom einsetzt und der Ventilator anspringt. Nur mein Mann kommt nicht. Es wird dunkel, es wird später, aber keine Spur von ihm und den anderen. Noch kein Grund, mir Sorgen zu machen, denke ich: Er verquatscht sich öfter, geht mit Freunden noch einen Kebab essen, verspätet sich. Aber gegen zehn Uhr kommen die beiden syrischen Schwestern herüber und fragen, ob ich Nachricht hätte von den Männern.

Langsam werde ich doch unruhig. Mein Mann und Usama sind seit elf Uhr morgens unterwegs, der Weg nach al-Bab dauert nicht länger als eine halbe Stunde. Die Strecke wird oft bombardiert, al-Bab selbst auch. Auf der anderen Seite könnten die beiden auch der Militärpolizei in die Arme gelaufen sein. Auf jeden Fall würde mein Mann mich nicht ohne Grund und ohne mir Bescheid zu sagen die halbe Nacht hier in diesem Niemandsland allein im Dunkeln lassen. Irgendetwas muss passiert sein.

Da die beiden Syrerinnen bei sich im Haus Internet haben, wandere ich mit ihnen zurück zu unserer ersten, weit netteren Unterkunft. Nach und nach trudeln Nachrichten ein, nur keine von meinem Mann. Er war wohl kurz nach der Ankunft in al-Bab online, aber seitdem nicht mehr. Wir sind genauso planlos wie zuvor. Da keiner vom IS weiß, dass wir hier in diesem Dorf sind, wird auch niemand kommen, um uns zu informieren. Wafa, die eine Schwester, bricht erst mal in Tränen aus, was mich ein wenig nervt. Wie sitzen hier im Nirgendwo fest ohne Geld und Strom und Wasser. Unser Auto ist in al-Bab. Wenn etwas passiert, haben wir nur zwei kleine Autos für mehr als 15 Leute.

Ich mache mir Sorgen um meinen Mann, da ich weiß, wie der Geheimdienst des IS mit Leuten umspringt, die einfach ohne Erlaubnis fortbleiben, völlig egal, warum sie das tun. Ob sie abhauen oder nur ihre Familien in Sicherheit bringen wollten, danach fragt keiner.

Mittlerweile ist es Mitternacht, und als ich aufbrechen will, fragt Wafa, warum ich nicht bei ihnen im Haus bleiben wolle. Bei mir dahinten wäre es doch gefährlich und unheimlich, außerdem hätten sie hier Generatorstrom, also nicht nur die drei Stunden Regierungsstrom am Tag. Mir wäre fast rausgerutscht, dass sie uns vor Tagen doch gar nicht schnell genug loswerden konnte. Und dass ich lieber in meiner Saunabude bliebe, als noch einmal bei ihnen zu übernachten. Aber ich halte die Klappe, da sie offensichtlich schon genug Sorgen hat, und verschwinde, ohne eine große Szene zu machen. Die Katzen im Schlepptau laufe ich die paar hundert Meter zu unserem Haus zurück.

Ich richte mir draußen ein Bett und will noch das Moskitonetz aufhängen, aber sämtliches Werkzeug ist natürlich im Auto und damit – wie mein Mann – gerade unauffindbar. Alle Generatoren der Umgebung sind aus, man hört nur noch ein paar Grillen und das Rascheln aus der Dunkelheit. Sicher Katzen oder Hunde, sage ich mir. Aber es ist stockfinster, jedes Geräusch lässt mich zusammenzucken. Auch meine Katzen liegen mit offenen Augen auf mir und lauern. Am liebsten würde ich meine Matratze nehmen und zu den beiden Syrerinnen zurückwandern, aber mein Stolz lässt das nicht zu. Also hole ich die Kalaschnikow nach draußen und lege mich wieder hin. Aber das Rascheln macht mich weiterhin nervös. Gegen zwei Uhr nachts wird es mir endgültig zu gruselig und ich versuche, drinnen weiterzuschlafen. Da ist es noch heißer und voller Mücken.

Schweißgebadet und zerstochen, überkommt mich eine Welle der Wut: auf mich, dass ich überhaupt hierhergekommen bin, auf meinen Mann, dass er diese Entscheidung getroffen hat. Und dass er jetzt noch nicht einmal da ist. Was wahrscheinlich nicht seine Schuld ist. Irgendwann schlafe ich dann doch ein, werde erst wach, als Wafa mich wachrüttelt. Sie mache sich noch mehr Sorgen. Und ich solle doch bitte endlich mitkommen ins große Haus. Ich könne auch das Zimmer mit Balkon haben, bis unsere Männer zurück seien. Ich sage ihr, dass ich noch einen Tag abwarten werde. Doch auch an diesem Tag gibt es von ihnen kein Lebenszeichen. Am nächsten Tag ebenfalls nicht. Also ziehe ich wieder zurück, packe die Matratze dahin, wo etwas Durchzug ist, schmeiße die Wasserflaschen ins Eisfach, und dann überlegen wir gemeinsam, was wir tun können.

Einer der Aserbaidschaner, Abu Chalid, hat ein Auto. Aber auf die Bitte, uns nach al-Bab zu fahren, meint er nur: »Nee, tut mir leid, ich habe Angst, dass dort wieder bombardiert wird.« Ich bin fassungslos. Was für ein Haufen Ehrlosigkeit! Irgendwoher brauchen wir ein Auto. Ich frage herum, welches man sich leihen könnte, um nach al-Bab zu fahren. Die Schwestern sind verwundert, dass ich überhaupt auf so eine Idee komme und ein Auto fahren kann. Okay, sonderlich gut Autofahren kann ich nicht. Aber bis al-Bab kämen wir schon. Hätten wir nur einen Wagen.

Den finden wir nicht, aber zur Mittagszeit kommen Kinder einer anderen aserbaidschanischen Familie und bringen mir 5000 syrische Lira, umgerechnet etwa zehn Dollar. Ihr Vater ist ein Freund meines Mannes und hat ihnen das Geld gegeben für mich. Ich schicke sie gleich weiter, ihr Vater soll mir von dem Geld eine Sim-Karte besorgen, die kostet nicht viel. Was übrig bleibt, gebe ich den Schwestern fürs Essen und vor allem dafür, dass wir alle paar Tage den Wassertank auffüllen lassen müssen.

Da der Handyempfang im Haus sehr bescheiden ist, setze ich mich mit meinem neu verbundenen Tablet aufs Dach und schreibe als Erstes meinen Schmuggelhelfern, dass ich nun wieder erreichbar sei. Ich habe vorher Fatma gefragt, wie das Dorf korrekt auf Arabisch heißt, und kann endlich meinen genauen Standort mitteilen. Nur werde ich nicht fliehen, bevor ich nicht weiß, was mit meinem Mann ist. Wenn ich ihn schon verrate, will ich wenigstens Gewissheit haben, dass er in Sicherheit ist. Klingt sicher komisch, aber einfach abzuhauen, ohne zu wissen, ob er vielleicht meine Hilfe bräuchte, wäre noch schlimmer.

Ihm könnte alles Mögliche passiert sein. Er könnte dem IS-Geheimdienst in die Hände gefallen sein. Man wird schnell verdächtigt und dann aufgrund vermeintlicher Beweise hingerichtet. Er könnte auch von einem Flugzeug bombardiert worden sein. Oder eben im Knast sitzen, weil er von der Militärpolizei geschnappt wurde. Seit Wochen schon, seit Manbij von den Kurden erobert wurde und wir nach Ra'ei geflohen sind, herrscht überall Chaos: Viele Frauen wissen nicht, wo ihre Männer sind, Männer wissen nicht, wo die Zuständigen ihrer Gruppe sind, und keiner weiß, wie man an Informationen kommt. Wobei unser winziges Dorf so ziemlich der letzte Ort sein dürfte, an dem wir etwas erfahren.

Von unseren Männern hören wir zwei Wochen lang nichts. Aber aus dem Verwaltungsbereich des IS meldet sich jemand über Umwege bei mir, um mich zu fragen, ob wir nach Raqqa gebracht werden wollen. Ganz sicher nicht. Ich sage ihm, dass ich hier nicht fortginge, ohne zu wissen, was aus meinem Mann geworden ist.

Schließlich können wir einen der Kämpfer überzeugen, mit uns nach al-Bab zu fahren. Er geht zur Militärpolizei – und tatsächlich: Mein Mann und Usama wurden bei einer Kontrolle verhaftet, weil sie sich unerlaubt von ihrer Truppe entfernt hatten. Dass sich in Wirklichkeit die Truppe von ihnen entfernt beziehungsweise die ganze Gegend sich unerlaubt vom IS entfernt hatte, würden die Zuständigen bei der Militärpolizei wahrscheinlich nicht kapieren, selbst wenn sie es versuchten. Die beiden sollen nun nach Raqqa gebracht werden, zu einer Art »Straf-Bataillon«. Auch das Auto will die Militärpolizei mir nicht aushändigen, obwohl es direkt gegenüber vom IS-Büro steht, wo andauernd Bomben fallen. Aber wir bekommen 100 Dollar Unterhalt, Wafa sogar 150, da sie ein Kind hat.

Ich kaufe erst mal Futter für die Katzen und lade das Guthaben auf meiner Sim-Karte auf. Den Auskünften der Militärpolizei traue ich nicht, frage sicherheitshalber eine Frau in Raqqa, deren Mann irgendetwas Höheres beim IS ist. Sie bestätigt die Verhaftung. Also teile ich meinen Schmuggelhelfern mit, dass mein Mann lebt und eine Zeit lang nicht da sein werde. Ich schäme mich für diesen Gedanken, aber dieser Umstand ist gut für meine Flucht. Nur auf welchem Weg? Würde ich vom Dorf aus in Richtung Grenze gebracht, müssten wir auf jeden Fall diesen bizarren Checkpoint umgehen, an dem der Typ mit Flipflops und Campingstuhl Wache hält. Unser Plan ist, dass die Schmuggler die Strecke von al-Bab bis zu mir mehrmals abfahren, verschiedene Routen ausprobieren, um zu sehen, wie viele Checkpoints da sind und ob die immer oder nur zu bestimmten Zeiten besetzt sind.

Vom Balkon und Dach des Hauses in Qasr al-Barij mache ich Fotos, damit ich meinen Fluchthelfern zeigen kann, wo genau ich wohne. Die Verbindung des Telefons ist zu schwach, um darüber einen Standort ermitteln zu können. Leider liegt vor dem Haus ein Ribat-Platz, ein Militärposten, und von dem aus würde man sehen können, wie ich mit Katzen und Tasche durch die Gärten schleiche und alleine in ein Auto einsteige. Das Risiko, geschnappt zu werden, ist zu groß – für uns alle. Selbst wenn ich nicht umgebracht würde: Schmuggler werden immer hingerichtet.

So vergehen die Tage, während wir an einem Plan arbeiten und auf eine günstige Gelegenheit zur Flucht hoffen. Ich versuche nebenbei in Erfahrung zu bringen, was mir eigentlich an Strafe in Deutschland blüht, sollte ich es schaffen zurückzukehren. Ich habe wieder Kontakt zum Anwalt, doch was außer einem Strafverfahren auf mich zukäme, ist unklar. Aber egal, was mich in Deutschland erwartet, ich werde mich dem stellen. Hauptsache weg hier.

Wir müssen wieder mal den Wassertank füllen. Was bedeutet, die Kinder zu rufen, dass sie den Wassermann suchen und bei uns vorbeischicken. So weit, so gut. Als wir in der Ferne sehen, wie Abu Chalid, der feige Aserbaidschaner, der uns nicht nach al-Bab fahren wollte, den Wassermann abfängt und mit ihm redet, denken wir uns erst nichts dabei. Allerdings ist der Tank heute schon nach der Hälfte der Zeit voll, was uns stutzig macht. Wir schicken einen der syrischen Nachbarsjungen aufs Dach, um den Wasserstand zu prüfen. Der Tank ist nur halb voll.

Also rufen wir den Wassermann zurück und erfahren, dass

Abu Chalid sich die Hälfte des Wassers in seinen Tank hat füllen lassen, wir aber den vollen Preis zahlen. Wafa bleibt ruhig, aber Fatma und ich gucken uns an, werfen uns Khimar und Niqab über und rennen zu Abu Chalid. Schon als er uns sieht, will er beschwichtigen, verspricht, uns die Hälfte des Geldes zurückzugeben. Damit bringt er uns erst recht in Rage.

Ich sage ihm, dass ich in 30 Minuten einen vollen Tank erwarte und er sich seinen Geldanteil sonst wohin schieben könne. Wenn er so was noch mal mache, werde ich dafür sorgen, dass ihm eine Hand abgehackt wird. Wir sind fast pleite, auch die beiden Schwestern haben vor längerer Zeit zum letzten Mal Geld bekommen, es reicht hinten und vorne nicht. Aber wir versuchen, damit auszukommen, um nicht ins Frauenhaus zu müssen. Und er: hat ein Auto, mehr Geld als Wafa, Fatma und ich zusammen und beklaut uns dann dermaßen dreist, während er auch noch für jede Einkaufsfahrt Spritgeld verlangt, obwohl er die Strecke auch ohne uns gefahren wäre. Männer sind es hier offensichtlich nicht gewohnt, dass Frauen so ein Mundwerk haben. Denn kurz darauf steht der Wassermann erneut vor der Tür, füllt den Tank komplett, und anschließend kommt der kleine Chalid mit einer Melone vorbei.

Sobald die Sonne beginnt unterzugehen, sitze ich auf dem Balkon. Das ist mein Abendritual geworden. Irgendwie lässt es sich im Abendwind besser nachdenken. Aber allzu viel nachdenken sollte ich besser nicht. Immer wieder wandern mir Bilder durch den Kopf, muss ich an Dinge denken, die ich schon oft gehört habe: dass man in den Gefängnissen des IS gefoltert wird beim leisesten Verdacht, dass man fliehen wollte oder andere Dinge getan hat, die nicht kalifatskonform sind. Würde ich bei einem Fluchtversuch erwischt, würde es mir schlecht ergehen. Würde mein Mann erwischt, würde es ihm noch sehr viel schlechter ergehen, er käme in den Knast oder würde gleich umgebracht, so wie es anderen geschehen ist. Heulend sitze ich auf der Balkonbrüstung, als ich unten im Garten zwei Feigenbäume entdecke. Das baut mich wieder ein bisschen auf. Ich liebe Feigen.

Hier im Dorf wird die Lage Tag für Tag unruhiger. Die Aserbaidschaner planen schon ihre Umzüge, wollen wohl nach Raqqa. Aber abgesehen davon, dass mich keine zehn Pferde dorthin kriegen würden, fragt uns drei Frauen ohnehin keiner, ob man etwas für uns organisieren soll. Erbärmlich.

Ich erkläre Wafa, dass ich im Ernstfall versuchen würde, nach al-Bab und von dort weiter in die Stadt Akhtarin näher an die Grenze zu kommen. Dort wohnen Abu Abdulrahman und seine Familie: also Waliullah und Halima, die beiden Afghanen, die wir noch aus Offenbach kennen und die uns bei unserer Ankunft in Syrien in Empfang genommen haben. Nicht, dass die beiden mir sonderlich sympathisch wären – aber als Anlass, unverdächtig dorthin zu wollen, sind sie das Beste, was mir im Moment passieren kann. Zur Not kenne ich auch noch eine befreundete syrische Familie im Ort. Und da keine von den Syrerinnen nachprüfen kann, ob ich wirklich dort ankomme und auch dort bleibe, ist das mal ein halbwegs vernünftiger Plan.

Nur allzu viel Zeit werde ich dann nicht haben. Ein Mann kann problemlos alleine durch die Straßen spazieren, ohne aufzufallen. Ich als Frau eher nicht, vor allem, weil ich mich weigere, ohne meine Katzen zu fliehen. Davon sind die Schmuggler natürlich nicht begeistert, was wiederum mich nicht interessiert. Nicht ohne meine Katzen!

Wir vereinbaren als möglichen Treffpunkt eine schmale Seitenstraße im Dorf. Hinter einem Schutthaufen an der Gartenmauer könnte ich nach und nach unauffällig meine Tasche und meine Katzen verstecken und dann ins Auto springen, ohne vom Posten oder vom Haus aus gesehen zu werden.

Doch dann kommt alles anders. Erst kehrt Fatmas Mann zurück aus Mansoura, einer Stadt bei Raqqa. Dann beginnen alle Aserbaidschaner hektisch zu packen, Abu Chalid, stets der Feigste, ist schon im Morgengrauen abgehauen. Im Viertelstundentakt tauchen nun Kampfjets am Himmel auf und donnern über uns hinweg. Aus der Nähe hört man es knallen, vermutlich die Front in Kweres. Eine Aserbaidschanerin mit drei Kindern packt den letzten Koffer und lässt sich in den Schatten fallen, während Fatma und Wafa ihre Sachen packen und ins Auto werfen. Ihre Frage, was ich denn nun vorhätte, ist so scheinheilig, wie ihr Auto bereits voll ist: Für mich wäre ohnehin kein Platz mehr.

Ich gehe zu Umm Soulayman, auch eine Aserbaidschanerin, deren Mann zum Glück zwei Tage zuvor unser Auto aus al-Bab abgeholt hat. Ein Reifen muss noch geflickt werden, aber ihr Wagen hat auch ein Problem, so müssen wir gemeinsam bis zum nächsten Tag bleiben, bis beide Autos repariert sind. Nun sind von den Ausländern nur noch ich, Umm Soulayman und ihr Mann sowie ein unverheirateter Aserbaidschaner im Dorf, der sich um mein Auto kümmert und den Tank des Generators auffüllen soll, damit wir wenigstens Strom haben und abends unsere Sachen packen und noch mal putzen können.

Die Jets donnern in immer kürzeren Abständen über uns drüber. Noch fliegen sie über uns hinweg, aber wer weiß, wie lange das so bleiben wird. Ich gehe in den Garten, Feigen pflücken. Da wir sechs Bäume haben, bekomme ich täglich ein Kilo zusammen, das ich heute wenigstens mal mit niemandem teilen muss. Als die Flugzeuge am frühen Nachmittag wegbleiben, dusche ich und lege mich kurz hin, werde erst wieder wach vom Krachen eines Jets. Als der verschwunden ist, gehe ich aufs Dach und rufe meinen Schmuggelhelfer an. Ich sage ihm, dass wir morgen früh hier wegfahren und die anderen mich nach Akhtarin bringen. Ich habe die Sachen meines Mannes bereits gepackt und einen Brief dazugelegt. Meinen Abschiedsbrief.

Ich kann nur hoffen, dass ich in Akhtarin das Haus von Waliullah auch finde, denn sonst werde ich mit nach Raqqa müssen, was fatal wäre. Mit meinen Schmuggelhelfern vereinbare ich, dass ich mich vor der Abfahrt melde und wir wegen der Kampfjets stündlich per WhatsApp in Kontakt bleiben. In dem Moment, als ich auflege, dröhnt wieder ein Jet heran, verliert aber an Höhe, wird immer lauter und fängt plötzlich an, mit seinem Maschinengewehr zu schießen.

Der Pilot wirft keine Bomben, der schießt. Auf mich. Ich höre das Zischen und Pfeifen der Kugeln und sehe, wie etwas in die Erde im Garten direkt unter mir einschlägt. Jeder normale Mensch würde spätestens jetzt schreiend ins Haus laufen. Aber ich stehe mit offenem Mund auf dem Dach. Ich kann es nicht fassen. Es ist vermutlich ein syrischer Jet, denn die müssen aufgrund ihrer mangelnden Technik oft ziemlich weit runterkommen, um ihr Ziel zu treffen, und setzen dann auch ihr Maschinengewehr ein. Ich rufe wieder meinen Helfer an und brülle ihm ins Ohr, dass ein Jet gerade auf mich geschossen habe. Ich schreie ihn an, dass seine Leute mich gefälligst heute hier abholen sollen und es mir völlig egal sei, wie viele Checkpoints sie dafür umfahren müssen.

Das ist unmöglich, und ich weiß es. Ich wäre auch gern cool geblieben, aber das gelingt mir einfach nicht. Als ich mich ein bisschen beruhigt habe, gehe ich wieder ins Haus und suche mir einen halbwegs sicheren Platz, wo ich wenigstens nicht von Splittern massakriert werde, falls hier eine Bombe einschlagen sollte. Denn das ist der Nachteil dieses schönen Hauses: Es gibt kein Zimmer ohne Fensterscheiben.

Ich reiße alle Fenster und Schranktüren auf, will kurzzeitig sogar die Schranktüren abmontieren und woanders hinlegen, aber finde keinen Schraubenzieher. Und das Messer ist zu dick, um damit die Schrauben zu lockern. Also schleppe ich alle Matratzen und Kissen, die ich finden kann, in mein altes Zimmer und hoffe, dass die Stoffschichten mich vor dem Schlimmsten bewahren werden.

Wenigstens habe ich weiterhin Handyempfang. Ich schreibe meiner Mutter eine Nachricht, in der ich ihr zum ersten Mal überhaupt erzähle, wo ich eigentlich bin. Ich entschuldige mich für mein Reiseziel und schreibe, dass heute eventuell etwas Schlimmes geschehen könnte, da wir schon den ganzen Tag bombardiert werden. Aber dann traue ich mich doch nicht, die SMS abzuschicken und speichere sie nur als Entwurf. Aus irgendeinem Grund habe ich plötzlich Heißhunger auf etwas Süßes. Ich bitte Umm Soulayman, dass ihr Mann kurz zum einzigen Laden fährt und für mich einkauft. Macht er.

In meinem Kopf herrscht Chaos, ich weiß nicht, was ich tun soll. Mein Leben kann hier in jeder Sekunde von einer Bombe beendet werden. Soll ich trotzdem hierbleiben, bis mein Mann aus dem Knast kommt? Um ihn dann heimlich sitzenzulassen? Ich würde ja für mich auch erwarten, dass man einen sauberen Schlussstrich zieht und sich ausspricht.

Aber genau das könnte mich hier in Lebensgefahr bringen, wenn er mich nicht gehen lassen will.

Soll ich deshalb riskieren, hier niemals wegzukommen?

Er geht davon aus, seine Frau anzutreffen, sobald er wieder draußen ist. Und das wird, wenn ich bei meiner Entscheidung bleibe, nicht der Fall sein.

Viele mögen der Meinung sein, dass Liebe vollkommen

ausreicht, um alle Probleme zu lösen. Aber, nein, das ist nicht so. Liebe allein reicht nicht dafür aus, dass ich unter diesen Umständen hier weiter vor mich hin lebe. Es geht einfach nicht. Auch wenn das hart klingt. Ich muss diese Chance nutzen. Und wenn mein Mann sich doch noch dazu entscheiden möchte zu gehen, werde ich ihm dabei helfen. Dass aber selbst dann unsere Ehe nicht mehr funktionieren wird, ist mir mittlerweile schmerzhaft bewusst geworden.

Ich habe es also geschafft, mit einer einzigen Entscheidung vor zwei Jahren mein Leben und meine Ehe an die Wand zu fahren. Durch meinen fehlenden Mut damals, als ich zu feige war, Nein zu sagen zur Ausreise, bin ich nun gezwungen, dem Menschen das Herz zu brechen, den ich als Letztes verletzen will.

Während meine Gedanken sich in dieser Endlosschleife drehen, klopft es an der Tür, und ich höre das Rascheln einer Tüte. Umm Soulaymans Mann ist zurück vom Laden. Ich setze mich in den Hof, angelehnt an Kissen, und stopfe Minikuchen mit Schokocreme in mich hinein, während ständig Jets im Tiefflug über uns drüberrauschen. Etwas entfernt ist erneut das Geräusch eines Maschinengewehrs zu hören. Nach dem Kuchen genehmige ich mir noch eine Pepsi und versuche dann, eine Weile zu schlafen.

Irgendwann in der Nacht schrecke ich von einem lauten Krachen auf. Einer von Umm Soulaymans Söhnen ist wohl auch davon wach geworden, denn er schreit wie verrückt. Anscheinend sind Bomben nahe der Hauptstraße gefallen. Aufs Dach will ich nicht nach dem Schock vom Abend. Ich versuche, mich selbst zu beruhigen, sage mir, dass es mich sowieso erwischt, wenn hier eine Rakete oder Bombe einschlägt – ob ich nun ins Haus gehe oder auf dem Hof bleibe. Da habe ich wenigstens die frische Nachtluft.

Hoffentlich zum letzten Mal packe ich am Morgen meine Sachen zusammen. Gegen zehn ist alles verstaut, der Korb mit den Katzen steht auf meinem Schoß, die Aserbaidschaner bringen mich nach Akhtarin. Vorher habe ich noch rasch ein paar Nachrichten an den Schmuggelhelfer geschickt, damit er weiß, dass es jetzt losgeht. Abseits der Hauptstraße sind zwei große Krater. Entweder sind sie mir vorher nicht aufgefallen, oder sie stammen tatsächlich von letzter Nacht. Nach 25 Minuten sind wir an al-Bab vorbei und nehmen die Landstraße in Richtung Grenze, die auch nach Ra'ei führt. Ein paar Kilometer vorher müssen wir dann allerdings links abbiegen nach Akhtarin, noch eine Viertelstunde, und wir sind da.

Nur wo ist in dieser Stadt das Haus von Waliullah, den hier alle nur Abu Abdulrahman nennen? Als ich ihn und Halima das letzte Mal besucht habe, sagte sie, dass sie auch nicht mehr sonderlich begeistert sei von ihrem Leben hier, dass sie sich das alles anders vorgestellt habe. Sie wisse auch nicht, ob sie noch hier wäre, wenn ihr Mann und ihr Sohn nicht wären, aber sie wolle halt nicht, dass ihr Kind im ungläubigen Deutschland aufwachse. Ob sie und ihre Familie nun immer noch hier wohnen? Wir fahren herum, fragen, und nach einer halben Stunde erzählt uns ein Kämpfer, dass Abu Abdulrahman doch seit einer Woche in al-Bab wohne. Verdammt, verdammt, verdammt!

Mein letzter Strohhalm ist nun die syrische Familie von Abu Hassan, die ich hier noch kenne. Ich versuche, dem Mann von Umm Soulayman, der mich hergefahren hat, zu erklären, dass die in der Nähe einer bestimmten Moschee wohnen. Nach einer gefühlten Ewigkeit haben wir das Haus gefunden. Während ich im Auto warte, versucht der Fahrer Abu Hassan mein nicht eben unkompliziertes Drama zu erklären: dass mein Mann im Gefängnis sitze, ich nicht nach Raqqa wolle und Abu Abdulrahman nicht mehr in Akhtarin wohne. Ja, und ob es in Ordnung sei, wenn ich bei ihnen bliebe, bis ich andere Deutsche erreichen kann oder mein Mann mich abhole? Andere Menschen hätten in so einem Moment vermutlich die Tür zugeschlagen. Aber Abu Hassan sagt nur: Klar, kein Problem.

Mir fällt ein Stein vom Herzen. Gleichzeitig schäme ich mich in Grund und Boden, als ich daran denke, wie mies wir vom IS oft die Syrer behandelt haben. Und Abu Hassan sagt einfach nur: Geht in Ordnung, selbstverständlich kann sie erst mal bei uns bleiben. Ich nehme die Taschen aus dem Auto und bitte die Aserbaidschaner, die Sachen von meinem Mann mitzunehmen, da er mit Sicherheit Klamotten und etwas Geld brauchen wird, wenn er wieder frei ist. Sie geben mir noch ihre Nummer und sagen, dass ich mich jederzeit melden könne, falls etwas ist, sie würden mich auch wieder abholen. Ich bedanke mich, fühle mich mies, und während ich ins Haus gehe, höre ich das Auto starten, das mit meinem Abschiedsbrief nach Raqqa fährt.

Ich darf mir nicht anmerken lassen, was ich wirklich vorhabe, also begrüße ich freundlich die Töchter der Familie und die Mutter. Die Familie gehört nicht zum IS, ist uns Ausländern gegenüber aber auch nicht so abgeneigt wie die meisten Einheimischen. Sie sind einfach gastfreundlich, und es tut mir sehr leid, dass ich sie nun für meine Flucht benutzen muss. Da ich mein Shampoo vergessen habe, frage ich die Tochter, ob wir zum Souq, zum Markt, gehen könnten, zumal ich nach der Autofahrt großen Durst auf eine kalte Pepsi habe. Wir spazieren los, mein Arabisch ist unterirdisch, aber mit Händen und Füßen unterhalten wir uns darüber, wo mein Mann ist, was ich in den letzten Wochen erlebt habe. Sie fragt, wieso ich nicht gleich zu ihnen gekommen sei. Mir sticht es ins Herz.

Ich wünschte, ich hätte nichts erzählt. Dann würde ich mich nur halb so erbärmlich fühlen.

Da mein Handy keinen Empfang hat, sage ich ihr, dass ich dringend kurz Internet brauche, um den anderen Deutschen und Freunden Bescheid zu geben, wo ich bin, damit sie mir eventuell Geld schicken können und vor allem Informationen, wie es meinem Mann geht. In Wirklichkeit schreibe ich meinem Helfer, dass ich nun in Akhtarin sei und hier auch bleiben könne, bis ich abgeholt werde.

Wir vereinbaren, dass es während des Freitagsgebets passieren soll, am Mittag, wenn alle in der Moschee sind und die Gefahr am geringsten ist, entdeckt zu werden, während ich mit den Katzen im Korb durch die Straßen laufe. Nach zwei Stunden kommt die Bestätigung: Ich soll kurz nach dem Gebetsruf zum Stadtausgang in Richtung des Dorfes Ziyadiya laufen. Die Straße kreuze dort alte Bahngleise. Da werden sie mich treffen.

Jetzt muss ich mir nur noch eine unverfängliche Geschichte für die Familie überlegen. Ich sage ihnen, dass eine Freundin von mir, eine Witwe, dieser Tage ihr Baby bekommt und ich sie deshalb gerne in al-Bab besuchen möchte. Ein anderes Ehepaar werde mich abholen und zu ihr bringen. Eine schwangere Witwe, das klingt am glaubwürdigsten. Meine Gastfamilie hat weder Fragen noch Einwände. Wir essen zu Abend und sitzen noch stundenlang auf Matten im Hof, bis jeder dort einschläft, wo er gerade sitzt. Gegen zwei Uhr nachts werde ich kurz wach und sehe, dass die Mutter mich zugedeckt und mir ein Mückennetz übergeworfen hat. Wieder meldet sich das schlechte Gewissen. Aber es bringt nichts, zu lange darüber nachzudenken.

Die nächsten Tage verlaufen ruhig, obwohl ich innerlich alles andere als ruhig bin. Freitagmorgen bekommen meine

Katzen Joghurt mit Brotstückchen, ich wasche meinen Khimar und Niqab kurz durch und hänge beides in die Sonne, damit es bis zum Gebetsruf trocken ist. Im Zimmer packe ich das Nötigste zusammen: Handtasche mit Schminke, Tabletten und Ladekabel sowie Duschgel und Shampoo. In den Korb der Katzen kommt die Kleidung, um nicht noch eine Tüte dabeihaben zu müssen.

Abu Hassan und die Söhne sind bereits auf dem Weg zur Moschee. Ich stelle meine Sachen an die Tür, verabschiede mich von der Mutter und sage ihr, dass ich in etwa einer Woche zurückgebracht werde. Sie möchte mich ungern alleine gehen lassen, aber bevor sie noch weiter darüber nachdenken kann, bin ich zur Tür raus und zweimal abgebogen, damit mir niemand folgen kann. Ich frage ein paar Kinder, in welche Richtung es nach Ziyadiya gehe, und frage dann sicherheitshalber noch einen älteren Mann. Alle zeigen in dieselbe Richtung. Mit den Katzen und der schweren Handtasche ist es unerträglich heiß unter den schwarzen Stoffschichten. Als mir einfällt, dass mein Asthmaspray auch noch ganz unten in der Tasche liegt, steigt langsam Panik in mir auf.

Ein paar Motorräder fahren an mir vorbei, und der Mann auf dem letzten blickt interessiert zurück. Er sieht nordafrikanisch aus und muss somit jemand vom IS sein. Sobald das Motorrad um die Ecke verschwunden ist, renne ich in die nächste Seitenstraße und rufe meinen Kontaktmann an. Ich sage ihm, dass ich fast am Stadtrand bin, aber es nicht bis zu den Gleisen schaffen werde. Okay, sagt er, der Schmuggler werde mir entgegenkommen. Zu übersehen bin ich ja nicht.

Kurz darauf hält ein Motorrad vor mir, ein Mann, Syrer, und ein Junge von etwa fünf Jahren. Ich weiß sofort, dass er der Schmuggler ist. Aber ich hatte extra gesagt, ich könne unmöglich mit einem Motorrad abgeholt werden, wegen der Katzen!

Bevor ich in Tränen ausbrechen kann, sieht er selbst, dass wir so nicht schnell genug wegkommen werden, ruft, dass er gleich wiederkommen werde, und verschwindet. Vermutlich halten die mich für total bescheuert – mein, ihr Leben zu riskieren für die Flucht und dann nicht ohne meine Katzen gehen zu wollen. Aber das ist mir egal. Mein Helfer ruft an, und nun beginne ich doch zu heulen, frage ihn wütend, wieso sie nun doch ein Motorrad geschickt hätten. Mein Heulen wird immer unkontrollierter, und ich versuche es zu unterdrücken, während ich weiter in Richtung Stadtausgang laufe. Hicksend schleppe ich mich und die Katzen weiter, bekomme wirklich kaum noch Luft, höre hinter mir Schritte, laufe schneller, doch im selben Moment nimmt eine Frau meinen Arm und sagt leise, psssst, ich solle ihr meine Tasche geben und folgen.

Sie scheint die Frau des Schmugglers zu sein. Gemeinsam laufen wir weiter aus Akhtarin heraus, das Freitagsgebet ist schon zu Ende, immer mehr Motorräder fahren an uns vorbei. Da hält abrupt ein offener Lieferwagen neben uns. Hinten auf der Ladefläche sitzt der kleine Junge von eben, daneben ein noch kleinerer. Yalla, los! ruft der Schmuggler, ich schaffe es mit einem Satz in den Wagen, und er rast los.

Nach einer Weile halten wir an einem Schuppen. Drinnen sitzt die halbe Familie, Tee trinkend, rauchend. Eine der Frauen will mir ein Glas Tee geben. Aber anstatt dankend abzulehnen, fange ich nun erst richtig an loszuheulen. Damit meine ich nicht, dass mir damenhaft ein paar Tränchen übers Gesicht rollen, nein. Ich zittere und werde vom Heulen so geschüttelt, dass ich nicht mal den Tee in der Hand halten kann. Alle gucken mich an, aber das ist mir gerade völlig egal. Ich kann nichts dagegen tun.

Die Frau des Schmugglers hat sich als Erste wieder gefangen, sagt den anderen, dass sie mir erst mal Wasser bringen sollen, und fragt mich, was denn los sei. Ich sage ihr, dass ich wirklich Todesangst ausgestanden hätte. Sie erklärt, dass sie auch Angst hatte eben. Aber als sie mein Gesicht gesehen habe, hätte sie zumindest gewusst, dass sie keine Angst vor mir zu haben brauche. Ich sähe doch sympathisch aus. Die Ärmste, ihr Land wird von Ausländern wie mir in Schutt und Asche gelegt, und sie kümmert sich noch um mich und versucht, mich zu beruhigen.

Der älteste Mann der Gruppe versucht nun auch, mir gut zuzureden, sagt, dass ich jetzt weiter zum Haus des Schmugglerpaares gebracht werde und dort in Sicherheit sei. Die Tasche und die Katzen würden 20 Minuten später mit einem anderen Wagen gebracht, sicher ist sicher. Im Haus angekommen, vereinbaren wir, dass sämtliche Nachbarinnen glauben sollen, ich sei taubstumm. Anders kann man mein mieses Arabisch nicht erklären, nicht jedenfalls, wenn sie mich als Syrerin ausgeben.

Sie fragen, wer ich bin, aus welchem Land ich komme, was mit meinem Mann sei und so weiter. Ich beantworte alles ganz ehrlich, woraufhin sie mich entsetzt anschauen. Ich dachte, Syrer seien nach mehreren Jahren Krieg nicht mehr leicht zu schockieren. Aber sie finden es furchtbar, wie der IS mit seinen eigenen Leuten umgeht und unter welcher Lebensgefahr man offenbar nur noch herauskommt. Mir wiederum zieht sich der Magen zusammen. Wenn der IS hier auftaucht, bevor ich weg bin, wird der Vater der drei Kinder mit ziemlich großer Sicherheit hingerichtet. Wenige Minuten nachdem wir angekommen sind, klopft es an der Tür, und ich springe erschrocken ins andere Zimmer. Abdullah, der Schmuggler, lacht. Es ist nur sein Schwager, der meine Katzen und die übrigen Sachen bringt. Während wir uns unterhalten, merke ich, dass ich immer noch nicht ganz aufgehört habe zu zittern.

Abends, auf dem Dach, fragt mich Shirin, die Frau des

Schmugglers, nach einer Weile, warum ich überhaupt nach Syrien gekommen bin. Sie fragt das nicht unfreundlich, aber sehr verwundert. Und sie hoffe, sagt sie, dass mein Mann bald aus dem Gefängnis entlassen werde und auch nach Deutschland kommen könne. Ich erkläre ihr, dass das nicht so einfach sei. Und ich noch nicht einmal wisse, ob mein Mann das überhaupt will. Wir sitzen ein paar Minuten da, ohne etwas zu sagen. Bis ich sie frage, warum sie solchen Leuten wie mir überhaupt helfe angesichts der enormen Gefahr, in die sie sich damit bringe. Das sei nun einmal die Arbeit ihres Mannes, sagt sie.

Über uns dreht eine Drohne brummend ihre Kreise. Vermutlich macht sie Aufnahmen für den bevorstehenden Angriff der FSA auf Akhtarin. Vom Dach schaue ich nach rechts, dort müsste die türkische Grenze sein. Ich frage Shirin, wann ich weitergebracht werde. Sie weiß es nicht, das werde spontan entschieden. Man müsse die umliegenden Checkpoints und Ribat-Plätze des IS beobachten, um zu wissen, wann man am besten unbemerkt an ihnen vorbeikommen kann. Heute wird daraus nichts mehr werden.

Zur Nacht gehe ich nach unten, schlafe dort, damit ich die Katzen rauslassen kann. Die beiden wirken etwas verdutzt, erst der Marsch durch Akhtarin, dann die rasante Autofahrt, nun ein neues Haus, sie wissen überhaupt nicht, wie ihnen geschieht. Ich auch nicht, aber das ist wenigstens meine eigene Schuld. Morgen werde ich tagsüber für ein paar Stunden im Zimmer bleiben, damit ich sie dort aus dem Korb lassen kann.

Ich hätte die Katzen natürlich auch irgendjemandem geben können vor der Flucht. Aber das habe ich nicht übers Herz gebracht. Sie sind seit ihrer Geburt jeden Tag bei mir, warten jedes Mal vor der Klotür, bis ich wieder draußen bin, und in Qasr al-Brij sind sie mir schreiend nachgerannt, wenn ich das

Haus verlassen habe, um zu den Aserbaidschanern zu gehen. Ich bin das Einzige, das dieses verzottelte, schreckhafte Duo hat – und ich habe sie.

Als ich meine Handtasche öffne, rieche ich auf einmal ein Parfümöl, das mein Mann mir geschenkt hat. Sofort ist das eklige Gefühl wieder da, dass ich ihn im Stich lasse. Wäre er so einer gewesen, der mich schlecht behandelt oder gar verprügelt hätte, wäre alles einfacher gewesen. Aber das hat er nie getan. Ich kann ihm nichts vorwerfen außer der Entscheidung hierherzukommen.

Ich weiß nicht, wie lange ich noch wach gelegen habe, den Geruch des Parfüms im Kopf, die Momente meiner falschen Entscheidungen hin und her wälzend, als wären es messerscharfe Splitter, die ich dadurch ein bisschen abschleifen könnte. Es funktioniert nicht. Als Shirin mich weckt, fühle ich mich wie erschlagen und kann nicht anders, als in ihren Armen wieder loszuweinen. Sie scheint zu verstehen, warum, sagt nichts und wartet einfach eine Weile, bis ich mich ein bisschen beruhigt habe.

Eigentlich sollte eher ich sie trösten. Sie muss hier weiter im Krieg leben, während ich wieder nach Deutschland gehen werde. Das ist zumindest meine Hoffnung. Ihre Familie und sie aber können jederzeit verhaftet und umgebracht werden. An ihrer Stelle würde ich mich, glaube ich, nicht so liebevoll um eine europäische IS-Braut kümmern. Aber ich werde auf meiner Flucht noch öfter über die Syrer staunen.

Als wir Stunden später allein mit den Kindern im Haus sind, klopft es abermals. Shirin ruft fragend nach draußen, wer da sei und guckt mich mit aufgerissenen Augen an, als ein Mann antwortet. Sie ruft zurück, dass Abdullah nicht da sei. Erst als das Auto vor der Tür startet und wirklich wegfährt, macht sie die Tür auf, schaut sich um, ob niemand dort steht und lauscht. Der ungebetene Besucher gehöre zwar nicht dem IS an, aber sympathisiere mit ihm, erklärt sie mir. Deswegen sei es gar nicht gut, dass er heute hier aufgetaucht sei. Wir hoffen inständig, dass er wirklich nur gekommen ist, um mit Abdullah zu quatschen.

Die nächsten Tage vergehen quälend langsam. Ich will hier weg, so schnell wie möglich. Nicht, weil mir Shirin und Abdullahs Familie unsympathisch sind, im Gegenteil. Sondern, weil ich Angst um sie habe. Einmal taucht eine Nachbarin auf. Als sie mich sieht, will sie wissen, wer ich denn sei. Eine taubstumme Freundin aus al-Bab, antwortet Shirin, ohne eine Miene zu verziehen. Aber erst, als die Nachbarin wieder weg ist, können wir aufatmen, genauso wie bei dem Typen Tage zuvor. Wenn mich jemand in Akharin gesehen hat mit dem Katzenkorb und der vollgestopften Tasche und Verdacht geschöpft hat, wenn sie Abdullah vielleicht schon auf dem Radar haben, könnte hier jederzeit ein Greiftrupp vom IS-Geheimdienst auftauchen. Oder wenn mein Mann doch schon aus dem Knast raus ist, mich in Akhtarin nicht findet, aber meinen Abschiedsbrief gelesen hat.

Meine Handyverbindungen habe ich fast alle gelöscht, meinen Ausweis verbrennen wir nun ebenfalls. In der Türkei kann ich mir später immer noch Ersatzpapiere besorgen. Als Abdullah meint, heute Nacht werde es losgehen, dusche ich noch mal und wasche meine Klamotten für den Nachtmarsch. Mehr darf ich eh nicht mitnehmen. Meine Sachen sind mir einerlei. Aber die Katzen vorerst hierlassen zu müssen, dieser Gedanke ist furchtbar. Fast eine Stunde sitze ich bei ihnen und rede auf sie ein, dass sie bald nachkommen werden und wir es dann geschafft haben.

Damit niemand sieht, dass ich mich weinend von den beiden verabschiede, tue ich so, als ob ich mich nebenbei anziehe.

Ich packe mein kleines Handy, das man nur für SMS und Anrufe benutzen kann, aber dessen Akku ewig hält, sowie mein Smartphone in ein enges Top. Da kann nichts herausfallen, auch wenn ich rennen oder mich auf den Boden werfen muss. Darüber ziehe ich die Abaya. Shirin gibt mir einen Zettel mit dem Namen und der Nummer des FSA-Kontaktmannes, den ich im Notfall anrufen soll, aber auch erst, wenn wir in der Nähe von deren Checkpoint sind. Abdullah ist total nervös, läuft die ganze Zeit auf und ab. Er sagt, ich solle meinen Khimar hierlassen, der sei untypisch für die Gegend, und stattdessen einen von seiner Frau anziehen, damit ich weniger auffalle. Unterwegs dürfe ich nicht sprechen.

Wieder ein Abschied, eine letzte Umarmung von Shirin, ein Kuss für die schlafenden Kinder, und hinaus geht es in die kühle Nachtluft. Es ist stockfinster, wir müssen einmal ums Haus herum. Ich sehe absolut nichts und folge Abdullahs Schritten. An der Hauswand sitzen zwei Frauen und vier Männer. Auch sie sollen denken, dass ich taubstumm bin. Abdullah erklärt ihnen, ich sei Turkmenin, würde nichts verstehen und sowieso nichts hören und sagen können. Ob sie ihm das glauben? Sie schauen reglos, wir laufen weiter, keiner sagt etwas, und wenn ich mich nicht täusche, gehen wir Richtung Norden.

KAPITEL 9
Die Flucht

Es ist stockfinstere Nacht. Abdullah, der Schmuggler, geht voran, kennt jeden Flecken hier, während wir anderen versuchen, so viel wie möglich von unserem Vordermann zu erkennen, nicht zu stolpern oder gegen einen Baum oder Busch zu rennen. Neben mir reihen sich Olivenbäume aneinander. Der Boden ist uneben und steinig, und ich bereue, dass ich meine vernünftigen Schuhe in Akhtarin gelassen habe und nun in diesen Plastikschlappen laufen muss.

Abdullah bleibt kurz stehen, horcht in die Nacht und flüstert, wir müssten ganz leise sein und uns flach auf den Boden legen, sobald ein Auto zu hören sei. Aus der Ferne blicke ich auf die türkische Grenze, die mittlerweile durchgehend gleißend hell beleuchtet ist. Hier hat vor ziemlich genau zwei Jahren das ganze Chaos für mich angefangen. Damals wollten wir unbedingt hier reinkommen, nun will ich unbedingt wieder raus.

Plötzlich lassen sich alle auf den Boden fallen. Also mache ich das auch, obwohl ich keinen Schimmer habe, was überhaupt los ist. Doch dann dringt es auch an mein Ohr: das Knacken und Rauschen eines Funkgeräts, mehrere Männerstimmen, nicht weit von uns entfernt. So weit können wir nicht gelaufen sein, dass dies schon die FSA wäre. Nein, es muss ein Posten von IS-Männern sein. Die Letzten, denen wir jetzt begegnen wollen. Ein paar Minuten lang bleiben wir so liegen, hören, wie ein Auto angelassen wird. Scheinwerfer leuchten in unsere Richtung, aber erwischen keinen von uns. Gerade noch einmal gut gegangen.

Dennoch klingen die Männerstimmen nach wie vor ziemlich

laut und nah. Langsam aber müssen wir weiter, und so schleichen wir geduckt voran, bemüht, nur ja nicht auf einen Ast zu treten oder irgendeinen Laut zu machen. Erst als die Stimmen und die Geräusche des Funkgeräts nicht mehr zu hören sind, atmen wir wieder auf.

Die erste Pause gönnt uns Abdullah erst nach anderthalb Stunden, die sich viel länger angefühlt haben. Die Nacht ist warm, die Mücken und Schnaken schwirren die ganze Zeit um meinen Kopf, und mir kommt es vor, als liefe ich barfuß. Nach der Pause geht es zwei Stunden lang über Felder, Landstraßen, Olivenhaine und Äcker, auf denen ich bei jedem Schritt im knochentrockenen Staub einsacke. In der Ferne kann ich die Umrisse von Häusern erkennen. Der Mond scheint nicht, aber unsere Augen haben sich langsam an die Finsternis gewöhnt.

Dafür haben wir fürchterlichen Durst und merken, dass wir zu wenig Wasser mitgenommen haben. Abdullah schickt einen der Männer los, um nach Wasser zu suchen. Aber die Tanks auf den Häusern der Umgebung scheinen alle leer zu sein. Während wir warten, falle ich immer wieder in Sekundenschlaf, werde wach von Stimmen in der Nähe. Alle schauen still mit aufgerissenen Augen in Richtung der Stimmen. Aber rasch wird klar, dass es sich nicht um eine IS-Patrouille handelt, leider auch noch nicht um einen FSA-Posten – sondern um eine weitere Gruppe von Flüchtlingen, die in dieselbe Richtung wie wir wollen, raus aus dem Kalifat.

Wir müssen weiter, ich will aufstehen, aber ein stechender Schmerz in den Beinen lässt mich wieder niedersinken. Dieser pochende, brennende Schmerz macht von nun an jeden Schritt zur Qual. Ich versuche, ihn zu ignorieren und einfach weiterzumarschieren.

Ein lautes Krachen und das anschließende Rieseln von Splitterteilen getroffener Bäume lenken mich schließlich von allen Schmerzen ab. Neben, über uns ist ein Geschoss eingeschlagen. Wir sind entdeckt worden! Ich bin kurz davor, in Panik auszubrechen, aber Abdullah bleibt ruhig und sagt entschieden, wir sollen uns wieder setzen und warten, bis die IS-Männer uns sehen können. Als Gruppe sähen wir aus wie eine syrische Familie, die fliehen oder ihre Verwandtschaft im FSA-Gebiet besuchen will. Das ist offensichtlich weniger schlimm, als wenn IS-Angehörige fliehen wollen.

Wenn wir weiterlaufen, meint er, wäre diese erste Granate nicht die letzte gewesen. Aus einer nahe gelegenen Moschee ertönt der Ruf zum Morgengebet. Seltsam, denke ich mir, er ist mir so vertraut und selbstverständlich geworden. Und doch werde ich ihn bald nicht mehr hören. Zumindest, wenn ich diese Nacht überlebe. Wenn kein IS-Trupp mich einfängt und die FSA mich nicht umbringt. Ziemlich viele Wenns.

Während ich in den Nachthimmel schaue, der mit Sternen übersät ist, frage ich mich unwillkürlich, ob mein Mann wohl gerade schläft oder wach ist, um die freiwilligen Gebete vor dem Morgengrauen zu verrichten. Wieder diese Stiche im Magen, dieses Schuldgefühl. Aber nun gibt es ohnehin kein Zurück mehr. Ich sollte glücklich oder wenigstens hoffnungsvoll sein. Aber ich bin es nicht. Obwohl ich ein Jahr lang auf diesen Tag gewartet habe, bricht gerade meine Welt über mir zusammen. Ich habe ausgerechnet den Menschen verraten, für den ich mich überhaupt erst in diesen Albtraum begeben habe.

Langsam wird es hell, und so trauen wir uns weiter. Tatsächlich scheinen die IS-Leute uns für unwichtig zu halten, unbehelligt laufen wir durch den anbrechenden Tag. Abdullah sagt, er bräuchte jetzt das Handy und den Zettel mit der Nummer, die ich ihm beide umständlich aus meinem Top angele. Ich kenne mich mit der Geografie der Gegend mittlerweile gut genug aus, um zu wissen, dass wir auf das Dorf Khalfatli zulaufen, das direkt an der Grenze liegt, nur etwa 15 Kilometer von Ra'ei entfernt. Ich bin in zwei Jahren also einmal im Kreis gelaufen. Aber leider kann ich nicht einfach zurück auf Los und alles ungeschehen machen.

Egal, weiter. Mittlerweile ziehen Fahrzeuge an uns vorbei, Motorräder, kleinere und größere Transporter mit Familien, Hausrat und Schafen. Nur etwa hundert Meter weiter liegt der IS-Frontposten. Sie müssen uns sehen, aber da wir wie ganz normale Syrer wirken, kommt keiner, um uns zu kontrollieren. Mein Herz wird leichter, nur der Durst macht mich fertig.

Minuten später haben wir anscheinend das Niemandsland unbehelligt hinter uns gelassen, denn vor uns tauchen mehrere Pick-ups der FSA auf, die quer auf der Straße geparkt stehen. Wir müssen anhalten, uns ausweisen und Fragen beantworten. Vorne stehen zwei Kämpfer und kontrollieren die Fußgänger. Wir werden gefragt, wo wir hinwollen, und Abdullah erwidert, wir würden hier abgeholt. Ich muss meinen Niqab hochklappen, der Mann guckt kurz und winkt uns durch. Mein Herz schlägt mir bis zum Hals. Abdullah hat Wasser besorgt, und in wenigen Zügen habe ich zwei Flaschen geleert. Nur muss ich jetzt pinkeln. Am Straßenrand, inmitten von Feldern, allein unter Männern.

Wir setzen uns auf eine Mauer, um uns herum etwa 50 FSA-Männer und Gruppen von Syrern, die offenbar auch darauf warten, abgeholt zu werden. Das Handy klingelt, Abdullah geht ran und meint kurz darauf, dass das Auto, das mich mitnehmen wird, gleich da sein werde. Tatsächlich kommt ein Fahrzeug: ein Pick-up der FSA mit aufmontierter Dushka, diesem zentnerschweren, knapp zwei Meter langen Maschinengewehr, das auf einem verschweißten Stahlfuß mitten auf die Ladefläche montiert ist. Ich soll vorne sitzen. Eingenebelt von Zigarettenrauch schaue ich raus in die Landschaft, wo Hirten mit ihren Schafen und Ziegen, manchmal auch ein paar Eseln, unterwegs sind. Eine bizarre Idylle angesichts meiner Lage. Der IS würde mich einsperren, weil ich abhauen will. Viele der FSA-Gruppen würden mich einsperren, weil ich beim IS war, ihren Todfeinden. Oder weil sie mich dann gegen ihre Gefangenen beim IS eintauschen könnten.

Wir biegen auf eine Straße ab, die parallel zur neu errichteten Grenzmauer verläuft. Die konnte ich bislang nur in Ra'ei sehen, wenn ich oben auf dem Dach stand. Nun bin ich ihr so nah, dass ich sie anspucken könnte. Mitten auf dem Acker haben die Türken diese Betonteile hochgestapelt, um Menschen daran zu hindern, sich und ihre Familien in Sicherheit zu bringen. Ich nehme das persönlich, denn auch ich wäre gern auf der anderen Seite dieser Mauer. Dass sie ohnehin nicht als Barriere taugt, um den IS aufzuhalten, merkt man ja schon daran, dass es trotzdem weiter Anschläge in Europa und der Türkei gibt. Es mag ein bisschen komplizierter sein, aber ich bin einfach erschöpft, sauer auf alles, mich, die Welt – und diese Mauer.

Abdullah ruft mir von hinten zu, dass ich auf keinen Fall etwas sagen solle, sobald wir gleich an einen Kontrollposten kommen! Der Fahrer ist verwirrt und schaut mich fragend an: »Du sprichst wirklich kein Arabisch?« Mit einem entschuldigenden Schulterzucken und angedeutetem Lächeln schüttele ich den Kopf und sage auf Arabisch Nein. Ich bin verwirrt, habe Angst. Etwas lauter fährt er fort: »Hab keine Angst, einfach nichts sagen, hörst du? Nicht reden, okay?«

Wir halten am Posten. Ich habe vorher mühsam mein Fenster hochgekurbelt, denn das gesamte Auto ist mit dem rotbraunen Schlamm der Umgebung beschmiert. Den Wagen hat die FSA wohl vom IS, denn die machen das immer so, um besser vor Drohnen und Flugzeugen getarnt zu sein. Aus der Luft sieht ein Auto, jedenfalls ein stehendes, dann aus wie ein Erdhügel.

Zwei Männer laufen auf uns zu und reden mit dem Fahrer. Einer deutet in meine Richtung und fragt etwas, was ich nicht verstehe, sie unterhalten sich noch kurz, dann wünschen uns die beiden eine gute Weiterfahrt. Alles gut, auch am nächsten Kontrollposten, an dem wir zweimal freundlich hupend einfach weiterfahren dürfen. Trotzdem biegen wir anschließend auf eine Holperpiste ab, um einen weiteren Checkpoint zu umfahren. Ein Risiko weniger. Finde ich gut.

Das Flüchtlingslager, das wir nach einer knappen Stunde Fahrt erreichen, sieht aus wie eine Gartensiedlung: zusammengestellte Bauwagen, zwischen denen Planen gespannt sind, um Sonne und Regen abzuhalten. Abdullah springt von der Ladefläche und reißt meine Tür auf. Wahrscheinlich sind die drei einfach froh, mich hier abladen zu können! Eine Europäerin, die vor dem IS geflohen ist, in dieser Gegend herumzufahren kann ja in mehrfacher Hinsicht gefährlich sein. Aber Abdullah bleibt bei mir, und der Fahrer meint lachend auf meinen Dank hin: »Keine Ursache, hab keine Angst! Wenn Gott will, wird schon alles gut!«

Zumindest habe ich hier Turkcell-Empfang! Während die Frauen Tee bringen, telefoniere ich mit meinem syrischen Schmuggelhelfer, der mich fragt, wie es mir geht. Gut, sage ich, während meine Beine immer noch brennen und meine geschwollenen, wundgelaufenen Füße schmerzen. Er meint, ich würde bald abgeholt. Ich kann duschen. Die Männer unterhalten sich über mich, soweit ich es verstehe, erklärt ihnen Abdullah, wo ich herkomme und wie die letzte Nacht verlaufen ist. Ich sehe den Ausdruck in ihren Gesichtern, und ich erkenne dieselbe Mischung aus Mitleid und Unverständnis wieder, die ich schon mehrfach erlebt habe: Was um alles in der Welt bringt eine Europäerin dazu, freiwillig hierher in den Krieg zu ziehen?

Ein kleiner Junge bietet mir Weintrauben an, Abdullah schmeißt mir eine Zigarette zu. Ich habe zwar vor einer Ewigkeit aufgehört zu rauchen, aber scheine gerade so auszusehen, als ob ich dringend eine Zigarette bräuchte. Und jetzt beruhigt mich dieses stinkende Ding wirklich. Kurz nachdem ich die Zigarette ausgedrückt habe, schlafe ich im Sitzen ein und werde erst nach einer Weile, von irgendwem zugedeckt, kurz wach, weil die Sonne zu heiß scheint. Mit dem Teeglas und den Weintrauben auf dem Schoß dämmere ich abermals weg.

Bis Abdullah mich wachrüttelt. Vor mir steht jemand. Ein Fremder, der mich komisch anschaut, als ob ich irgendwie aus einem Raumschiff gestolpert wäre. Warum guckt er so? Er sieht irgendwie dem syrischen Schmuggelhelfer ähnlich, den ich von Fotos kenne. Aber er kann es nicht sein, denn der ist viel älter als dieser junge Typ, der mir nun auf Arabisch zu verstehen gibt, dass er gekommen ist, um mich abzuholen. Abdullah steht auf, ich verabschiede mich noch von der Familie und bedanke mich für ihre Gastfreundschaft. Abdullah will mir partout noch 5000 syrische Lira in die Hand drücken, ich lehne ab, aber er besteht darauf. »Bitte«, sagt er, »nimm es. Und sei beruhigt, ab hier kann dir nichts mehr passieren!« Ein letzter Dank, ein letzter Blick von ihm, der trotz seiner Beteuerungen ein wenig besorgt aussieht, und ich folge Said, so nenne ich ihn, was »der Fröhliche« heißt. Er hat etwas Aufmunterndes. Ich nehme auf dem Rücksitz Platz und muss schon wieder heulen. Langweilig vermutlich, das abermals zu lesen. Aber so war es halt.

Said schaut kurz in den Rückspiegel, sagt aber nichts. Er kann ein bisschen Englisch, und so reden wir über den Krieg und enden unweigerlich beim ewig gleichen Thema:

warum jemand wie ich beim IS landet. Er erzählt, nicht ohne Stolz, dass der IS immer wieder versucht habe, seine Stadt zu erobern, die die vorläufige Endstation meiner Flucht sein wird. Aber es sei dem IS nie gelungen, die Gegenwehr der Bewohner zu brechen. Trotz mehrerer Selbstmordattentate mit sprengstoffbeladenen Autos, deren Wucht selbst noch in Ra'ei zu spüren war.

Nachdem wir eine Weile gefahren sind, frage ich Said, ob wir hier wohl in Kaljibrin seien, einem Ort, den ich von den Landkarten kenne, die ich immer studiert hatte, um zu wissen, wie die Lage um uns herum aussieht. Er bejaht leicht erstaunt und will wissen, woher ich den Namen kenne. Als ich antworte: »Google«, lacht er. An zwei Checkpoints wird er erkannt und einfach durchgewunken. Er telefoniert mit meinem syrischen Schmuggelhelfer, der sich als sein Onkel herausstellt. Daher die Ähnlichkeit.

KAPITEL 10
Im Niemandsland

Gegen zehn Uhr morgens komme ich in der kleinen Stadt an, die ich eigentlich nur passieren wollte auf dem Weg in die Türkei. Ihr Name soll hier ungenannt bleiben. Denn die Kleinstadt nördlich von Aleppo entpuppt sich als vorläufige Endstation meines Weges, in der ich auch fast anderthalb Jahre nach meiner Flucht vom IS noch festsitze, nicht zurückwill und nicht weiterkann. Der Ort ist seit Anfang 2014 von der FSA verteidigt worden gegen die Attacken des IS, der ihn mit Mörsergranaten, Autobomben, Raketen und sogar Chemiewaffen angegriffen hat.

Willkommen beim Feind also, denke ich an jenem Morgen, als der Fahrer vor einem Haus anhält, erst allein aussteigt und kurz mit einem Mann redet, der mit Handy in der Hand an der Haustür steht und uns offenbar erwartet hat. Dann soll ich auch aussteigen und ins Haus gehen. Aber ich solle niemandem sagen, wo ich herkomme. Mir geht in diesem Moment der Arsch auf Grundeis. Verzeihen Sie die Wortwahl. Aber nach allem, was der IS den Menschen gerade hier angetan hat, flüchte ich, als Ausländerin, vom IS, hierher. Ich male mir aus, was geschieht, wenn sie erfahren, woher ich komme, falls sie es wirklich nicht wissen. Die Angst ist größer als die Schmerzen in meinen Beinen, mit denen ich mich langsam über die Straße quäle, auf der zwischen Auto und Tor auch noch ein Erdhaufen liegt.

Der Mann mit dem Handy bittet mich ins Haus, wo zwei Frauen auf mich warten und mich begrüßen. Ich kann zu wenig Arabisch, einzelne Worte schon, aber nicht genug, um mich zu unterhalten. Den ersten Satz der älteren Frau jedoch verstehe ich. Sie fragt, ob ich aus Raqqa oder Mosul komme, was ich beruhigt verneine. Die beiden scheinen also doch Bescheid zu wissen. Ich möge mich ruhig setzen, bedeutet sie mir mit einer Geste. In Zeitlupe gehe ich in die Knie, lasse mich dann mehr oder weniger fallen und lande schließlich auf der Schaumstoffmatratze wie ein Käfer auf dem Rücken. Nur nie wieder aufstehen müssen! Die Frauen schauen mich voller Mitleid an.

Nun kommt auch der Mann ins Wohnzimmer, setzt sich zu uns und erklärt mir, dass die ältere Frau seine Mutter, die jüngere seine Frau sei. Mein syrischer Schmuggelhelfer sei ein Verwandter von ihnen. Sie rufen ihn an, und er fragt am Telefon auf Englisch, wie es mir gehe. Er meint, ich müsse keine Angst haben, die Familie wisse Bescheid. Große Erleichterung meinerseits. Ich sage ihm noch, dass ich gern Internetzugang hätte, und reiche das Telefon weiter. Mazlum, so heißt der Mann im Haus, nickt. Ich soll ihm mein Handy geben. Also muss ich mich kurz umdrehen, um mein Tablet aus dem Ausschnitt meiner Abaya herauszukramen. Ich schaue anschließend wohl etwas verwirrt in die Runde. Aber alle lächeln über meine Paranoia hinweg, dass ich aus Furcht vor einer Durchsuchung das Ding dort versteckt hatte.

Ich rechne nun damit, dass Mazlum sich erst mal die Bilder anschaut, den WhatsApp-Verlauf durchforstet oder mir gleich sagt, dass ich das Tablet morgen zurückbekäme, weil sie es erst einmal durchsuchen müssten. Aber nein. Er gibt einfach nur das W-Lan-Passwort ein, reicht mir das Gerät zurück und verlässt das Haus.

Das ist die erste Überraschung in Sachen Menschlichkeit bei jenen Syrern, die mir vom IS zwei Jahre lang als Ungläubige und Verräter geschildert wurden. Und zwar ausgerechnet in dem Ort, den anzugreifen auch mein Mann vor langer Zeit einmal losgeschickt worden war! Ihr Emir hatte ihnen verkündet, dass sie noch in derselben Nacht ausrücken müssten, um die Ortschaft von mehreren Seiten zu attackieren. Dann saßen die Kämpfer in ihren Gräben, es wurde später, es wurde hell, nichts geschah. Der Angriffsbefehl blieb aus. So erzählte es mir mein Mann später. Als die Sonne längst schon hoch über dem Horizont stand, erging die Order zum Rückzug. Zum Glück, denke ich nun herzklopfend.

Kaum bin ich im Netz eingeloggt, schreibe ich meiner Mutter und dem deutschen Fluchthelfer, dass ich angekommen und in Sicherheit bin. Ein paar Minuten später ist Mazlum zurück mit Wechselkleidung, einer Packung Tramadol-Schmerztabletten und einem geschätzten Kilo Feigen: »Mein Onkel sagte mir, du magst gerne Feigen.« Das stimmt nicht ganz. Ich mag Feigen nicht nur. Ich liebe sie.

Frisch geduscht, umgezogen und sediert von zwei Tramadol falle ich unter einem sich träge drehenden Deckenventilator in den Schlaf. Als ich aufwache, sind die Schmerzen in den Beinen noch immer da, nur leicht gedämpft. Ich schreibe dem deutschen Fluchthelfer und frage ihn, wie es nun weitergehe. Denn ich will ja nicht hierbleiben, sondern in die Türkei.

Als seine Antwort kommt, sitze ich mit den anderen Frauen und dem einjährigen Kind der Familie zusammen und trinke Tee. Langsam erhole ich mich, aber da wir nicht viel miteinander reden können, schaue ich gleich aufs Handy. Was dort steht, fühlt sich an wie ein Schlag in die Magengrube: Da er sich nicht daran beteiligen könne, mich illegal über die Grenze zu bringen, schreibt mein Fluchthelfer, sei der einzige Weg, nach Deutschland zu kommen, meine Daten an die deutschen Behörden weiterzugeben. Die würden sie überprüfen und dann bei den Türken eine Genehmigung beantragen, damit ich die Grenze überqueren darf.

Alles aus, mit einem Schlag. Nachdem ich es bis hierher geschafft habe, nachdem ich heil aus dem IS-Gebiet herausgekommen bin, unentdeckt tagelang bei den Schmugglern gewartet und den Beschuss beim nächtlichen Marsch überlebt habe, nachdem ich letztlich auch nicht von der FSA festgenommen wurde, wird meine Flucht nun jäh beendet. Durch eine Textnachricht beim Teetrinken.

Von einer Sekunde auf die andere fange ich an zu heulen. Sofort werden ein Feuerzeug und ein Päckchen Zigaretten in meine Richtung geworfen, aus dem ich mir auch gleich eine herausziehe und anstecke. Ich bin am Boden zerstört. Niemand hat mir das vorher gesagt. Ich meine, man sollte doch über solche Punkte Bescheid wissen, bevor man sich auf die Flucht begibt. Jetzt soll ich also auf die Gnade der Türken hoffen. Ich bin so sauer. Meinem Fluchthelfer antworte ich, dass wir später noch mal telefonieren müssten. Dem Syrer schreibe ich dasselbe. Die Familie schaut besorgt, fragt, was los sei. Ohne die Sprache zu beherrschen, kann ich ihnen beim besten Willen nicht erklären, was los ist.

Auch alle späteren Telefonate, Aussprachen, Bitten und Nachfragen von meiner Seite haben dasselbe Ergebnis: Syrien bleibt Endstation für mich. Zumindest bis, falls, die türkischen Behörden mich einreisen lassen – auch ohne Pass, denn den haben wir ja auf der Flucht verbrannt. Nur warum sollten sie das tun? Denen bin ich ja noch gleichgültiger als den deutschen Behörden, bin da nur durch- und dann illegal ausgereist in jenem fatalen Sommer 2014.

Warten und mich wundern, heißt es von nun an für mich. Es ist wieder Sommer, jeden Abend sitzen wir im Hof, essen Feigen, Melone, trinken Tee und reden. Das heißt, schreiben. Mazlum hat die App von Google Translate auf seinem Handy und tippt alle möglichen Fragen ein. Er fragt zuerst einmal nach meinem Mann. Ich weiß zwar das arabische Wort für Gefängnis, aber gebe eine Kurzversion der Geschichte ein, die wohl auch halbwegs richtig übersetzt wird. Auf diese Weise unterhalten wir uns über alles Mögliche, wie viele Geschwister ich habe, wo meine Eltern herkommen, wo ich geheiratet habe, in was für Orten ich in Syrien überall gewohnt habe und so fort. Manches übersetzt die App so abstrus, dass ich lachen muss.

Ich versuche dann, mich bei der Familie für ihre Hilfe zu bedanken, und schreibe, dass ich nicht geahnt hatte, hier zu stranden; dass ich erst hier erfahren habe, auf eine Genehmigung der türkischen Behörden warten zu müssen, damit ich weiterreisen kann. Und dass es mir leidtue, ihnen so viel Mühe zu bereiten. Google Translate übersetzt diese Erklärungsversuche glücklicherweise halbwegs richtig. Und Mazlum wie seine Mutter sagen fast zeitgleich, dass ich mir keine Gedanken machen und keine Angst haben solle. Hier in der Stadt sei ich sicher. Jetzt jedenfalls. Einer von Mazlums Brüdern ist zuvor im Kampf gegen Assads Truppen umgekommen. Seit 2012 hat Assads Luftwaffe immer wieder den Ort angegriffen, hat gezielt die Schule, das Gebäude der Bauernkooperative, das Einwohnermeldeamt bombardiert. Die Familie zeigt mir ein Video und Bilder der beiden Brüder. Sie hätten Zwillinge sein können, sind aber ein, zwei Jahre auseinander gewesen.

An einem der Abende auf dem Dach kommt über uns eine Drohne angebrummt und dreht ihre Runden. Im Sommer 2016 hält der IS noch ein Dorf in der Nähe, schießt ab und zu Mörsergranaten in unsere Richtung, zum Glück nicht zielgenau. Die Drohne brummt weiter in Richtung des IS-Dorfes. Ich bin kurz in Gedanken versunken und wundere mich wieder einmal über die Familie, die einfach jemanden vom IS aufnimmt, ohne zu wissen, wer diese Person eigentlich ist. Da fragt mich Mazlum, über was ich nachdenke. Über mein Warten hier, erkläre ich ihm: darüber, dass ich nicht weiß, ob es ein paar Tage, Wochen oder auch Monate dauern wird, bis die Türken ihr Einverständnis für meinen Grenzübertritt geben, zumal es zwischen Deutschland und der Türkei jetzt schon politisch andauernd kriselt.

Seine Antwort verstehe ich auch ohne Google Translate: »Maleeesch«, was so viel heißt wie: egal, kein Problem. Ob ich etwas bräuchte? Ich verneine, woraufhin er mich entgeistert anschaut und auf Englisch fragt, ob ich verrückt sei. Unter anderen Umständen würde ich mit »Ja« antworten, aber diesmal bin ich lieber still. Ich werde darauf warten, dass meine Sachen gebracht werden, und dann zusehen, dass ich irgendwie an Geld komme. Ich will auf keinen Fall meine Gastgeber um etwas bitten und nicht bezahlen können!

An einem der nächsten Abende kreist wieder eine Drohne über dem Ort, aber diesmal folgt ihr wenig später ein Kampfjet in Richtung des IS-Dorfes. Vorher waren in der Ferne bereits Schusswechsel zu hören, nun wird es also gleich knallen. Erst ist das Dröhnen der Explosionen zu hören, dann die Druckwelle zu spüren. Ein zweiter Jet kommt, und das Ganze wiederholt sich.

Es ist ein bisschen seltsam, das so nah zu erleben, wenn es mich nicht mehr betrifft. Ich habe ja meistens nahe der Front gelebt. Über uns fliegen amerikanische Jets, aber sie greifen die letzten Ausläufer des IS an, nicht uns. Denn das Gebiet nördlich von Aleppo wird mittlerweile von der Türkei kontrolliert, deren Truppen hier 2015 in Kooperation mit der FSA einen Landstrich besetzt haben. Offiziell kamen die Türken, um den IS zu vertreiben. Aber es ging eher darum, die Kurden daran zu hindern, den ganzen Norden zu erobern und dann ihren eigenen Staat direkt an der türkischen Grenze auszurufen. Entsprechend beschießen uns auch manchmal die kurdischen Milizen von der YPG.

In diesem Moment erleben wir den Krieg nicht als Bedrohung, sondern eher als ein donnerndes Spektakel – während wir in allabendlicher Runde im Hof sitzen, Tee trinken und Pistazien aus ihren Schalen pulen. Mit der Zeit empfindet man diese Geräuschkette des Krieges als normal, weiß schon, was als Nächstes kommt nach dem Brummen der Drohne. Dreht sie kleine Runden, passiert meistens nichts, da sie nur Fotos macht. Ist sie allerdings in gerader Linie unterwegs, fliegt sie zur Front und übermittelt im Flug die Zielkoordinaten für den Kampfjet, der ihr oft bald folgt. Manchmal kommt auch gar keine Drohne, fliegt nur ein Jet, bombardiert sein Ziel und verschwindet wieder. Sein Ziel, das heißt: meine Heimat der letzten zwei Jahre.

Meine Gefühle in diesen Momenten lassen sich schwer beschreiben. Um die einzelnen Menschen tut es mir leid, aber nicht um die Organisation. Ich denke, dass viele vom IS wegwollen. Aber aus Angst, erwischt zu werden, aus Furcht vor den Konsequenzen in Deutschland bleiben sie. Und wählen, jedenfalls die Männer, das vermeintlich kleinste Übel: Wachdienste. Allerdings kann auch da jederzeit ein Emir vorbeikommen und verkünden, dass heute Nacht ein Angriff auf das Dorf XY starten werde und man halt mitkämpfen müsse.

Am Anfang der Zeit bei meiner Gastfamilie gibt es auch noch mehrere schwere Detonationen von IS-Selbstmordattentäter-Autos, Wagen voller Sprengstoff, deren Fahrer es bis in unseren Ort schaffen und sich dort in die Luft jagen. Was uns hier wenigstens erspart bleibt, sind die Kampfjets der Russen und des Assad-Regimes. Ich habe die ja erlebt. Die bomben einfach alles zurück in die Steinzeit, wahllos, Wohnhäuser,

Schulen, Krankenhäuser. Hier haben sie das auch getan, drei Jahre lang, bis Russland und die Türkei vereinbarten, dass diese Gegend in Ruhe gelassen wird. Jedenfalls aus der Luft. Am Boden feuern die Kurden immer noch ihre Geschütze auf uns ab, würden gern die letzten arabischen Dörfer und Städte erobern, um den gesamten Norden zu beherrschen. Was wiederum die Türken, die mich nicht einreisen lassen, verhindern wollen.

Ich lebe bei meiner Gastfamilie und warte, einen Monat, ein halbes, ein ganzes Jahr, und auch nach 15 Monaten werde ich im Spätherbst 2017 noch immer in Nordsyrien sein. Von den deutschen Behörden, mit denen ich die ganze Zeit in Kontakt bin, kommen die immer gleichlautenden Antworten: »Wir sind bezüglich Ihrer Einreise in die Türkei bisher leider nicht weitergekommen ... Das Amt setzt sich weiterhin und mit Nachdruck gegenüber den türkischen Behörden dafür ein ... Aufgrund der schwierigen Sicherheitslage ergeben sich keine Möglichkeiten der konsularischen Hilfeleistungen ... Es tut mir leid, im Moment keine konkrete Hilfe anbieten zu können.« Und so fort. Im Ton immer höflich, aber in der Sache hart.

Wer als Deutscher zum IS gegangen ist, hat keine Rechte mehr. Egal, ob man sich aus eigenen Stücken von denen wieder gelöst hat, ob man unter Lebensgefahr geflohen ist. Mein Eindruck ist: Die Behörden hören sich die Geschichte an, machen ein paar Telefonate und legen dich wieder zu den Akten. Einen ehemaligen IS-Terroristen wieder nach Deutschland zu holen, wäre in den Augen der Behörden nur ein weiteres Sicherheitsrisiko, würde weitere Überwachungskosten bedeuten. Außerdem fürchten sie vermutlich die Reaktionen der Mitbürger dort, die einen auch nicht zurückhaben wollen – und sich dann empören würden, wieso man Steuergelder für solche Menschen wie mich ausgibt.

Es ist allen lieber, wenn die Ausgereisten in Syrien oder im Irak bleiben. Dann müssen sie sich nicht mit unserer Überwachung oder mit negativen Reaktionen herumschlagen. Ob man dann dort stirbt oder nicht, interessiert niemanden. Geh drauf, wo du gerade bist, dann kannst du zuhause in Deutschland nichts mehr anstellen! Das ist die Wahrheit, auch wenn ich mir wünschte, es wäre anders.

Seit über einem Jahr bin ich aus dem IS-Gebiet raus. Aber die Einzigen, die es in dieser Zeit zurück nach Deutschland geschafft haben, sind diejenigen, die sich illegal über die Grenze in die Türkei haben schmuggeln lassen – so wie eine Deutsch-Türkin, deren Familie Kontakte zu höheren Stellen im türkischen Behördenapparat hat. Ich wollte den legalen Weg nehmen und hänge hier fest.

Mittlerweile bin ich so weit, dass ich versuche, mich an ein Leben hier in Nordsyrien zu gewöhnen. In Deutschland wird die Öffentlichkeit mich durch den Fleischwolf drehen, kauen und ausspucken. Egal, wie teuer ich für meinen Irrtum schon bezahlt habe. Hier in Syrien tritt mir kein SEK morgens um vier die Tür ein, werde ich keinen ständigen Befragungen ausgesetzt und kann halbwegs in Ruhe leben. Wenn man den Granatbeschuss der Kurden einmal ausblendet.

Aber diese Aussichtslosigkeit macht mich trotzdem fertig. Nie zu wissen, wie es weitergeht, nie wirklich zur Ruhe zu kommen, weil ja keiner weiß, ob wir nicht doch wieder einmal bombardiert werden, ob die kurdischen Truppen angreifen und wir fliehen müssen. Ich habe keine Ahnung, ob ich meine Eltern, Geschwister, Freunde je wiedersehen werde. Es stimmt, dass ich nach Syrien gegangen bin, die meisten Kontakte damals abgebrochen habe. Aber nun will ich zurück und darf nicht.

Nur von einigen derjenigen, mit denen ich meine zwei

Jahre beim IS verbracht habe, weiß ich, was aus ihnen geworden ist. Waliullah, der Afghane, ist im Frühjahr bei den Kämpfen gegen die türkische Armee in al-Bab ums Leben gekommen. »Fußfessel«, Abu Ousama, sein pakistanischer Freund, mit dem er sich so zerstritten hatte, starb schon 2016, als die Kurden Manbij befreiten. Zu fast allen Frauen habe ich keinen Kontakt mehr, das war schon von mir ausgegangen in der Zeit meiner Fluchtvorbereitung. Was mich aber sehr zermürbt, ist die Ungewissheit über das Schicksal meines Mannes! Ich weiß, dass er aus dem Gefängnis wieder entlassen wurde, wir konnten ein paar Mal über WhatsApp Nachrichten austauschen. Ist er wütend auf mich? Ja, das ist er, aber tief drinnen weiß er auch, dass es zu Ende geht mit dem IS.

Ich hoffe immer noch inständig, dass er überlebt! Aber unsere Ehe würde nicht mehr funktionieren, egal, wie gut wir uns einmal verstanden haben, egal, wie schnell wir uns damals verliebt haben. Es ist zu viel kaputtgegangen in unseren zwei Jahren beim IS, es gab zu viel Streit, vor allem aber: Er wollte bleiben, als mir klar war, dass ich aus dem Kalifat fliehen muss! Wenn wir nie nach Syrien gegangen wären, wenn das alles nicht passiert wäre, wären wir wohl immer noch verheiratet. Allen Schwierigkeiten zum Trotz, die uns damals so unüberwindlich erschienen: seine Mutter, mein Ex, die Aussichtslosigkeit, eine gemeinsame Wohnung in Frankfurt zu finden. Wie nichtig all das im Rückblick erscheint.

Nun sitze ich in der einen Ecke Syriens, komme nicht raus und weiß nicht, ob er in der anderen Ecke Syriens noch lebt oder schon tot ist.

Der Druck und die Ungewissheit der vergangenen Monate haben mich verändert. Ich bin launisch, manchmal wechseln sich Heulkrämpfe und Lachanfälle ab. Und ich werde immer misstrauischer, habe das Gefühl, kaum noch jemandem trauen zu können. Meinen beiden Schmuggelhelfern, dem Syrer und dem Deutschen, habe ich vorgeworfen, mich absichtlich nicht gewarnt zu haben, dass ich hier festsitzen werde, dass es ihnen nur darum ging, Geld und Informationen von mir zu bekommen. Meine Flucht hat ja Geld gekostet: die verschiedenen Helfer der Flucht selbst, die Unterbringung, mein Essen. Ich werde das auch zurückzahlen, muss nur erst einmal wieder Geld verdienen.

Ja, ich bin misstrauischer geworden. Nur der Familie, bei der ich nun seit über einem Jahr wohne, nein, deren Teil ich geworden bin in dieser Zeit, ihr vertraue ich voll und ganz. Das ist die seltsame Ironie meiner Flucht. Diese Familie nimmt mich einfach als Mensch an, akzeptiert mich, mit all meinen Schwächen und Launen. Wann immer es mir schlecht geht, wann immer ich wieder heule, setzt sich die Mutter mit Keksen zu mir, hört sich mein Geflenne an und sagt, dass alles halb so schlimm sei. Je besser mein Arabisch wird, desto ruhiger werde ich innerlich, weil ich merke, dass es für die Familie wirklich völlig normal ist, dass ich hier bin. Und sie laden mich sogar ein, zu Hochzeiten oder Besuchen bei anderen Familien mitzukommen – was ich nicht tue, da ich als Ausländerin nicht auffallen möchte und ihnen am Ende noch Probleme bereiten würde.

So lebe ich nun hier. Mittlerweile habe ich mein eigenes Zimmer im Nachbargebäude, meinen Rückzugsort. Ich kann abends auf dem Dach sitzen und dem Sonnenuntergang zuschauen. Die Katzen haben Platz zum Spielen und flitzen oft zwischen den Häusern hin und her. Mal gehe ich rüber, mal kommen die Frauen, Mutter, Töchter und Schwiegertöchter zu mir herüber, wir helfen uns gegenseitig oder sitzen einfach nur zusammen und essen Melone. Ich würde mir wünschen, dass viel mehr Menschen in Europa solche Erfahrungen mit

Syrern machen, damit man ihnen wenigstens ein bisschen mehr von der Güte entgegenbringt, die ich hier spüre.

Niemals hätte ich gedacht, hier so viel Gutes zu erfahren, ich wollte einfach nur um jeden Preis zurück, will auch jetzt immer noch nach Deutschland. Aber was ich hier habe, hatte ich dort nie, so viel Herzlichkeit und vor allem so viel Zusammenhalt, wenn es einem mal nicht so gut geht.

Vor einer Weile war jemand vom türkischen Geheimdienst hier, anschließend jemand von einer türkischen Hilfsorganisation, um mich und die Familie zu befragen. Nachdem sie sich meine ganze Geschichte angehört hatten, fuhren beide wieder weg, ohne ein Wort, ohne einen Hinweis, ob sie mich durch die Türkei ausreisen lassen würden. Als sie gegangen waren, kam die ganze Familie zu mir und versicherte mir noch einmal, dass ich hier bleiben könne. Und selbst, wenn es für immer sei.

Sollte ich mich eigentlich bei den Behörden der Türkei und Deutschlands bedanken? Dafür, dass sie mich hier im Stich lassen, obwohl ich meine Fehler eingesehen, obwohl ich mich verändert habe? Denn durch ihre Willkür habe ich die wunderbarsten Menschen kennengelernt, die mir in meinem ganzen Leben begegnet sind!

Ich habe gelernt, dass es nicht darauf ankommt, in völliger Sicherheit zu leben und keine Bomben zu hören, immer fließend Wasser und Strom zu haben und alles einkaufen zu können, was man gerade möchte. Es kommt auf die Menschen an.

Also, falls ich hier nun durch eine Granate oder Rakete oder sonst wie umkommen sollte: Ich durfte vorher etwas sehr Schönes erleben. Nämlich, wie Familie und Menschlichkeit wirklich aussehen können. Und ich wünsche jedem, der dies liest, dass er das auch einmal fühlt.

EPILOG
Ein paar Worte an die Anhänger des IS

Zum Abschluss möchte ich noch ein paar Worte an diejenigen richten, die immer noch beim IS sind beziehungsweise bei dessen Überresten, ob sie nun von dort wegwollen oder nicht.

Ich habe mit diesem Buch nicht die Absicht, irgendjemanden zu verletzen oder jemandem auf die Füße zu treten. Auch wenn es als Abrechnung erscheinen mag.

Die letzten Jahre habe ich damit verbracht, unter euch zu leben. Und obwohl ich ja aus freien Stücken nach Syrien gekommen bin, muss ich sagen: Ich habe noch nie in meinem Leben einen solchen Hass auf andere Menschen entwickelt, nie einen derartig miesen Umgang miteinander erlebt wie bei euch.

Ich habe die Streitereien wegen jeder Kleinigkeit verabscheut, den Neid und das Geläster untereinander, das Ausspionieren und den Egoismus. Ich habe es gehasst, wenn man mit der Absicht nach Syrien kam, den Menschen zu helfen, sich dann aber gegenseitig angestachelt hat, die Syrer bei jeder Gelegenheit zu drangsalieren und als Menschen zweiter Klasse anzusehen – weil sie Musik hören, rauchen oder den Niqab falsch tragen.

Ich will mich nicht von meinen eigenen Fehlern freisprechen, im Gegenteil. Sicher waren einige von euch innerlich selbst so am Ende wie ich und haben vielleicht deshalb so ein ekliges Verhalten an den Tag gelegt. Ich weiß aus eigener Erfahrung, wie man aufgrund der Umstände, unter Druck, Dinge tut oder sagt, die man unter normalen Umständen niemals aussprechen oder tun würde. Man ist einfach nicht immer man selbst.

Aber man muss es so deutlich sagen: Was wir im Kalifat getan haben und was einige beim IS noch immer tun, ist falsch! In jeder Hinsicht falsch.

Nun, wo es dem Ende zugeht, bittet ihr die bösen Ungläubigen und Abtrünnigen um Hilfe, euch in Richtung türkische Grenze zu retten. Das allein ist kein Fehler, das habe ich ja auch getan. Nur bezweifle ich, dass alle, die nun wegwollen, dies tun, weil sie erkannt haben, dass es ein gewaltiger Fehler war, zum IS zu gehen. Ich kann immer noch die Diskussionen auf Facebook und anderswo beobachten. Immer noch versucht ihr, die Muslime zu spalten und die halbe Menschheit in Mitleidenschaft zu ziehen. Ihr jubelt, wenn in Europa jemand mit seinem LKW Amok fährt und dabei Kleinkinder überrollt.

Mir fehlen die Worte, um zu beschreiben, wie sehr mich diese Taten anwidern, und ich bin immer wieder aufs Neue entsetzt: Wie kann man solche Anschläge rechtfertigen? Was sollen die ewigen, außerdem falschen Vergleiche, dass dasselbe ja auch muslimischen Kindern geschehe? Nichts rechtfertigt Terror gegen Zivilisten, auch nicht eure dümmlichen Vergleiche!

Und mit welcher Überheblichkeit habt ihr euch denen gegenüber benommen, in deren Land ihr eingefallen seid! 17- oder 18-jährige Kinder, die auf offener Straße erwachsene syrische oder irakische Frauen anpöbeln, ihnen mit Gefängnis oder Auspeitschung drohen, weil deren Schuhe nicht flach sind, deren Abaya nicht lang genug ist. Ihr wisst nichts, aber alles besser.

Ich habe die syrischen Frauen nun sehr viel besser kennengelernt. Die können den Koran vielleicht nicht auswendig. Aber das könnt ihr genauso wenig. Und diese Frauen wissen, worauf es im Leben ankommt. Die haben mich mit so viel Güte behandelt, dass ich mich dafür geschämt habe. Kein Misstrauen, kein Verweis auf all meine Fehler. Obwohl ich vom IS kam, hat keine von denen mich wie Dreck behandelt. Also nicht so, wie es die meisten von uns mit denen getan haben.

All das hat mich dazu gebracht, den IS noch mehr zu hassen als zu der Zeit, die ich bei ihm verbracht habe. Aber Hass frisst einen von innen auf, macht mich zu einem unangenehmen Menschen. Wer Fehler begangen und dafür bezahlt, sie bereut hat, dem sollte man auch verzeihen können.

Aber wer immer noch der Meinung ist, dass der IS das Richtige tut: Seht doch, wohin es geführt hat! Wohin der ganze Zwang, der Hass, das Misstrauen die Gegenden gebracht haben, die der IS beherrscht hat: Die Städte und Dörfer liegen in Trümmern, die Menschen sind auf der Flucht. Und wie viele habt ihr umgebracht, die wirklich gegen Assads Regime kämpften? Wofür? Für nichts. Assads Diktatur ist immer noch da, und ihr habt sie stärker gemacht, nicht schwächer.

Nun werdet ihr mich verdammen. Ich rechne mit einer Welle von Hassmails, Morddrohungen und was euch sonst noch so einfällt. Wer also einen LKW klauen will, um mich damit zu überfahren, soll wenigstens von vorne angefahren kommen und mir dabei ins Gesicht sehen! Wer mir schaden will, bitte schön!

Es gibt keine Entschuldigung für meine Reise nach Syrien zum IS. Ich kann nur versuchen, aus meinen Fehlern zu lernen und mich entsprechend zu verhalten. Und jeder von euch, der ehrlich ist zu sich selbst, wird einsehen, dass ich mit vielem recht habe. Und diesen Personen wünsche ich, dass sie es heil dort rausschaffen und auch eine Chance bekommen, sich zu ändern.

DIE FAKTEN
Ein Nachwort von Christoph Reuter

Maryam A. macht sich im Sommer 2014 auf den Weg nach Syrien, ebenso wie Tausende anderer Ausländer, die zu dieser Zeit zum »Islamischen Staat« strömen. Für die Terrororganisation sind diese ausländischen Kämpfer und ihre Familien nichts anderes als nützliche Idioten. Der IS lockt sie mit einer Mischung aus religiöser Propaganda und Bildern, mit gezielt verbreiteten Videos der Gräueltaten, die die Armee des syrischen Diktators Baschar al-Assad an den Rebellen verübt, die gegen ihn kämpfen, und an den Bewohnern jener Gebiete, die sich von ihm losgesagt haben. Viele der ausländischen Kämpfer glauben, sie würden eine ebenso gerechte wie gottgefällige Sache unterstützen. Doch die wenigsten ahnen, was sie im syrischen Bürgerkrieg wirklich erwartet, einem Konflikt, in dem die Fronten sich laufend verschieben und die Motive der Kriegsparteien auch für professionelle Beobachter nicht immer klar zu erkennen sind.

Der Krieg, den der »Islamische Staat« führt, hat nicht das Ziel, den syrischen Diktator zu stürzen. Vielmehr ist der IS dabei, eine neue, islamistische Diktatur zu errichten, wofür er geschmeidig die Seiten wechselt: Mal hat die Terrormiliz gegen Assads Streitkräfte gekämpft, mal mit ihnen. So bombardierte etwa die syrische Luftwaffe noch in den Monaten vor Maryams Ankunft immer wieder Stellungen der Rebellen, während sie Stellungen des IS verschonte und der Terrorarmee so ihre rasanten Eroberungen erheblich erleichterte.

Im Sommer 2014, als Maryam A. zum »Islamischen Staat« reist, sind die entscheidenden Schlachten auf syrischer Seite schon geschlagen. Die Terrormiliz ist auf der Höhe ihrer Macht und hält weite Gebiete unter ihrer Kontrolle. Bis zu Maryams Flucht zwei Jahre später wird der IS nur langsam wieder Gelände verlieren.

Um die Lage und die Widersprüche zu verstehen, in der sich die angelockten und getäuschten IS-Ausländer befinden, muss man zurückgehen ins Jahr 2012: Zu dieser Zeit ist der Aufstand weiter Teile der syrischen Bevölkerung gegen die Familiendiktatur der Assads bereits zum Krieg eskaliert. Doch noch ist es ein Kampf unter Syrern, ohne Einmischung von außen. Monatelang haben die Menschen in Syrien friedlich gegen Assad demonstriert, immer brutaler ging das Regime gegen diese Proteste vor und ließ die Demonstranten von der Armee und den euphemistisch als »Geheimdiensten« titulierten Todesschwadronen zusammenschießen. Ab Ende 2011 beginnen die Aufständischen zurückzuschießen – zuerst in der zentralsyrischen Industriemetropole Homs, dann auch in Deraa, Deir ez-Zor, Damaskus und Hunderten von Kleinstädten und Dörfern. Auch wenn Baschar al-Assad, der die Diktatur 2000 von seinem Vater erbte, gebetsmühlenhaft versichert, es gebe keinen Aufstand von Syrern, sondern nur eine Verschwörung ausländischer Dschihadisten: Ausländer unter den Rebellen müssen SPIEGEL-Reporter vor Spätsommer 2012 lange suchen, nur vereinzelt findet man einen Iraker, ein Dutzend Libyer, eine Handvoll Libanesen.

Das ändert sich schlagartig, als Rebellen im Juli 2012 weite Teile der syrisch-türkischen Grenze einnehmen. Fortan gibt es einen bequemen Weg durch die Türkei, denn deren Behörden verschließen jahrelang fest die Augen vor den Extremisten aus aller Welt, die nach Syrien ins Kampfgebiet strömen. Ob über die bald offiziell wieder geöffneten Übergänge oder geschmuggelt über die lax bewachte grüne Grenze:

Insgesamt bis zu 30 000 Ausländer, die meisten Männer, aber auch Ehepaare und sogar alleinreisende Frauen, werden in den kommenden Jahren über die Türkei nach Syrien strömen. Die genauen Zahlen lassen sich kaum bestimmen, da viele anfangs nur für ein paar Monate kommen, wieder ausreisen, zurückkehren. Unter diesen Ausländern stellen die Tunesier die größte Gruppe, gefolgt von Saudis, Ägyptern, Marokkanern und Deutschen, die mit etwa 900 Ausreisern eines der mittleren Kontingente ausmachen – halb so viele, wie aus Frankreich gekommen sind, aber weit mehr als die Ausreiser aus Italien oder Dänemark mit jeweils um die 100 Personen oder die Niederlande mit etwas mehr als 200. Aserbaidschaner, mit denen Maryam und ihr Mann in Syrien enge Kontakte pflegen, stellen offiziell eine noch kleinere Gruppe mit – bis 2015 – etwas mehr als 200 Ausgereisten. Doch offensichtlich haben Aserbaidschaner öfter wichtige Positionen inne und haben mehr Gewicht als etwa die zahlenmäßig gleichgroße Gruppe ausgereister Österreicher.

Der Zuzug von Dschihadisten in die Region ist dabei kein neues Phänomen. Schon in der Folge des Irakkriegs hatte zehn Jahre zuvor, ab 2003, ein ungehinderter Strom von Dschihadisten aus aller Welt eingesetzt. Männer aus Saudi-Arabien, Libyen und Tunesien reisten über Syrien ein, wurden am Flughafen empfangen, teilweise ausgerüstet, trainiert und an die irakische Grenze gebracht, um sich dort dem Vorläufer des IS anzuschließen. Das Gros der zahllosen Selbstmordattentäter, die über Jahre den Irak erschütterten, kam aus den Reihen dieser ausländischen Kämpfer.

Doch warum sollte das syrische Regime ein Interesse daran haben, das Nachkriegschaos im Irak zu fördern? Nach dem angeblich geglückten »regime change« im Irak 2003 drohten die USA nun auch dem syrischen Diktator, Assad musste um seine Macht fürchten. Um sich zu wehren, setzte man in Damaskus auf ein bewährtes Mittel: diskret militante Gruppen bilden, die den Krieg im Nachbarland am Laufen halten sollten, wie sie es bereits im libanesischen Bürgerkrieg praktiziert hatten, ohne dafür verantwortlich gemacht werden zu können. Erleichtert wurde diese Strategie durch die fatalen Entscheidungen Washingtons im Irak: Die USA hatten nach dem Sieg über Saddam Hussein den Fehler begangen, die gesamte Armee, alle Geheimdienste, den halben Staat im Irak arbeitslos zu machen. Damit hatten sie den perfekten Rekrutierungspool für jede Art von Widerstandsgruppe geschaffen.

Die jahrelange Terrorwelle im Irak, Hunderte Selbstmordanschläge in Bagdad, Kirkuk und anderen Städten gingen fast ausschließlich auf das Konto der Vorläuferorganisation des IS, die Täter waren überwiegend Ausländer – und die sind so gut wie alle über Syrien eingereist. Währenddessen hielten sich die Drahtzieher dieser Anschläge, zunehmend ehemalige Offiziere aus Saddam Husseins Geheimdienst- und Militärapparat, die meiste Zeit in Syrien auf. Erst 2009 sind der Terror im Irak und der Terroristentransfer via Syrien langsam zum Erliegen gekommen.

Als das Assad-Regime ab 2011 durch den Aufstand im eigenen Land unter Druck gerät, werden die bewährten Kontakte zwischen dem syrischen Militärgeheimdienst und den alten irakischen Saddam-Kadern in der Führung des »Islamischen Staates im Irak« reaktiviert. Bereits 2011 hat der Militärgeheimdienst knapp tausend inhaftierte echte Radikalislamisten aus Syriens Gefängnissen entlassen, unter ihnen langjährige al-Qaida-Mitglieder.

In diese instabile, schwer überschaubare Situation hinein strömen nun ab 2012 verstärkt ausländische Kämpfer. Aber was tun all diese Menschen im syrischen Bürgerkrieg? Bis auf wenige Ausnahmen werden sie sich zwei radikalen Organisationen anschließen, die anfangs nur unterschiedliche Erscheinungsformen desselben Kerns sind: zunächst der Nusra-Front und später dem »Islamischen Staat« aus dem Irak, der sich im April 2013 zum ersten Mal in Syrien zeigt. Die Nusra-Front ist zum Jahreswechsel 2011/2012 erstmals in Erscheinung getreten. Eine Anschlagsserie erschüttert Damaskus und Aleppo, zu der sich die bis dato unbekannte Organisation bekennt. Doch dieses Bekenntnis hat einen entscheidenden Haken: Es gibt zu dieser Zeit noch gar keine Nusra-Front. Nirgends in der damals noch überschaubaren Szene der Militanten in Syrien taucht sie auf, auch nicht bei Waffenschmugglern, Logistikern. Und doch schafft sie es angeblich, Wagen mit Hunderten Kilo Sprengstoff in die Hauptquartiere der Geheimdienste zu lenken und detonieren zu lassen – ohne dass die Wachen an den Toren sie auch nur zu stoppen versuchen.

Erst Monate später, im Sommer 2012, lässt die stete Propaganda der Explosions- und Bekennervideos echte Nusra-Einheiten entstehen: In Aleppo gibt es einige kleine und mittellose Rebellengrüppchen, die nur zu gerne die Finanzhilfe reicher Sponsoren aus Saudi-Arabien und anderen Golfmonarchien annehmen, die ihrerseits auch auf der Suche nach der mysteriösen Radikalengruppe waren. In der sich formierenden Nusra-Front sammeln sich bald mehrere Hundert ausländische Kämpfer, vor allem Tschetschenen, Dagestaner und Tunesier.

Am 9. April 2013 dann kommt der Paukenschlag: Abu Bakr al-Baghdadi, seit 2010 der »Emir«, also der Anführer des »Islamischen Staates im Irak«, verkündet: Die Nusra-Front sei mit ihrem Geld, ihren Waffen und ihrer Hilfe aufgebaut worden und habe sich fortan dem Kommando der in »Islamischer Staat im Irak und Syrien«, ISIS, umbenannten

Formation zu unterstellen. Die Aufbauhilfe gab es tatsächlich, nur eben kam sie nicht allein vom »Islamischen Staat«. Die Nusra-Entstehung war, soweit die Indizienlage den Schluss zulässt, das Gemeinschaftswerk von IS und Assads Militärgeheimdienst. Deren Kooperation wiederum seit 2003/2004 ist minutiös belegt in Tausenden Seiten Ermittlungsakten der amerikanischen Militärs und Geheimdienste.

Allerdings weigert sich die Nusra-Front, Baghdadis Kommando zu akzeptieren. Zwar laufen fast alle Ausländer zum IS über, doch die Nusra-Front selbst schließt sich al-Qaida an. Die beiden Radikalenorganisationen werden in der Folge zu erbitterten Feinden.

Als Maryam A. und ihr Mann im Juni 2014 die Grenze nach Syrien überqueren, kämpft der »Islamische Staat« an mehreren Fronten. Nordöstlich von Aleppo liefert sich die Terrormiliz immer wieder erbitterte Gefechte mit Rebellen, darunter auch mit den Kämpfern der YPG, einem Ableger der kurdischen PKK. Südlich von Aleppo, wo die IS-Front zum Regime verläuft, bleibt es hingegen fast immer ruhig. Die militärische Lage wird sich in den folgenden zwei Jahren, Maryams dramatischen Fluchten und Ortswechseln zum Trotz, nicht allzu sehr verändern: Der Blitzkrieg des IS ist vorbei. Die Kurden der YPG drängen den IS langsam von Norden her zurück. Die syrische und bald auch die russische Luftwaffe bombardieren wahllos Ortschaften unter IS-Kontrolle. Die westliche Anti-IS-Koalition versucht, nur IS-Kader und Kämpfer zu treffen, aber tötet ebenfalls immer wieder Zivilisten.

Die zwei Jahre, die Maryam in Ra'ei, Manbij und kleinen Dörfern im nordsyrischen Teil des »Kalifats« verbringt, markieren den langsamen Beginn vom Niedergang des »Islamischen Staats«. Eine Phase, in der der IS sein Territorium noch unangefochten kontrolliert und jede Flucht außerordentlich schwierig ist. Der Absturz seiner Macht, die dramatischen Gebietsverluste und die Flucht oder Kapitulation vieler Ausländer werden erst 2017 Fahrt aufnehmen.

Das ist die Ausgangslage für das Paar aus Hessen, denen vom IS immer wieder eingebläut wird, die syrischen Rebellen seien Abtrünnige, Verräter und Ungläubige, weil sie sich nicht den Kämpfern des »Islamischen Staats« und somit Gottes (selbsternannten) Stellvertretern unterworfen hätten. Um den Widerstand gegen Assads Diktatur, um Hilfe für das syrische Volk geht es bei diesem Krieg überhaupt nicht – auch wenn viele Ausländer das geglaubt haben mögen. Sie sind einer geschickten Propagandastrategie erlegen und unter falschen Versprechungen ins Kampfgebiet gelockt worden. Einmal im Kriegsgebiet angekommen, ist es ihnen verboten, in ihre Heimatländer zurückzukehren. Stattdessen werden sie als Kanonenfutter benutzt.

Ihre frühe Flucht bereits im Sommer 2016 bringt Maryam zwar erst in Lebensgefahr, aber verbessert ihre Chancen, von syrischen Rebellen eher als Opfer, denn als Täterin gesehen zu werden. Ihrer erhofften Rückkehr nach Deutschland hat es nicht genutzt. Aber weder sitzt sie in Haft noch in einem Internierungslager wie Dutzende europäischer IS-Frauen, unter ihnen auch mehrere Deutsche, die erst ab Spätsommer 2017 von den vorrückenden Truppen und Milizen in Syrien und im Irak festgenommen werden.

Was aus diesen Frauen werden soll, ist auch Monate später noch völlig unklar: Drei deutschen Frauen, unter ihnen die 16-jährige Linda W., die in einem Tunnel in Mosul von irakischen Streitkräften festgenommen wurden, könnte nach irakischem Recht theoretisch alles bevorstehen: von der Todesstrafe für die Mitgliedschaft in einer Terrorvereinigung über eine Gefängnisstrafe bis zur Abschiebung nach Deutschland.

Doch momentan sieht es weder nach einer drakonischen Strafe noch nach Abschiebung aus

Andere Europäerinnen, unter ihnen eine Deutsche, wurden im nordsyrischen Raqqa von kurdischen Milizionären festgesetzt. Nach ergebnislosen Ermittlungen sind sie in einem Flüchtlingslager interniert worden. Eigene Taten wie Mitgliedschaft in der sogenannten Frauenpatrouille oder Hetzpropaganda konnten ihnen nicht nachgewiesen werden. Man würde sie gerne abschieben, sagen die kurdischen Verantwortlichen: Aber kein Land in Europa wolle sie wiederhaben. Jedenfalls zeige keines Bemühungen.

Das könnte das Schicksal der Kalifats-Hausfrauen werden: nicht auf Dauer ins Gefängnis, aber auch nicht zurück nach Hause zu kommen.

Glossar

Abaya: das weite, meist schwarze Frauengewand für konservative Musliminnen

al-hamdullilah: gepriesen sei Gott!

Amniyat: arabisch für Sicherheit, Sicherheitsdienst; Name des IS-Geheimdienstes

Azan: Gebetsruf

Daula: arabisch für Staat; arabische Anhänger des IS sprechen stets von Daula als Zeichen des Respekts, während alle anderen ihn nur als »Daesh« bezeichnen, die verächtlich klingende Abkürzung des vollständigen Namens

Emir: im modernen Arabisch bedeutet es Prinz, aus frühislamischer Zeit haben Islamisten es als Begriff für Befehlshaber übernommen, was auch seine Ursprungsbedeutung ist

FSA: »Freie Syrische Armee«, loser Verband vieler nicht-religiöser Rebellengruppen seit 2012

Hijra: der Auszug Mohammeds, des Propheten, aus Mekka nach Medina; stellvertretend gebraucht für die Entscheidung, einer nicht-muslimischen Welt den Rücken zu kehren und sich den Vertretern des »wahren« Islam anzuschließen

Hisba: der Patrouillendienst des IS, bei dem es auch eine Abteilung für Frauen gab – die einzige Position im Sicherheitsapparat, die auch Frauen offenstand; Frauen sollten Frauen kontrollieren, ob sie vorschriftsmäßig gekleidet seien

Idda: religiöse Trauerzeit der Witwe nach dem Tod ihres Mannes

Khimar: meist schwarzer Überwurf, der über der Abaya getragen wird

Maktab: arabisch für Büro, bezeichnet beim IS in Wortkombinationen Verwaltungsstellen jeglicher Art: für Wohnangelegenheiten, »Märtyrer«-Versorgung (also Witwenversorgung) etc.

Milatu Ibrahim: eine der radikalsten deutschen Salafisten-Vereinigungen, gegründet in einer Solinger Hinterhofmoschee, die bereits Ende Mai 2012 verboten wurde wegen Gewaltverherrlichung. Damals war sie mit etwa 50 Mitgliedern überschaubar, aber ihr Anführer, der Österreicher Mohammed Mahmoud, sowie der als Deso Dogg bekanntgewordene deutsch-ghanaische Rapper und viele ihrer Mitglieder schlossen sich dem IS an

Muaskar: Militärstützpunkt, Trainingslager

Muhajirin: jene, die sich von den Ungläubigen abgewandt und die Hijra unternommen haben, siehe auch Hijra

Nashid: religiöse Lobgesänge

Niqab: meist dreilagiger Gesichtsschleier, der maximal die Augen freilässt; beim IS musste auch dieser Sehschlitz bedeckt werden, wozu die dritte Lage heruntergeklappt wurde

Nusra-Front: radikale Rebellengruppe in Syrien, deren Gründung und spektakuläre Anschläge 2011/2012 nach Stand der Indizien vom syrischen Militärgeheimdienst inszeniert waren, und die ein halbes Jahr später die ersten tatsächlichen Kämpfer anzog. IS-Chef Abu Bakr al-Baghdadi verkündete im April 2013, dass in Wirklichkeit der IS die Nusra-Front gegründet habe. Im weiteren Verlauf wurden die beiden Radikalenformationen zu erbitterten Gegnern

Ribat: (militärischer) Posten, oft auch synonym gebraucht für Dienststelle

SDF: »Syrian Democratic Forces«, de facto eine weitere Ausgründung der kurdischen PKK; während ein Teil der Kämpfer (ein Zehntel bis ein Drittel) Araber sind, besteht die gesamte Führung der SDF aus Parteikadern der PKK oder der YPG; mit massiver amerikanischer Luftunterstützung befreite die SDF im Oktober 2017 Raqqa vom IS

ucht / uchti: arabisches Wort für Schwester, wird oft als Anrede unter Frauen gebraucht

Wali: arabisch für Gouverneur, gebräuchlich in frühislamischer Zeit – und wieder beim IS

YPG: kurdische Kampftruppe in Nordsyrien, gegründet und kommandiert von der PKK unter Abdullah Öcalan

Dank

Saryuh: Zur dir muss ich als erstes kommen, weil du für mich immer wie ein Berg im Sturm gewesen bist! Dein Charakter ist mir stets ein Vorbild gewesen, ich wünschte, ich hätte nur die Hälfte davon! Es freut mich, dass du nun auch eine eigene Familie hast. Und ich bin sauer auf mich, dass ich sie bislang nicht kennenlernen konnte, nicht weiß, ob das je passieren wird.

Du hast mich nie fallengelassen, obwohl ich zum IS gegangen bin, wovor du mich gewarnt hast, dafür danke ich dir sehr! Tut mir leid, dass ich das vorerst nur mit ein paar Zeilen in einem Buch über das Ausmaß meiner Blödheit tun kann.

Meinem deutschen Schmuggelhelfer: Wir haben uns oft gegenseitig in den Wahnsinn getrieben, wobei du mehr Geduld hattest als ich. Für meine ganzen Austicker möchte ich mich entschuldigen! Das war nicht korrekt von mir. Vielen Dank für die ganzen Nachtschichten, wenn's bei mir brannte, Bomben fielen oder die Gruppen um mich herum sich gegenseitig beschossen. Das war nicht deine Aufgabe, am Telefon für mich da zu sein. Aber du hast es getan, und wenn es nachts um vier war! Dafür danke ich dir sehr, denn ohne dich würde ich noch immer in Raqqa oder sonstwo hocken und versuchen rauszukommen.

Nadia, Anita, Vicky und Julez, meinem bayerischen Knödl, meinem spanischen Minion: Euch allen danke ich sehr, dass ihr für mich da wart, obwohl ich euch die ganze Geschichte erst so spät erzählt habe. Dass ich mich am Telefon ausheulen konnte über Probleme, die ihr bis dahin nicht einmal kanntet.

Meiner syrischen Familie: Ich möchte euch danken für all das, was ihr getan habt! Dafür, dass ihr mich aufgenommen habt, obwohl ich von Daesh kam! Und das mit meinen Katzen! Dass ihr nicht misstrauisch wart, sondern geduldig mit mir! Ich fühle mich immer noch schlecht, weil Idioten wie ich in euer Land gekommen sind, weil sie dachten, gegen Assad zu kämpfen – aber in Wirklichkeit euch bekämpft, die Syrer gespalten haben.

Seit ich Muslima bin, seit neun Jahren, habe ich niemals so eine bedingungslose Gastfreundschaft erlebt, soviel Zusammenhalt wie mit euch. Auf dem Weg zu euch hatte ich Todesangst, aber ich bin nicht wie andere Geflohene im Knast gelandet, sondern kam zu euch und habe eure Güte erlebt. Kein Geld der Welt würde ausreichen, das wieder gutzumachen, was ihr für mich getan habt! Durch euch habe ich ein Zuhause im Krieg gefunden, habe zum ersten Mal in diesem Land keine Angst mehr. Und ich möchte mich für die ganzen Probleme, die Arbeit und das Generve mit mir entschuldigen.

Ihr seid toll. Danke!